# 生涯発達の心理学

## 理 論 と 実 践 へ の 誘<sub>いざな</sub>い

*Ichiro OKAWA*　*Satoko ANDO*

## 大川一郎 ＋ 安藤智子

編著

福村出版

# はじめに

　ここに『生涯発達の心理学：理論と実践への 誘 い』を上梓いたします。本テキストは，心理学の初学者から中級者の方を念頭において書かれています。具体的には，生まれてから高齢になるまでの人の生涯発達の理論や実践について学びたい人，さらにその知識を深めたい人，大学院受験をめざす人，大学院レベルでの知識を得たい人等，さまざまなニーズに応えられる一歩踏み込んだ内容のテキストになっています。

　**本書の方針**：最新の知見も含めてわかりやすい，読みやすい構成になっています。

　はば広いニーズに応えるべく，それぞれの「章」「コラム」「読書案内」は，その研究領域で現在最前線にいる研究者・実践家によって執筆されました。なおかつ，執筆の方針として，「それぞれの研究領域における基礎から最新の知見において重要な内容を盛り込んだこと」「その章に興味をもってもらえるよう章の扉にエピソードと解説を入れたこと」「読んでくださる方にとって内容がわかりやすいこと」「具体例をできるだけあげること」「理解がより深まるように図表をできるだけ入れ込むこと」「本文全体が見やすくなるように2色刷りにすること」等，さまざまな工夫を凝らしてあります。

　**16章の内容**：人の生涯発達の多様な内容を網羅しています。

　本テキストの執筆者は，先述したようにそれぞれの研究領域において現在，最前線で活躍している研究者や実践家です。執筆者は，各章，コラムを合わせて28名に上ります。本テキストの内容は，「発達と適応」について生涯発達的視点からまとめた1章から始まり，発達の基礎となる「脳・神経の発達」の

知見を押さえたうえで，「知的機能の発達」「言語・コミュニケーションの発達」「感情の発達」「パーソナリティの発達」「社会性の発達」「自己意識の発達」「家族の発達」など，さまざまな心理の発達を生涯発達的視点から概観しています。また，発達段階としては，「学童期の発達」「思春期・青年期の発達」「キャリアの発達」「中年期・高齢期の発達」等，高齢期に至るまでの発達の特徴がまとめられています。さらに，心理臨床に関わる内容は，「発達の障害」「発達のアセスメント」「発達と心理臨床」の中でまとめられています。これら 16 章の中で，さらに，理論的背景を踏まえて心理臨床も含めた実践現場にどのように適用していくのか，そのものずばりの内容やヒントがたくさん書かれています。まさに，実践へと誘う内容になっているかと思います。

**読書案内**：ぜひ知見を広げ，深めてください。

各章の内容について，さらに知見を深めていただくべく 3 冊程度，推薦図書を解説も含めて紹介してあります。ぜひ，関心を引く本がありましたら，図書館等で一読いただければと思います。

**コラム**：最新のトピック，大事な情報をまとめました。

各章に関連のある，ぜひ知っておいてほしい知見をコラムとしてまとめました。「日本の貧困」「脳の可塑性」「フリン効果 —— 知能の遺伝と環境との関係」「ことばの遅れに気づいたら —— 乳幼児健康診査での親子と保健師との出会い」「子どものいざこざ・けんかの意義」「『ゲーム障害』が子どもの発達に及ぼす影響とその予防」「子どものケンカへの対応 —— 日本 vs. アメリカ」「ダイバーシティとインクルージョン」「発達障害児の家族支援」「子どもが経験する親の離婚」「児童虐待への対応」「勉強以外の学習塾の役割」「高校生・大学生のキャリア教育」「脳科学の知見に基づいた認知症の人への対応」「田中ビネー知能検査モンゴル版（2020）の開発に関わるエピソード」「スーパービジョン」の 16 項目になります。人の生涯にわたる心理の中で，私たちの日常生活とも密接に関わってくる興味深い問題が取り上げられています。コラムだけをまとめて読んでいただいても，人の発達に関わる実践についていろいろな気づきが得られるものと思います。

最後になりましたが，企画の段階から編集の最終段階に至るまで，二人三脚で一緒に編集に関わっていただきました福村出版株式会社の佐藤珠鶴さん，松

元美恵さんをはじめ，編集に関わっていただいた皆様に心より感謝申し上げる次第です。

2025 年 1 月

編者：大川一郎・安藤智子

# 第**1**章　発達と適応——生涯発達的視点から

# 第**2**章　脳・神経の発達

# 第3章　知的機能の発達

# 第4章　言語・コミュニケーションの発達

# 第**5**章　感情の発達

# 第**6**章　パーソナリティの発達

# 第**7**章 社会性の発達

# 第**8**章 自己意識の発達

# 第9章 発達の障害

# 第10章 家族の発達

## 第11章　学童期の発達

## 第12章　思春期・青年期の発達

# 第**13**章　キャリアの発達

# 第**14**章　中年期・高齢期の発達

# 第**15**章 発達のアセスメント

# 第**16**章 発達と心理臨床

# 第1章　発達と適応
## 生涯発達的視点から

エピソード●

　人の身体・心理的特性に遺伝と環境はそれぞれにどのような影響をもつのでしょうか。このことについては，双生児研究（一卵性・二卵性）に基づく行動遺伝学の中で一つの答えが出ています。

**さまざまな形質の双生児の相関と遺伝と環境の割合**（安藤, 2022 より抜粋）

| | | 一卵性 | 二卵性 | 遺伝 | 共有環境 | 非共有環境 |
|---|---|---|---|---|---|---|
| 身体 | 指紋のパターン | 0.89 | 0.48 | 0.91 | —— | 0.09 |
| 知能 | IQ（児童期） | 0.74 | 0.53 | 0.41 | 0.33 | 0.26 |
| | IQ（成人期初期） | 0.82 | 0.48 | 0.66 | 0.16 | 0.19 |
| 学業成績 | 国／英語（9歳） | 0.78 | 0.46 | 0.67 | 0.11 | 0.21 |
| 精神・発達障害 | 自閉症（男児・親評定） | 0.80 | 0.51 | 0.82 | —— | 0.18 |

解説●

　一卵性双生児は持って生まれた遺伝子型がまったく一緒ですが，二卵性双生児は遺伝子型の類似度は兄弟と同程度です。一卵性双生児と二卵性双生児の類似度から遺伝率を算出しますが，遺伝率は環境の変動の大きさによっても異なります。特性にもよりますが，遺伝は一定程度の影響をもっています。

　安藤（2016）はそれまでの研究から，「12歳ごろに形を取り始めた『そのひとらしさ』は，教育をはじめとした環境の影響を受けて増幅され，能力として発現していく。どのように能力が伸びていくかは，その人が本来持っている遺伝的な素養によるところが大きい……」というように遺伝と環境の関係をまとめています。

# 1節　生涯にわたる発達段階と発達の背景にある生活環境

厚生労働省（2022）の「令和3年度簡易生命表」の概況によれば，日本における平均寿命（0歳の平均余命）は，男性81.47歳，女性87.57歳となっている。

生まれてから老いて死ぬまでのこの長い人生を日本の学制を意識しながら，発達段階として細かく分けてみたものが表1-1である。なお，ここで記載はしていないが，思春期は，性ホルモンの分泌に起因する生物的な現象で，個人差はあるが，一般的に青年期前期，中学生の時期に位置づけられる。

それぞれの発達段階の中で，人が生活する環境は大きくその質が異なっている。生まれて間もない乳児期にある子どもは，自分が寝ているベッドを中心とした生活となる。お腹が空いたり，眠かったり，排泄前のもどかしさがあったり等のさまざまな不快を感じる中で，泣く等の行動を起こす。ただ，子どもは自分でそれらの不快を解消することはできない。そこには，保護者（通常は親）がいて，さまざまな対応をする中で，不快を解消し，快の状態をもたらしてくれる。具体的には，抱っこし，おっぱいを飲ませ，ゆらゆらと身体全体を揺すり，あやし，話しかけ，おむつの交換をし，抱きながら部屋中を歩き回るなどのことが毎日毎日，何十回となく家の中でくり返される。快を感じた子どもは

**表 1-1　生涯における発達段階**（筆者作成）

| | おおよその年齢域 | おおよその学制 |
|---|---|---|
| 乳児期 | 0 − 1 歳 | |
| 幼児期 | 2 歳 − 6 歳 | 保育園・幼稚園 |
| 児童期 | 6 歳 − 12 歳 | 小学校 |
| 青年期前期 | 10 代前半 − 後半 | 中学校 − 高校 |
| 青年期後期 | 10 代後半 − 20 代前半 | 高校 − 大学生・専門学校等 |
| 成人期前期 | 20 代 − 30 代 | |
| 成人期中期 | 40 代 − 50 代 | |
| 成人期後期 | 60 代 − 70 代 | |
| 成人期晩期 | 80 代以降 | |

**表 1-2　年齢ごとの睡眠パターンの特徴** （愛媛大学医学部附属病院睡眠医療センター, 2018）

| 年齢 | 睡眠時間 | 睡眠パターンの特徴 | |
|---|---|---|---|
| 新生児期 0か月 | 16-20 | | 短時間の睡眠・覚醒 |
| 3か月 | 14-15 | | 昼夜の区別の出現 |
| 乳児期 6か月 | 13-14 | | 7-8割の夜間睡眠 |
| 乳幼児期 1歳 | 12 | | 1-3時間の昼寝 |
| 幼児期 3歳 | 11-12 | | 昼寝の減少 |
| 学童期 6歳 | 10-11 | | |
| 思春期 12歳 | 7-8 | | 睡眠相後退 |
| 18歳 | | | |

ニコニコと保護者へ微笑みを返し，キャッキャと笑うなどの反応を返したり，可愛くいつの間にか眠っている。このことがさらに子どもに対する保護者の行動を強化していく。

　このように，乳児は，通常は，保護者という強力なサポーターの保護のもと，生命の安全，安心を確保し，形成された保護者とのアタッチメントを基盤として，生まれて初めて経験するそれぞれの生活環境に適応していく。そして，その生活環境をつくり上げているのは保護者を中心としたおとなである。したがって，その生活環境には，おとなが社会生活を送っている文化の影響が大きく反映される。そう考えると，乳児期の子どもたちは，保護者の生活する文化に対して適応をしようとしていることにもなる。このことは，それ以降，幼児期，児童期においても同様であり，青年期，成人期になると自分たち自身がその文化の中心的な担い手になっていく。

　表 1-2 に年齢ごとの睡眠時間の変化を示す。身体的成長を基盤としながらも，徐々におとなの生活文化に適応していっている様子を垣間見ることができる。なお，保護者の生活習慣が，子どもの睡眠パターンに大きな影響を与えることも留意しておきたい。

　幼児期になると子どもの生活空間は広がっていく。誰の助けを借りることなく，自分で歩き，走ることができるようになる。人間関係も一気に広がる。保育園，幼稚園，おけいこごとの場などが加わり，そこで，多くの子どもとその保護者，先生，職員など，年齢幅の大きい，多種多様な人がその人間関係の中

に加わる。幼児期にある子どもは，そのような生活環境での適応を求められる。

さらに，小学校に入り，児童期になると，その生活環境に学校教育が加わる。そこでは，「教育は，人格の形成を目指し，平和で民主的な国家及び社会の形成者として必要な資質を備えた心身ともに健康な国民の育成を期して行わなければならない」（教育基本法第1条，平成十八年十二月二十二日法律第百二十号）という教育の目的のもと「国家」がその生活環境の中に入りこんでくるのである。

さらに，青年期になり，中学校，高校へと進む中で，学校教育（教科教育，部活等）に学習塾などの学校外教育も加わり，活動範囲，人間関係はますます広がり，家庭，学校を軸にしながらその生活環境はさらに多様化していく。そして，これらの多様化した生活環境に適応していくことが求められる。その先にあるのは，成人期になって仕事や家庭，地域社会を中心とした社会の担い手としての役割を果たすことである。青年期はそのための準備期間として位置づけられる。

## 2節　各発達段階における生活環境への適応<br>　　　　──発達課題を軸として

上記のように，発達にともない，人の生活環境は広がり，多様化していく。そして，それぞれの発達段階の中における生活環境への適応を求められることになる。

これらの生活環境に適応するために，何が必要となってくるだろうか。ハヴィガースト（Havighurst, R. J.）は，この問いに対して，発達課題という答えを出している。発達課題とは，それぞれの発達段階で達成することが期待される課題である。その課題が達成されないと，そのことに対して危機を感じ，不適応状態に陥る可能性がある，そのような課題である。表1-3に，ハヴィガーストにより提唱された人生における発達課題の一覧を示す。

ハヴィガーストによる課題自体は，1960代のアメリカの中流階級を想定した中から提唱されたものであり，時代と国の違いはあるが，「性差・性別の適切性の学習」「男・女の適切な性役割の形成」等，時代的な変遷もあり多様性に関わる課題以外は，おおむね，現在でもそれぞれの発達段階において説得力

**表1-3　各発達段階において達成することが求められている課題**（Havighurst, 1972/1997 をもとに作成）

| 発達段階 | 発達課題 | |
|---|---|---|
| 乳児期・児童初期（就学まで） | ・睡眠と食事における生理的リズムの達成<br>・固形食を摂取することの学習<br>・親ときょうだいに対して情緒的な結合の開始<br>・話すことの学習 | ・排尿・排便の学習<br>・歩行の学習<br>・正・不正の区別の学習<br>・性差と性別の適切性の学習 |
| 児童中期（学齢期） | ・身体的ゲームに必要な技能の学習<br>・積極的な自己概念の形成<br>・男・女の適切な性役割の採用<br>・仲間と交わることの学習<br>・価値・道徳観・良心の発達 | ・パーソナリティとしての独立と家族の結びつきの弱体化<br>・基本的読み・書き・計算の技能の発達<br>・自己および外界の理解の発達 |
| 青年期 | ・概念および問題解決に必要な技能の発達<br>・男・女の仲間とのより成熟したつきあいの達成<br>・行動を導く倫理体系の発達<br>・社会的に責任のある行動への努力 | ・変化しつつある身体の承認と効果的な身体の使用<br>・経済的に実行しうるキャリアへの準備<br>・親からの情緒的独立の達成<br>・結婚と家庭生活の準備 |
| 成人初期 | ・配偶者への求愛と選択<br>・配偶者との幸福な生活<br>・育児<br>・子どもを巣立たせ，親はその役割を果たす | ・家庭を管理する責任をとる<br>・就職<br>・適切な市民としての責任をとる<br>・一つの社会的ネットワークの形成 |
| 成人中期 | ・家庭から社会への子どもの移行に助力する<br>・成人のレジャー活動の開始<br>・配偶者と自分をそれぞれ一人の人間として結びつける | ・成人としての社会的・市民的責任の達成<br>・満足すべき職業的遂行の維持<br>・中年期の生理的変化への対応<br>・高齢者である両親への対応 |
| 成人後期・老年期 | ・身体的変化への適応<br>・退職と収入の変化への適応<br>・満足な生活管理の形成<br>・退職後の配偶者との生活の学習 | ・配偶者の死への適応<br>・高齢の仲間との親和の形成<br>・社会的役割の柔軟な受け入れ |

のある課題となっているかと思う。

　生涯発達的視点から，俯瞰してこれらの発達課題を見ていったとき，先述したようにこれらはそれぞれの発達段階において個々人が置かれている生活環境に適応するための課題ということができる。すなわち，それぞれの発達段階における生活環境に適応するために達成することが求められる課題を発達課題ということができる。

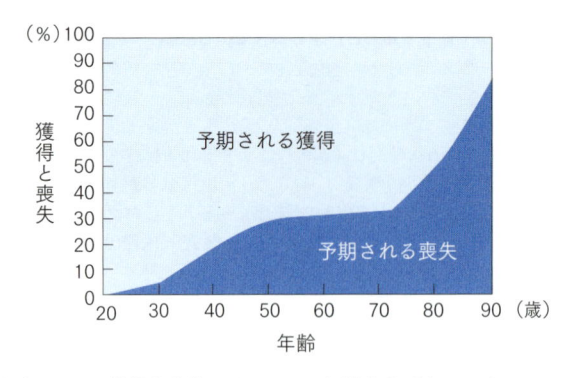

**図 1-1　生涯発達における獲得と喪失のバランスの加齢変化パターン**（Baltes & Baltes, 1990）

　乳児期においては,「睡眠と食事における生理的リズムの達成」「固形食を摂取することの学習」「排尿・排便の学習」等の課題を達成することで, おとなの文化を背景としたその生活空間の中で生きるための基本的生活習慣を獲得していく。児童期になると,「基本的読み・書き・計算の技能の発達」「身体的ゲームに必要な技能の学習」など知的機能, 身体機能のよりよい発達,「仲間と交わることの学習」「価値・道徳感・良心の発達」など他者との関係性を築く,「パーソナリティとしての独立と家族の結びつきの弱化」「自己および外界の理解の発達」「積極的な自己概念の形成」など自己概念の形成が達成課題となっていく。

　青年期は,「社会的に責任のある行動への努力」「経済的に実行しうるキャリアへの準備」「親からの情緒的独立の達成」「結婚と家庭生活の準備」等の課題達成が求められており, 社会生活の担い手として成人期を送っていくための準備段階の位置づけにある。

　成人期以降は, 家族（配偶者, 子ども, 親等）に関わる課題, 仕事に関わる課題, 市民としての課題など, 社会人としての多様な課題の達成が求められる。ある意味, これらの発達課題は, 各発達段階における適応のためのメルクマーク（目印）ということもできる。

　さらに, 発達課題の質的変化が成人期後期から晩期を境にして生じてもいる。図 1-1 には, 生涯発達における獲得と喪失のバランスがバルテス（Baltes, P. B.）らによって示されている。

　ここに示されるように成人期後期を一つの境にして，「獲得」と「喪失」のバランスが大きく変わっていく。そして，これにともなって，発達課題のもつ意味が，質的に大きく異なっていく。すなわち，今の生活環境に適応するための課題が，「獲得のための課題」から，獲得したものの喪失にどのように適応していくのかという「喪失への適応のための課題」へと変わっていっているのである。

## 3 節　適応のための方略

　先に発達課題とは，今ある発達段階での生活環境に適応するための課題として定義したが，そもそも適応とは何なのだろうか？　小学館の『精選版日本国語大辞典』(2006)では，「適応：心理学で，生活が環境からの要請に応えるとともに，自らの諸要求が満たされ，調和している状態。環境を変化させて適応する場合と自らを変化させる場合とがある」「不適応：適応しないこと。特に，心理学で，適応に失敗して心身に好ましくない状態が生じていること」と定義に関わる概念を整理している。

　この定義の中には，「環境を変化させる」「自らを変化させる」という適応のための 2 つの方略も示されている。認知機能の発達段階に関する大きな理論を構築したピアジェ(Piaget, J.)は，均衡化(eqilibration)の過程の中で，シェマ(schema：認知的な枠組み)が大きな役割を果たすと考えていた。同化(assimilation：人が新しい経験を自己のシェマに合わせること)と，調節(accommodation：新しい経験に合わせて自己のシェマそのもの変えること)により，シェマが構成される。先の適応の方略と対比させると，均衡化(適応)するために，同化(自分を環境に合わせて変化させる)か，調節(環境を自分に合わせて変化させる)ということにより，シェマ(意識的・無意識的心理枠組み)を調整している，という図式がイメージできる。

　ヘックハウゼンとシュルツ(Heckhausenn & Schulz, 1995)は，適応のための方略を，一次的コントロール(環境を変える)と二次次的コントロール(自分を変える)に分類し，さらに，そこに選択，補償という次元を加えている。具体

**表 1-4　一次的コントロールと二次的コントロールの最適化**（無藤, 2004）

| 最適化 |
| --- |
| 適応的目標選択：長期的，年齢相応的目標<br>他の生活領域と将来の人生の道筋にとっての正負のバランスの処理<br>多様性の維持，行き詰まりの回避 |

| 選択的一次的コントロール | 選択的二次的コントロール |
| --- | --- |
| 努力・能力を投入<br>時間を投入<br>難しい技能を学ぶ<br>困難と闘う | 目標価値を拡大<br>競争的目標の価値を低下<br>コントロールの近くを拡大<br>目標達成の正の結果を予期 |

| 補償的一次的コントロール | 補償的二次的コントロール |
| --- | --- |
| 他の人の援助を頼む<br>他の人の助言を得る<br>技術的補助手段を用いる<br>通常でない手段を用いる | 目標から切り離す（酸っぱいブドウ）<br>自己防衛的な帰属<br>自己防衛的な社会的比較<br>自己防衛的な個人内の比較 |

的な内容を表1-4に示す。

　上記は，生涯発達にわたる適応の方略ということになる。生涯にわたりこの2つの方略は適宜，適応のために用いられることになる。発達にともない，これらの方略はより精緻化され，あるときは，選択的一次的コントロールを用い，また，ある時は，補償的二次的コントロールを用いるなど，場面に応じて，それぞれの方略を意識的，無意識的に使い分けがなされていく。

　さて，加齢にともない高齢になるにつれて，知的機能，身体機能の低下は避けられなくなってくる。すなわち適応するための資源（リソース）がどんどん減っていくのである。このことにともない，図1-2に示されるような補償を中心とした適応方略をとることになる。

　高齢期における適応方略を説明する代表的な理論がバルテス（Baltes, P. B. & Baltes, M. M.）の提唱した「SOC モデル（selective optimization with compensation）」である（Baltes & Baltes, 1990）。よく出される例が，80歳になっても演奏活動を続けたピアニストのルービンシュタインである。彼は，高齢になり身体・生理機能の低下にともない，若いときと同じようなレベルでの演奏は難しくなってきた。そこで，これらの機能低下を補うために，まず，コンサートで演奏する曲を厳選し（目標の選択：Selection），若いときよりも十分な時間をか

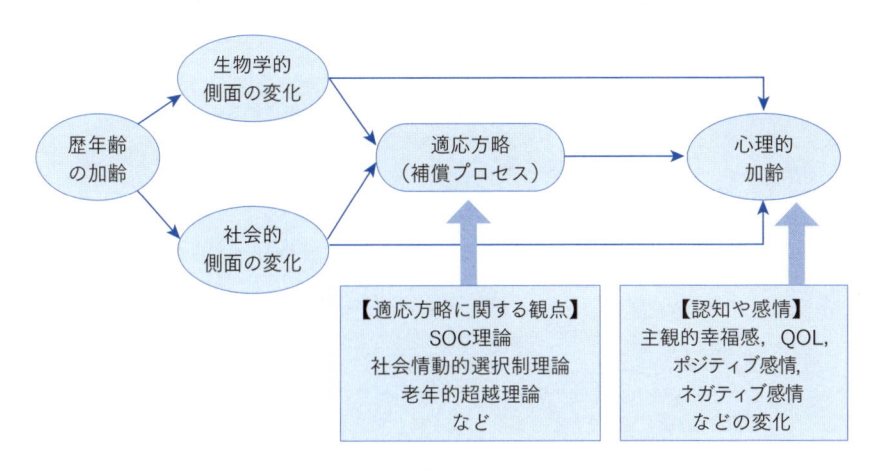

**図 1-2　高齢者を念頭においた適応方略のモデル**（中原, 2016；権藤, 2008）

けて練習をし（資源の最適化：Optimization），そして，速いフレーズの前では
ゆっくり演奏することにより速さを印象づけるなどの手法を取り入れた（補
償：Compensation）のである。これらの S（選択）O（最適化）C（補償）という方
略を用いることにより，高齢者は喪失や低下という状況に適応しているとする
理論である。

　ところで，さまざまな機能が低下し，資源が乏しくなる高齢者は，身体機能
の低下，親族・知人の喪失等，さまざまな喪失経験があるにもかかわらず，一
般的なイメージに反して，高齢者の幸福感は他の世代よりも高い傾向にある。
それはなぜなのか。このことに答える理論の一つとして，「社会情動的選択性
理論（socioemotional selectivity theory）」がある。「多くを求めず，自分の情動
を優先し，自分の気持ちがよりよい状態（well-being）になるようにさまざまな
選択を行っている」とするものである。したがって，数が少なくても情緒的に
親密な人たちとの交流を重視したりなどの行動をとるという方略をとっている。

　バルテスらは，生涯発達的視点から，発達のダイナミクスについて，表 1-5
のようにまとめている。人は，それぞれが置かれた生活環境に，自分がもつリ
ソースを調整しながら，それを最大限に活かして，適応していこうとする，そ
のような存在なのである。

表 1-5　バルテスによる生涯発達の心理学のメタ理論（鈴木, 2012 をもとに作成）

①発達は生涯のすべての時期で生じるのであり，ある時期が特別に重要ということはない。
②生涯発達は生物学的発達と文化的発達（サポート）との間のダイナミクスの過程である。
③生涯発達はリソースの割り当て方が変化する過程である。
④発達においては，適応能力の選択（selection）と，その最適化（optimization），および機能低下に対処する補償（compensation）のプロセスが相ともなって生じる。
⑤発達とは獲得と喪失のダイナミクスである。
⑥発達は生涯を通じて可塑性をもつ。その範囲と加齢にともなう変化を明らかにすることが発達研究の大きなテーマである。
⑦発達は，標準的な年齢変化に沿ったもの（学校への入学や定年退職など），標準的な歴史的変化によるもの（不況や戦争），非標準的なもの（大きな事故に遭うなど），という３つの影響要因のシステムからなる。そのうちどれが優勢になるか，互いにどのように作用しあうかは，社会文化的条件（発達的文脈）によって異なる（文脈主義：contextualism）。
⑧人間は SOC をうまく協応させることで，「上手に」歳をとるべく発達を制御している。

# 4節　人生における困りごと

　人はその生涯の中で，どのような困りごとを抱え，そのことに対応しているのだろうか。

　図1-3 は，厚生労働省による 2013 年の「国民生活基礎調査」のデータに基づき，日本人の一生の各ステージの悩み事について視覚的にわかりやすくまとめられた図である（社会実情データ図録, 2015）。生涯発達において，悩みごとの種類はさまざまであり，それぞれの発達段階で，悩みごとの特徴があるということが見てとれる。

　内閣府による 2020 年の「令和 2 年版子供・若者白書」では，「子供・若者の意識と求める支援」という特集が組まれている。ここでは，2019 年に行われた「子供・若者の意識に関する調査（対象：10000 人, 13 ～ 29 歳）」に基づき，「充実度及び他者との関わり方」「子供・若者が抱える困難」「社会参加」「子供・若者の健やかな育成」「子供・若者や家族の支援」「社会環境の整備」「支える担い手の養成」「施策の推進体制」等，さまざまな視点からまとめられている。

　これらの生涯発達における困りごとの内容ごとの分類を表 1-6 に示す。

　さらにこれらの困りごとから派生する社会的問題として，虐待，貧困，引きこもり，無業者・ニート，また，法律上の逸脱行為としての問題として，非行

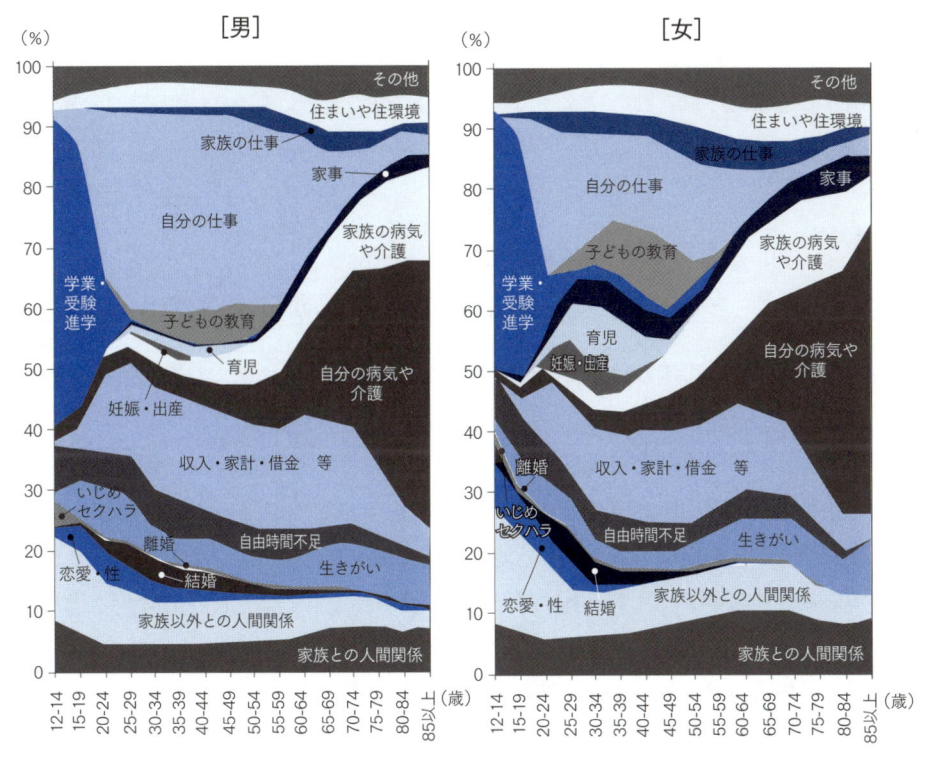

注：健康票における「悩みやストレスの原因」（複数回答）の延べ回答数を 100 とした割合の年齢別変化。
資料：厚生労働省「国民生活基礎調査」

**図 1-3　年代ごとの悩みごと**（社会実情データ図録, 2015）

**表 1-6　困りごとの内容別分類**（内閣府, 2020 をもとに作成）

| [一次的困りごと] |
|---|
| （1）身体面の不調（疾病・怪我）に関わる問題 |
| （2）知的機能・精神面への障害（発達障害，パーソナリティ障害，認知症等）に関わる問題 |
| （3）人間関係（親子，夫婦，友人等）の不調に関わる問題 |
| （4）求められる課題達成（勉強・仕事）の不調に関わる問題 |

| [一次的困りごとから派生する問題] |
|---|
| （5）メンタルへの不調に関わる問題 |
| （6）日常生活への障害に関わる問題 |

や犯罪をあげることができる。

　先に発達課題を置かれた生活環境への適応という言い方をしたが，これらの困りごとは，それぞれの発達課題への対応の中で生じた不適応，歪みということもできる。

## 5節　困りごとへの適応
### ——誰が支えているのか・誰が支えるのか

　さて，これらの困りごとについて，人は一人で，あるいは，身近な人に支えられながら，対応し，適応していくが，そこには，社会的サポートも不可欠となる。

　厚生労働省は，2025年を目処に，高齢者を対象として地域の包括的な包括支援サービスの提供体制として「地域包括支援ケアシステム」の構築を推進している。その中で，サポート体制として，表に示されるような「自助」「互助」「共助」「公助」の枠組みを示している（図1-4）。

　この枠組みでみるように，個人を取り巻くサポートには，共助，公助で代表されるような公によるマクロのサポートと自助，互助で代表されるような個人とそれを取り巻く人やNPOなどの組織によるミクロのサポートにわけること

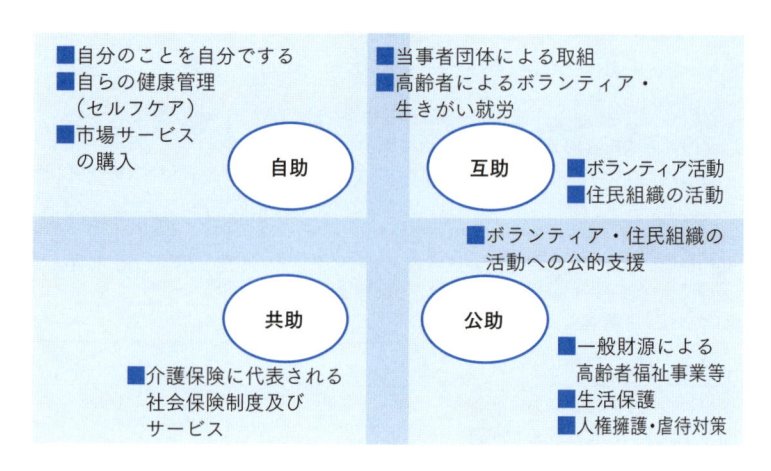

**図1-4　地域包括ケアシステムを支える「自助・互助・共助・公助」**
（三菱UFJリサーチ＆コンサルティング, 2016）

ができる。

　乳児期〜成人期晩期（老年期）までの生涯発達上の困りごとに対する対応について，その全体像を把握するために，「自助・互助・共助・公助」という枠組みで整理してみた（表1-7）。

　生涯発達的視点からこの表を見ていくと，子どもが親の保護下にあり，小学校，中学校，高校までの教育機関にあるときは，その教育機関のシステムの中でマクロに守られているということがいえる。たとえば，小学校，中学校，高校では，一人の児童・生徒を取り巻く体制として，家庭内では，保護者（母親・父親等）がいて，何かがあると，通常子どもを守るために動く。学校内では，担任（中高であれば教科担当，部活担当がここに加わる），主幹，養護教員，スクールカウンセラー，スクールソーシャルワーカー，管理職（教頭〔副校長〕，校長）がいる。通常はこの中で教育活動・生徒指導が機能する。生徒に何かがあると，学校内のシステムが学校外のシステムと連携して機能し始める。病気であれば養護教員を通して病院につなぐ，ときに救急車を呼ぶ。学校内に不審者が入ったり，何かあったときには警察に相談し，来てもらう。児童相談所から連絡が来たり，したりする。学校内で起こる諸々の案件について適宜顧問弁護士に相談する。これらのことが，子どもの保護，育成という目的の中で機能的につながっている。公助，共助というマクロのサポートシステムがうまく機能している。

　大学・大学院は，ここまで，学校との密な関係はないが，同じくマクロの共助，公助のシステムに守られている。自立を前提として，学科という単位の中で，担任（チューター）がいて，指導教員がいて，講義担当の教員がいる。さらに，大学内には，心身の健康を守るための保健管理センター，学生相談室，そして，キャリア支援室，生活支援室等があり，学生を守り，自立をサポートする。

　成人になると，生活の中心はそれまでと違い，教育機関を離れ，「仕事」と「家族」に移っていく。個人を支える中心は，自分と家族（親，配偶者，子ども，親族等）であり，そして，職場を介したシステムである。表1-7の「前期・中期」「後期・晩期」を見ていくと，成人（前期・中期）の場合，職場のシステムが個人のサポートに大きく影響している。個人や家族の生活を守る給与もそう

**表 1-7　各発達段階において個人を困りごとをかかえる個人を支えるサポート資源**（筆者作成）

| 発達段階 | 公助・共助 | | 自助 | 互助 |
|---|---|---|---|---|
| | 福祉・医療制度 | 関わる組織・人 | 主な人 | 主な組織・人 |
| 全世代 | 身体障害者手帳<br>療育手帳（知的障害）<br>精神障害者保健福祉手帳 | | | |
| 乳児・幼児 | 乳幼児健康診査（母子健康法）<br>就学時前診断<br>医療保険 | 保育園・幼稚園<br>保健所・病院<br>民生委員・児童委員<br>児童相談所<br>専門相談機関　他 | 保護者・親族・本人 | コミュニティ<br>互助機関（NPO 等） |
| 児童・青年（前期・中期） | 医療保険<br>定期健康診断 | 教育機関（小・中・高校等,教育委員会）<br>病院<br>民生委員・児童委員<br>児童相談所<br>警察<br>家庭裁判所<br>少年鑑別所・少年院<br>弁護士　他 | 保護者・親族・本人 | コミュニティ<br>互助機関（NPO 等） |
| 青年（後期） | 医療保険<br>定期健康診断 | 教育機関（専門学校・短大・大学・大学院等）<br>病院<br>民生委員<br>児童相談所<br>警察ー検察ー裁判所<br>刑務所<br>弁護士　他 | 本人・保護者・親族 | コミュニテイ<br>互助機関（NPO 等） |
| 成人（前期・中期） | 医療保険<br>定期健康診断<br>ストレスチェック<br>雇用保険<br>地域若者サポートステーション事業（15 歳ー49 歳）<br>障害者雇用対策<br>生活困窮者自立支援制度<br>生活保護<br>男女共同参画センター・女性相談支援センター等<br>介護保険（2 号被保険者）40 歳ー65 歳未満 | 職場<br>病院<br>行政<br>民生委員<br>警察ー検察ー裁判所<br>刑務所<br>弁護士　他 | 本人・配偶者・親族 | コミュニティ<br>互助機関（NPO 等） |
| 成人（後期・晩期） | 医療保険<br>定期健康診断<br>国民年金　65 歳以上<br>生活困窮者 自立支援制度<br>生活保護<br>介護保険（1 号被保険者）65 歳以上 | 地域保活支援センター<br>居宅介護支援事業所<br>病院<br>行政<br>民生委員<br>警察ー検察ー裁判所<br>刑務所<br>弁護士　他 | 本人・配偶者・子ども・親族 | |

だが，さまざまな福利厚生（健康相談，キャリア相談等）の整備も，自分が所属する組織に委ねられる。資本力・資金力のある大きな企業ほど恵まれているという傾向にある。

　つまり，社会人として，就職した場合（あるいは，しなかった場合），どのような組織で仕事をしているかということで，その質に大きな違い，格差が生じてくる。さらに，常勤であれ，非常勤であれ，仕事をすることによって何らかの組織に所属していれば，まだ，さまざまな面で守られていくが，仕事に関わる所属から離れた場合，自分や家族自らが，自助，互助という形で個人を守るということになる。行政の制度にしてもそうで，失業した場合，あるいは，病気（身体，精神），引きこもり等，何らかの事情で職についていない場合，自分から申請や相談に積極的に行かない限り，サポートは受けられず，自助・互助という枠組みの中で高齢の親の年金に生活を頼るということになりかねない。

　成人（後期・晩期）の場合，前期・中期と違い，そこに公助，共助として，「国民年金」「介護保険」という強力な生活支援，介護支援が制度として加わる。つまり，65歳以降の場合，十分ではないにしても，公助，共助という国のシステムに個人が一定程度は守られているということがいえる。

　以上のように，人はその生涯の中でさまざまな困りごとに直面し，その解決（適応）を求められる。その解決（適応）にあたっては，上記の自助・互助・共助・公助等の枠組みを理解したうえで，自分だけで抱え込む（自助）のではなく，互助・共助・公助という自分を取り巻くさまざまなリソース（資源）を活用していくことが重要となっていく。

（注）　5節については，日本老年行動科学会（2021）における誌上シンポジウム「老年行動科学のネクストステージ」の大川による話題提供（これからの老年行動科学の射程：中高年のライフキャリアに焦点を当てて）を日本老年行動科学会の了解を得たうえで，加筆修正した。（高齢者のケアと行動科学　26, 8 〜 14 頁）

● **安藤寿康（著）『教育は遺伝に勝てるか？』朝日新書　2023 年**
双生児法に基づく行動遺伝学の日本における第一人者による著書。人間のさまざまな特質（身体，知能，学業成績，性格，精神疾患，発達障害，問題行動，経済行動等）について遺伝と環境，教育の関係について豊富なデータに基づいて，考察している良書。

● **田島信元・岩立志津夫・長崎勤（編）『新・発達心理学ハンドブック』福村出版**
　**2016 年**
発達心理学に関わる理論や展望，発達段階ごとの発達の道筋，発達の機序と諸相，現代社会と発達，発達の障害と臨床，データの収集の 6 部構成でさまざまなテーマについて 75 章にわたりまとめられている。本書の内容をさらに深めていきたい方にお勧め。

● **「子供・若者白書」「高齢社会白書」「障害者白書」他　厚生労働省・内閣府他**
国のさまざまな省庁から，多様なテーマで，国で行われた膨大な調査データに基づいて毎年，白書類が刊行されている。子ども−高齢者までの特定のテーマについて実態や対策，現代的トピック等を知りたい場合，それぞれの省庁の HP から検索することをお勧めする。情報の宝庫である。

## COLUMN 1　日本の貧困

　2015 年 9 月に国際連合サミットにおいて,「持続可能な開発のための 2030 アジェンダ」が持続可能でよりよい世界をめざす国際目標として採択された。そして, 2030 年までに開発が求められる「持続可能な開発目標（SDGs）」として 17 のゴール・169 のターゲットが設定されており, 一番初めの目標として,「あらゆる場所のあらゆる形態の貧困を終わらせる」ことが掲げられている。ここ 20 年くらいの間に, 日本全体の貧困が大きく言われるようになってきているが, 日本の子どもを取り巻く貧困の実態はどうなのだろうか。

　Unisef & World Bank Group（2023）は, 世帯所得と物質的剥奪（deprivation）という 2 つの指標を用いて先進諸国の子どもの貧困の 2021 年時点での現状と 2010 年代初頭から 2020 年代初頭にかけての変化の国際比較を行っている。それらを総合的に勘案したうえでの日本の 2019 ～ 2021 年時点での子どもの貧困率は, 40 か国中 30 位（14.8%）, 第 1 位はコロンビア（35.8%）, アメリカ 6 位（26.2%）, イギリス 13 位（20.7%）, 韓国 26 位（15.7%）になっている。順位は低いものの 14.8% という数値に着目すると, 6.76 人に 1 人となり, 1 学級 35 人だとするとそのうちに 5 人は貧困の子どもがいるということになる。そう考えると大きな数である。

　もう少し, 詳細に見ていく。図に 1998 年から 2021 年までの日本の貧困率の推移を示す（子ども家庭庁, 2023）。

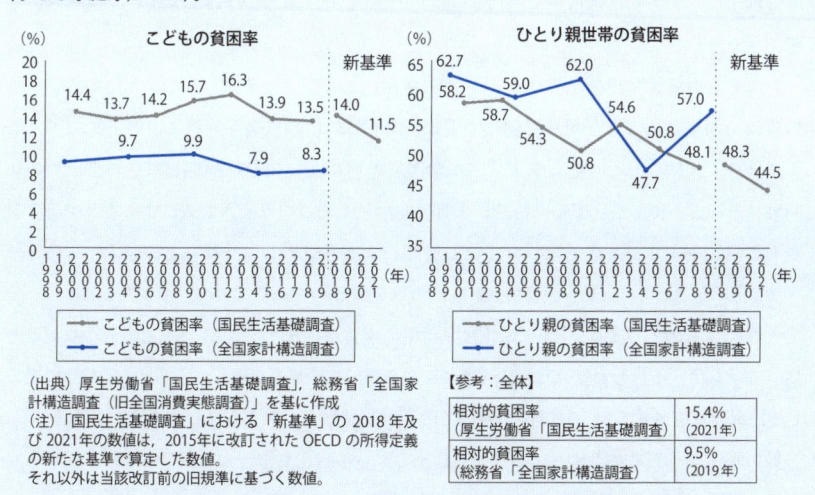

（出典）厚生労働省「国民生活基礎調査」, 総務省「全国家計構造調査（旧全国消費実態調査）」を基に作成
（注）「国民生活基礎調査」における「新基準」の 2018 年及び 2021 年の数値は, 2015 年に改訂された OECD の所得定義の新たな基準で算定した数値。
それ以外は当該改訂前の旧規準に基づく数値。

| 【参考：全体】 | |
| --- | --- |
| 相対的貧困率<br>（厚生労働省「国民生活基礎調査」） | 15.4%<br>（2021 年） |
| 相対的貧困率<br>（総務省「全国家計構造調査」） | 9.5%<br>（2019 年） |

　貧困の指標として「相対的貧困率」すなわち「貧困線を下回る可処分所得しか得られていない人の割合」がよく用いられるが, ここでは旧指標, 新指標と幾分基準の違う指標が

一覧として示されている。また，元となるデータの違いによって貧困率も異なっているということに留意されたい。

厚生労働省による「国民生活基礎調査」に基づくデータに従うならば，2012年をピークとして，割合としてはOECDによる基準に準拠した2018年（新基準）時点で14.0%，2021年時点で11.5%，ひとり親世帯では48.3%（2018），44.5%（2021）となっている。

三菱UFJリサーチ＆コンサルティング（2023）は，日本における貧困率が幾分でも改善した理由として，所得の低い層の賃金が緩やかに上昇したこと，共働き世帯が増えたことにより稼動所得（個人が働いて得る所得）が増加したことを指摘している。しかし，同時に，シングルマザー等のひとり親世帯は稼ぎ手が1人であるため，貧困率の低下は限定的であることも指摘している。

子どもの貧困に対する国の施策であるが，2013年に制定された「子どもの貧困対策の推進に関する法律（平成25年法律第64号）」が2019年に一部改訂され「令和元年法律第41号」，同年「子どもの貧困対策に関する大綱」が閣議決定された。この大綱に基づいた対応としては，「教育支援（幼児教育の無償化，プラットフォームとしての学校指導・運営体制の構築，高等学校における修学継続のための支援他）」「生活の安定に資するための支援（保護者の生活支援，子どもの生活支援，支援体制の強化他）」「保護者に対する職業生活の安定と向上に資するための就労支援（ひとり親に対する就労支援他）」「経済的支援（児童手当・児童扶養手当制度の着実な実施，養育費の確保の推進，教育費負担の軽減他）」などがあげられている。これらの施策に基づき市区町村が実施母体となり対応を現在，進めているところである。

それぞれの施策実現のためには，「給食の無償化の実現」に象徴されるように各市区町村の経済力が当然のことながら影響してくる。少子高齢化の急激な進行による日本の国力低下に伴い，大綱に基づきどこまですべての市区町村において厚い対応がなされていくのか問われるところである。また，行政による公助，共助だけでなく，個人によるボランティアやNPO公益財団法人等で行われている民間による互助（お金や物などの個人からの寄付，ボランティアとしての活動への参加他）も行われている。

代表的なものとしては，「子ども宅食（自宅に食品等を届け，接点をもちながらつながりを築いていく）」「子ども食堂（特定の場所で無料や低額で食事を提供し，子どもの安心して過ごせる居場所を提供する）」「放課後の無料での学習支援教室」などをあげることができる。

親の貧困が子どもの貧困へとつながり，そこから抜け出せなくなる。日本という国のありようとしてそのような事態に陥ることは，決してあってはならない。

# 第2章　脳・神経の発達

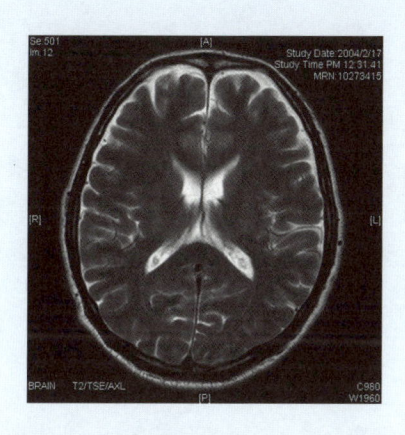

エピソード

　ある日，エイコは騒がしい部屋の中でどこからか音を耳にし，てのひらに振動を感じた。そこでスマートフォンの画面を見ると「ミユキ」と知人の名前があった。「ミユキさんだ。うれしいなぁ。出よう」と思い，指で画面を触ると画面はツルッとしており，冷たかった。気にせずに，画面に指をすべらせ（スワイプ），「もしもし〜」と声を出して応答して，ミユキと◯月◯日に自宅でミユキと一緒に食事をすることになった。その約束の日になり，エイコはカレーライスとサラダを作ることにして，材料を買いに行き，その材料を使って料理をした。そして，ミユキと楽しく食事をした。

解説

　エイコは，なぜスマートフォンに電話がかかってきたことがわかり，画面を指でスワイプさせ，応対できたのだろうか。そして，ミユキと楽しく食事ができたのだろうか。

　ここには脳の司令塔としての機能が大きく寄与している。

　両耳からのスマートフォンの音や，両眼からのスマートフォンの形，スマートフォン画面の「ミユキ」という名前の刺激の意味を脳で理解し，その理解から「わぁうれしい」という感情が起き，これらの情報から電話に出るという判断を脳で行い，スマートフォンの画面をスワイプするという指の動きの指令や「もしもし」という音を出すための舌や口唇などの動きを大脳から指や唇に送って，画面をスワイプできたり，「もしもし」と話すことができた。また，脳で食事の予定を記憶していたので楽しく食事ができたのである。

# 1節　高次脳機能に関係する脳神経系および感覚器の構造と機能

　エピソードのところでエイコが耳にしたスマートフォンの着信音や形の認知，スマートフォン画面の「ミユキ」という名前の理解，「わぁうれしい」という感情，電話に出るという判断，スマートフォンの画面のスワイプ行動の指への指令，「もしもし」という発声のための舌や口唇などの動き，食事の予定の記憶などなど，私たちの日常生活上のさまざまな行動に大脳が司令塔として大きく関わっている。まず，司令塔の役割を果たしている脳の構造や働きについて詳しく見ていこう。

## 脳の構造と働き

　**a　感覚受容器の構造と働き**　エイコがスマートフォンからの着信音や着信のバイブレーションの刺激を受け取った器官は耳，目，皮膚などである。これらを感覚受容器という。

　スマートフォンの着信音やことばの音が耳に入ると，鼓膜が振動し，その振動が耳小骨という3つの連なった骨に伝わる。次に，内耳にある蝸牛というカタツムリに似た器官でデジタル信号に変換される。デジタル信号に変換された着信音やことばの音情報は，蝸牛から出る神経から視床という脳の部位を通り，反対側の大脳にある聴覚野に伝わる。音は「もしもし」という言語音と，スマートフォンの着信音やパトカーのサイレン，動物の鳴き声のようなことば以外の音に分けられる。ことば以外の音は環境音といわれる。おおよそ，言語音は左脳の聴覚野に，環境音は右脳の聴覚野と左右別々の場所に伝わる（図2-1）。

　スマートフォンの形態や画面の文字などの視覚情報は，眼の奥にある網膜でデジタル信号に変換され，その情報は視神経から脳の部位の視床を経て左右の大脳の後ろにある視覚野に伝わる。見たものが自分よりも遠くにある，高いところにある等の空間の位置情報は視覚野から頭頂葉へ，物の形については視覚野から側頭葉へ伝えられる。

　温かい−冷たいという温度の感覚や，何か触ったという触覚，「痛い」という痛覚などの感覚の情報や，手足が身体のどの位置にあるかという位置などの

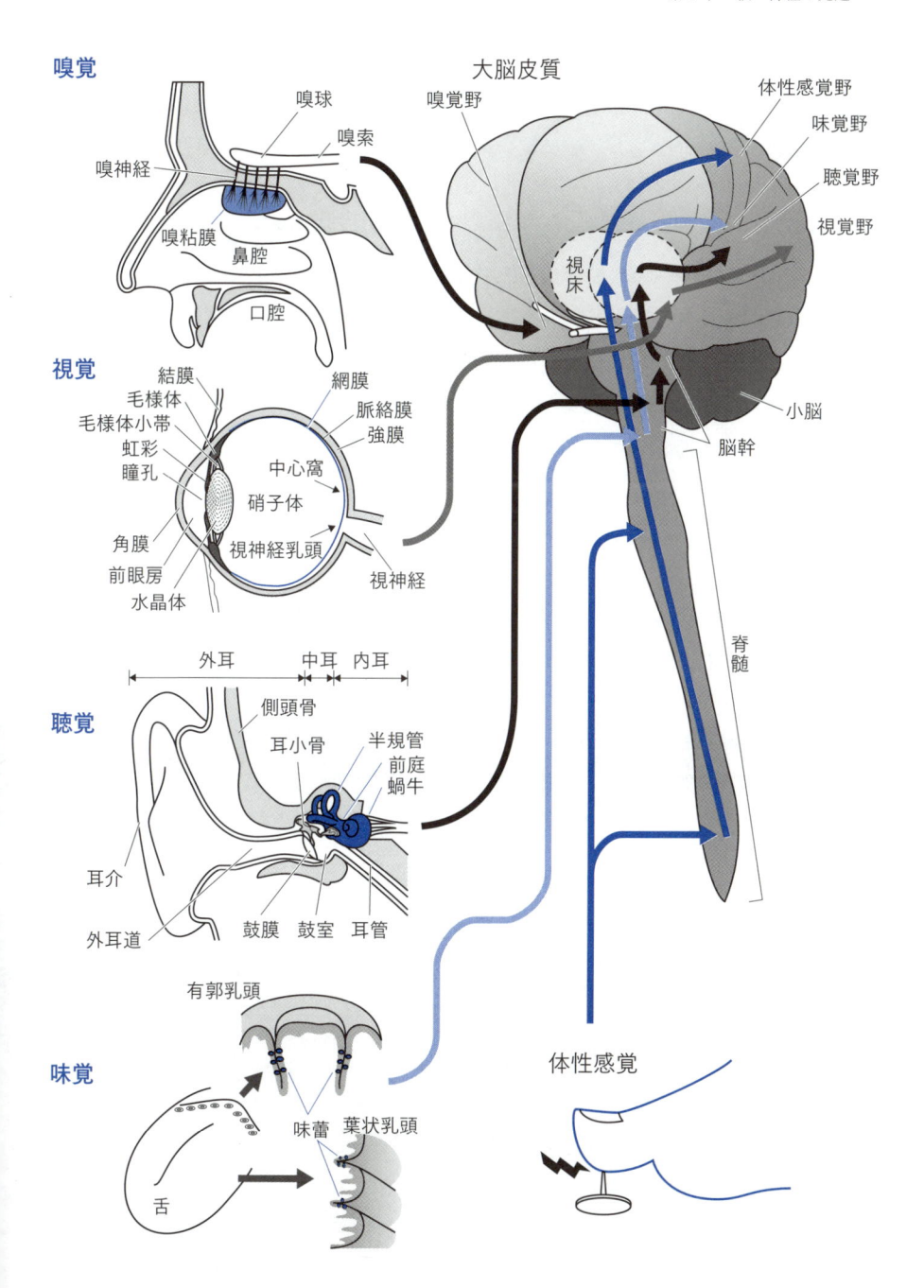

**図 2-1　感覚系から神経系へ**（大森ら, 2018, p.33 をもとに作成）

感覚のことを体性感覚という。これらの体性感覚は皮膚や筋肉，関節などの感覚受容器により感覚情報を受けることによって生じる。感覚受容器で受けた感覚情報は脊髄神経を通り，脳部位の視床を経て，左右の大脳の体性感覚野に伝えられる。

　カレーライスの辛い味などの味覚情報は，舌や口腔粘膜にある味覚に関係する細胞（味蕾内の味細胞）から他の感覚情報と同じように脳部位である視床を経て，大脳にある味覚野に伝えられる。香りなどの嗅覚情報は，鼻腔の嗅粘膜から匂いに関係する嗅球に伝わり，その嗅球から嗅神経を経て大脳にある嗅覚野に伝えられる。ただし，嗅覚情報はほかの感覚情報と違い脳部位の視床を通らずに嗅覚野に入る。

**b　神経の構造と働き**　このように，感覚の情報を大脳に送るのは神経のネットワークの働きによる。この神経のネットワークは大まかに2種類あげられる。一つは中枢神経系で，もう一つは末梢神経系である（図2-2）。

　中枢神経系は大脳，中脳，橋，延髄と小脳，さらに背中に沿って走る脊髄で

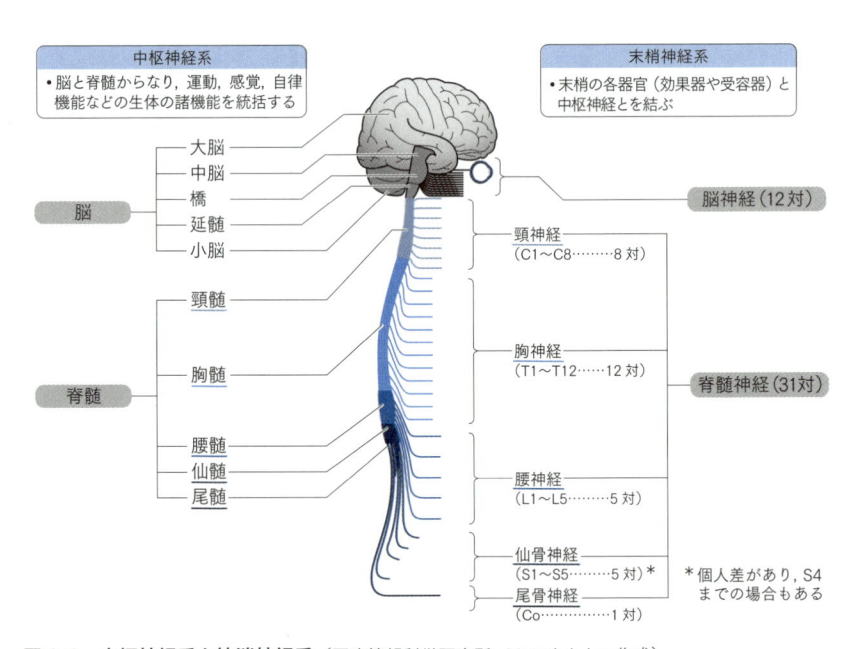

**図2-2　中枢神経系と抹消神経系**（医療情報科学研究所, 2017 をもとに作成）

構成されている。末梢神経系は中枢神経以外の神経のことで，体性神経と自律神経に分けられる。さらに，体性神経は感覚神経と運動神経に分けられる。指先が感じたスマートフォン画面の冷たさという皮膚感覚情報，手のひらで感じた着信のバイブレーションの振動はこの感覚神経を通して大脳に伝えられる。運動神経は大脳からの運動指令を手指などの各身体部位へ伝える働きがあるため，スマートフォン画面をスワイプする指の動作手順や，「もしもし」ということばを言う指令は大脳から脊髄を経て運動神経から指や口に伝わり，実行される。

　末梢神経は脳神経，脊髄神経の2種類にも分類される。脳神経は左右12本ずつあり，脳の各部位から出発して主に首より上の部位，たとえば耳，眼球，顔面，舌などへ運動を伝える働きや感覚情報を脳に伝える役割を担っている。脊髄神経は左右31本ずつあり，中枢神経の脊髄を出発点として主に首より下の手や足などの身体の部位へ運動を伝える働きや皮膚などからの感覚情報を脳に伝える役割を担っている。

　各神経による情報のやりとりはニューロンとよばれる神経細胞のネットワークを使って行われる。神経細胞は細胞体，樹状突起，軸索で構成されている。

**c　大脳の構造と働き**　大脳は大体800gの重さがある。大脳は左右2つに分かれており，各々左半球または左脳，右半球または右脳とよばれている。左右の半球の情報を連絡をしているのは脳梁という神経線維の束である。脳の表面は大脳皮質が覆っている。大脳皮質は灰白質という神経細胞でできた1.5〜4.0mmの厚さの6層構造でできている。

　大脳の表面の大脳皮質は「脳溝，裂」という溝で区切られている。俗にいう「脳のシワ」である。シワである脳溝で区切られ，脳溝と脳溝の間の盛りあがっている面を「脳回」という。大脳の右半球，左半球は大脳縦裂とよばれる深い溝で隔てられている。数多くの脳溝のうち中心溝（別名ローランド溝），外側溝（別名シルビウス裂）が重要である。この2つのシワはほかのシワよりも太く，深い。この2つのシワをもとに脳の表面は4つの領域に区切られている。4つの各領域は前頭葉，側頭葉，頭頂葉，後頭葉と名づけられている。中心溝よりも頭の前にある領域は前頭葉とよばれている。中心溝の後ろで大脳の上部

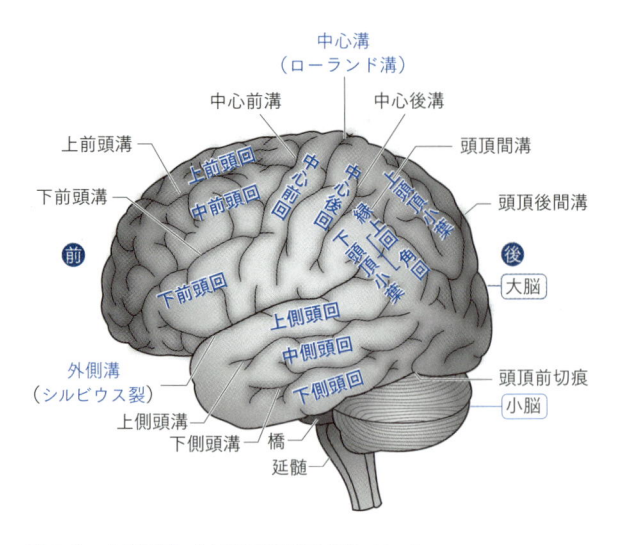

**図 2-3　大脳皮質**（医療情報科学研究所, 2017）

にあるのが頭頂葉である。外側溝（シルビウス裂）の下にあり，大脳の横にあるのが側頭葉である。後頭葉は大脳の最後部にある領域である。外側溝の裏側には島葉とよばれる部位が隠れている。これらの各葉は，身体の各部位からの感覚情報を受け取りその情報処理を行い，各葉からの情報を統合するなどの機能をもっている。後頭葉はスマートフォン画面の文字やスマートフォンの形などの網膜からの視覚情報の分析を担っている。側頭葉は蝸牛からのスマートフォンの着信音やことばの音などの聴覚情報の分析を担当する。また，側頭葉は記憶や知識の貯蔵にも関係している。頭頂葉は，皮膚に感じたスマートフォンのバイブレーション振動やスマートフォンの形態の触覚情報の分析や後頭葉から空間情報を受け取り見たものの空間の位置や方向などの空間位置の認識にも関わる。大脳の約30%を占めるほど大きい部位である前頭葉には身体の運動，言語，感情や注意のコントロール，行動の抑制，人格，判断，創造や目的行動を実行する遂行機能などがあり人間が人間らしく生きていくために大きな役割を果たしている（図2-3）。

　次に大脳の内部を見てみよう。

　大脳の奥深くに大脳辺縁系とよばれる部位がある（図2-4）。大脳辺縁系の主要な部位としては「帯状回」「海馬」「扁桃体（核）」がある。このうち重要な

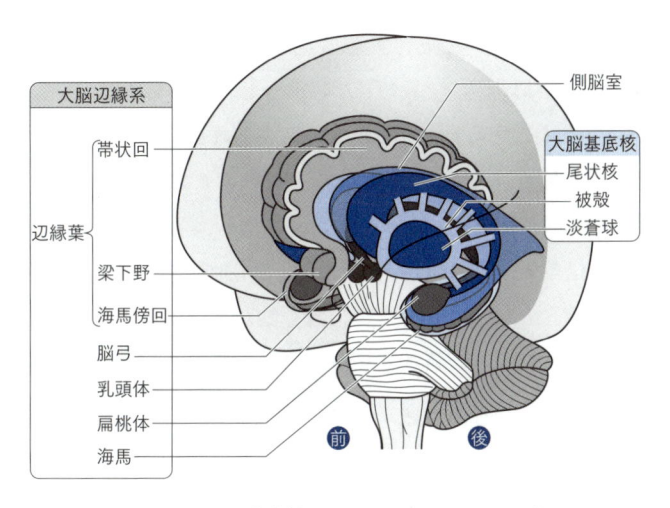

**図 2-4　大脳周辺系と大脳基底核**（医療情報科学研究所, 2017）

部位が「海馬」と「扁桃体」である。この 2 つは隣同士にあり，絶えず情報
のやりとりをしている。タツノオトシゴのような形からそのようにいわれる
「海馬」は記憶に関わる重要な部位である。外部からの情報を記憶として一定
期間貯蔵しておく部位で，この部位が損傷されると物事を覚えていられなくな
る「記憶障害」が見られるようになる。「扁桃体」はアーモンド（扁桃）に似
た形をしていることからそのようによばれる。大脳辺縁系は「本能」や「情
動」と大きく関係する部位であるが，その中心的な役割を担っているのがこの
「扁桃体」である。この部位を刺激すると恐怖，驚き，快不快などの感情が生
まれる。エイコがスマートフォンの画面の名前を見て「うれしい」という感情
が起きたのは，以前体験した画面の名前の人への扁桃体からの「快い」感情の
記憶と海馬の記憶が結びつき，スマートフォン画面の名前を見て，その人への
「快い」「うれしい」という感情の記憶が引き出されたと思われる。帯状回は
「意欲」や「やる気」に関係する部位である。

　脳幹の上部に間脳とよばれる部位がある。間脳は視床上部，視床，視床下部
で構成されている。視床は大脳皮質の感覚情報を担当する各領域へ各々の情報
を伝達する感覚情報の中継地点である。視床下部は脳全体の 1% ほどの小さな
器官だが，心拍数，血圧，内臓の働きの制御やホルモン分泌など生命維持に重
要な働きをもつ（図 2-1 参照）。

さらに脳の奥に入っていくと，大脳基底核とよばれる神経核の一群がある（図2-4参照）。核は神経細胞（＝灰白質）の集合したものである。大脳基底核は被殻，尾状核，黒質，視床下核，淡蒼球で構成されている。大脳基底核は滑らかに動くという役割がある。たとえばスマートフォンをスワイプする行動は「スマートフォンの画面に指を置け」という指令が大脳から中枢神経や末梢神経を通じて指に伝わり，その指令内容に沿って指が動くことでスワイプすることができる。しかし，画面上で滑らかに指を動かさないとスワイプできず電話に出られないことになる。大脳基底核からの「指を滑らかに動かせ」という指令が「スマートフォンの画面に指を置け」という指令に加わることで滑らかに指をすべらせてスワイプことができる。大脳基底核はこの機能以外にも認知，学習に関係している。

　さらに降りていくと，大脳の間脳の下部から脊髄へ続く部位がある。脳幹である。脳幹は中脳，橋，延髄とつながっている。脳幹は血圧，呼吸，循環器系など生命維持に重要な役割をもっている。また，脳幹にある網様体という領域では覚醒等の意識や睡眠のリズムをコントロールしている（図2-5）。

　脊髄は脳の底から腰まで続く長いロープのようなものである。脊髄は前述のスマートフォン画面の文字の視覚情報，着信音やことばの音の聴覚情報，スマートフォンの画面を触った指の冷たい感覚，カレーライスの香りや辛い味などの情報を大脳に伝えることや大脳からの「手や足をこのように動かせ」とい

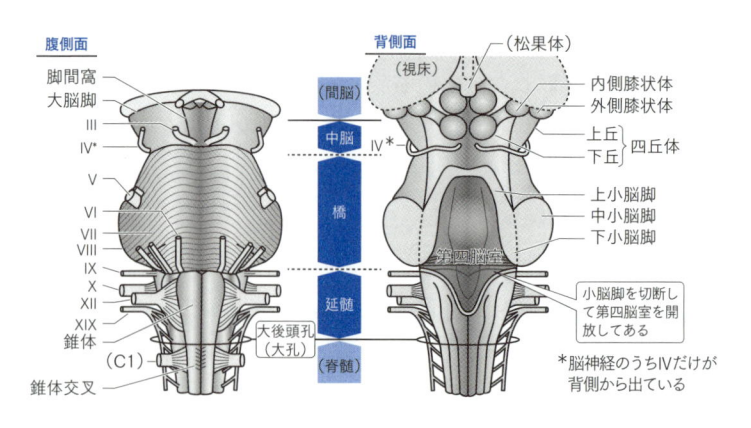

**図2-5　脳幹の部位**（医療情報科学研究所, 2017）

う指令を身体の各部位に伝えるという連絡役を担っている。

　大脳の下には小脳がある（図2-3参照）。小脳には運動の学習や調整，平衡感覚などの働きがある。たとえばスマートフォンの画面の操作方法は最初，説明書などを読みながら一つひとつ覚えていくが，何度も操作していると自然に操作することができるようになる。つまり操作方法を身体で覚えるのである。このような身体で覚える運動の学習に小脳は関係している。また，身体をふらつかせずにバランスをとって歩くことも，この小脳が耳の三半規管と協働しながら行っている。

## 2節　高次脳機能とその獲得

　この節では，エイコがスマートフォンに出て，友人と会食の約束をし，カレーライスを作ってもてなし，楽しい時間を過ごしたことを，前節の大脳の構造と機能内容も含めて高次脳機能という視点から説明する。

### 大脳皮質の機能

　スマートフォンの形や画面の人名といった視覚情報は，網膜でバラバラのデジタル信号に変換され後頭葉に送られる。後頭葉では受け取ったバラバラのデジタル信号を統合し元のスマートフォンの形に戻す。元の形になったスマートフォンの視覚情報は側頭葉に蓄えられた知識である意味記憶（スマートフォンは通信機器の一つという知識とほぼ同じ意味である）と結びつき，スマートフォンがどんな形なのか解る。スマートフォン画面の「ミユキ」という人名も同様に，側頭葉で「ミユキ」は「女性の友人で……」という意味記憶と結びつき誰なのかが理解できる。スマートフォンがどこにあるかという情報は後頭葉から頭頂葉に送られ，手のひらにあることを理解する（図2-6）。皮膚で感じたスマートフォンのバイブレーションやスマートフォンの形の触覚刺激は頭頂葉に送られ，側頭葉の意味記憶と結びつき，振動の意味や触った形がスマートフォンであることがわかる。このような視覚情報，空間情報，触覚情報が頭頂葉でまとめられ，前頭葉の前頭前野に送られる。前頭前野では送られてきた情報をもとに，スマートフォンの着信に出るかどうか判断をする。次に，今までの経験で学習

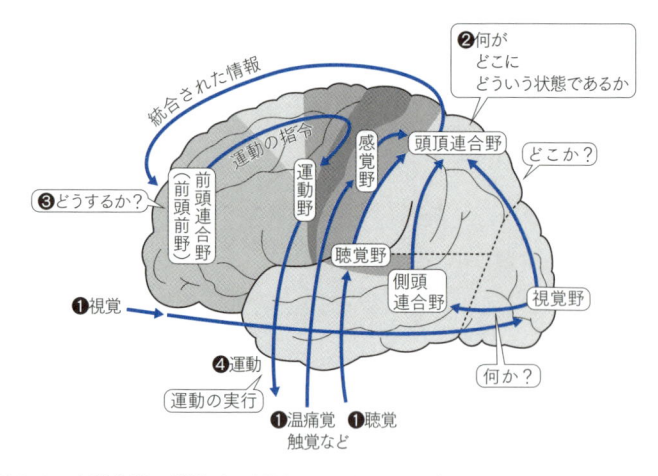

**図 2-6　大脳皮質の機能**（医療情報科学研究所, 2017）

したスワイプ操作手順ややり方の記憶からスマートフォンの画面に指をのせ，横か縦に指をスライドさせるというスワイプ操作の手順ややり方を思い出し，スワイプ操作手順の計画を頭頂葉と後頭葉付近で立て，その計画に沿って指の動きなどがイメージされ，その情報が中心前回へ伝えられ，大脳基底核や小脳からの情報を加えながら中枢神経から末梢神経の体性神経へ各々の指に伝えられる。そして，その情報に沿って各々の指がスワイプ動作を行い，電話に出られた。

　エイコは友人と食事をすることを約束し，当日はカレーライスを作ってもてなすことを計画した。その計画を効率よく実行するためにどのようにしたら良いか考える機能を遂行機能（心理学では実行機能とよばれることが多い）という。この機能は前頭葉の前頭前野が担当している。たとえばエイコの場合，会食当日はカレーライスを作り，それと並行して部屋をセッティングするという計画を立てる。その計画に沿って，カレーライスの材料をリストアップしお店で買いそろえ，料理の手順を記憶から呼び起こし，その手順に沿って鍋や包丁を適切に使い，火加減，味つけなども考えて料理をする。料理中に料理していることを覚えておきながらテーブルセッティングを行い，友人と会食することができた。この機能を使ったことでエイコは友だちをもてなすという目標行動を達成することができたのである。遂行機能以外に前頭葉機能には意欲，感情コン

トロール機能，相手の立場や感情などの理解である共感性，行動の抑制，話の文脈理解機能を使い，社会環境に適した行動や言動をとるという社会的行動機能を担っている。

## 高次脳機能とその獲得

　スマートフォンやスマートフォン画面に映る人名の視覚情報を網膜でデジタル処理し，処理したデジタルの視覚情報を後頭葉で一つひとつ段階を経てもとの形にする。このように外界からの各々の情報を受け取り，受け取った情報を分析し，さらにその情報を統合するという段階を経て情報処理を進めていく過程のことを「高次」という。そして，「高次脳機能」とは，情報の分析・統合や分析・統合された情報に記憶，知識，言語，経験を結びつけ，それをもとに行動の判断や行動計画を立案する，思考をするなど「高次」な機能の総称である。

　このように私たちは脳の各部位の機能を使用しながら外部からのさまざまな刺激を受容し，記憶，知識，言語，経験が結びつくことでその刺激を理解し，その理解した情報をもとに行動の是非を判断していくわけだが，これらの機能は生まれつき備わっているわけではない。これらの高次脳機能は，誕生後成長しながら外界からの刺激を受けその刺激に反応することや，その刺激への反応に対する周囲の反応などを見聞きするなどの経験を通して獲得していく。たとえば「リンゴ」という聞いた音を理解する機能の獲得するためには，まず，「リンゴ」という音刺激に気づくようになり，気づいた「リンゴ」の音刺激を側頭葉で分析し，その分析した「リンゴ」音の刺激に実物のリンゴの形や色の視覚刺激やリンゴの匂いの嗅覚刺激，味などの味覚刺激が結びつく。また，周囲の「これはリンゴ」という音情報も加わり，「リンゴ」という音情報に「リンゴ」ということばや意味がついていくことで獲得する。また，「寝返り」から「座る」，「ハイハイ」から「立つ」という身体機能の発達により視界が広がり，さらに外界からの情報獲得が容易になる。そして，「脳機能の発達」「身体の発達」に「心の発達」の3者が相互に影響しあいながら高次脳機能を獲得していく。

## 3 節　高次脳機能障害の種類および特徴と発達障害の相違点と共通点

　この節では大脳の障害により出現する脳機能障害の種類およびその特徴について，そして成人期の脳機能障害と小児期の発達障害との共通点と相違点について説明する。

### 高次脳機能障害という用語について

　現在高次脳機能障害という用語は，医学・学術的用語と行政的用語の2通りの使用が見られる。医学・学術用語としての高次脳機能障害は言語，行為，認知，注意，記憶，遂行機能などの高次脳機能が脳の器質的損傷により障害され出現する失語，失行，失認の巣症状や記憶障害，注意障害，遂行機能障害を指す。一方，行政的用語としての高次脳機能障害は厚生労働省の2001年からの「高次脳機能障害支援モデル事業」（国立障害者リハビリテーションセンター，2008）により記憶障害，注意障害，遂行機能障害，社会的行動障害などの認知障害による日常生活や社会生活の不適応を行政的に高次脳機能障害と定義されている。ここでは学術的内容で高次脳機能障害を説明する。

### 高次脳機能障害の種類と症状の特徴

　高次脳機能障害は高次脳機能である注意，記憶，言語，認知，行為・動作，遂行機能などが脳血管障害，頭部外傷などの脳損傷により見られる障害である。高次脳機能を担う大脳の部位，たとえば記憶が貯蔵されている海馬が障害されると記憶障害が起こる。高次脳機能が障害されるとどのような症状が見られるのだろうか。

　高次脳機能の一つである「注意機能」は外界の情報に気づくことである。注意には全般性注意と方向性注意がある。全般性注意とは外界のさまざまな感覚情報に注意を向ける機能である。全般性注意には，必要な感覚刺激を選択する注意である選択性注意や選択した外界からの感覚情報へ注意を向け続ける持続性注意などがある。これらの注意が障害されると，周囲から必要な刺激や情報を得ることが困難になる。もしエイコにこれらの注意障害があれば，騒がしい

部屋の中でスマートフォンの着信音に気がつけない，騒がしい部屋の中で他の刺激に気をとられてしまい相手の会話に集中できないという症状が出現する。方向性注意は外側の空間への注意である。この注意が障害されると空間認識が障害される。たとえば，右半球が障害されると左側にあるモノや左側からの刺激に気づけなくなり，カレーライスの皿の左側のカレールーに気づかずご飯だけを食べてしまうことや「時」という字の左側の「日」を見落として「寺」と読んでしまうなどの症状が見られる。このように，空間にある刺激に気づけない，反応できない障害を「半側空間無視」という。

　記憶の貯蔵庫である海馬が障害されると記憶障害が見られる。記憶障害には，「○日にミユキさんからスマートフォンに着信があった」などの出来事の記憶であるエピソード記憶の障害，「スマートフォンは通信機器の一つ」という知識などの記憶である意味記憶の障害がある。また，「スマートフォンの使い方」など道具の使い方の記憶である手続き記憶の障害がある。エピソード記憶が障害されると過去の出来事を思い出せなくなるため，エイコはミユキから電話があったことを忘れてしまい，会食の準備ができなくなる。意味記憶障害ではカレーライスの意味が解らなくなるため，「カレーライスを食べましょう」と言われても「カレーライス？　カレーライスって何ですか？」という反応になる。短時間だけ複数のことを記憶しておくワーキングメモリ（作業記憶，作動記憶）が障害されると，会食のセッティング中，カレーライスを作っていることを忘れてしまい，鍋を焦がしてしまう。

　ことばの機能をもつ側頭葉や前頭葉が障害されると「聞く」「話す」「読む」「書く」の機能が障害される「失語症」という言語障害が生じる。失語症は声帯，舌，口唇など発声や発語に関係する器官や聴覚，視覚といった関係器官には問題はない。ことばの障害なので人格や判断力などは保たれる。障害された脳の部位により言語症状が違う。失語症には大まかに2つのタイプがある。一つは聞いたことばの理解を担う側頭葉のヘシュル回やウェルニッケ野の障害で生じるウェルニッケ失語症である。このタイプは，玉ねぎ，ニンジン，ジャガイモの中から「ジャガイモを取って」と言われても，ジャガイモがどれかわからない，ジャガイモではなくニンジンを取ってしまうなど聞いたことばがわからなくなる。また，日本語と変わらないイントネーションで話すことができ

るものの，「玉ねぎ」と言いたいのに「大根」と言い間違ったり，玉ねぎを「たねんぎ」と日本語にはない語で言ってしまうという障害が出現する。もう一つのタイプは前頭葉のブローカ野の障害により出現するブローカ失語である。このタイプの特徴はウェルニッケ失語症とは違い，聞いたことばの理解障害は比較的保たれることである。しかし，発話の抑揚，速さ，リズム（これらをプロソディとよぶ）が障害されるため，とつとつとした話し方になる。また，「電車　乗った」というように「て，に，を，は」が抜ける失文法という症状も見られる。

　眼や耳，皮膚などの感覚器官には障害はなく，注意機能や知能も正常で，刺激に対する知識（意味記憶）も保たれているにもかかわらず，特定の感覚を通しては対象物が何であるかわからなくなる障害を「失認」という。失認には視力や視野は正常なのに見たものの理解が困難になる視覚性失認，聴力は正常にもかかわらず，聞いたものの理解が困難になる聴覚性失認などがある。失認は障害された感覚以外の感覚経路を使うと対象物を認識し理解できるという特徴がある。たとえば，視覚性失認が原因でスマートフォンを見てもスマートフォンとは理解できないが，着信音を聞くとスマートフォンだということが解る。これは，「この音はスマートフォンの着信音だ」という意味記憶が着信音を聞くことで呼び起こされ，見たものがスマートフォンだと理解ができたのである。

　「失行」は手指や四肢に麻痺といった運動障害や皮膚感覚障害などなく，スマートフォンだということもわかっているのに今まで使えていたスマートフォンの操作が困難になるような行為・動作の高次脳機能障害である。スマートフォンのスワイプ操作の計画が障害されるとスワイプしようとしてもスマートフォンを振るなどまったく別の操作になってしまう。

　遂行機能を担う前頭葉の前頭前野が損傷されると遂行機能障害が見られる。この機能が障害されると，カレーライスを作ってもてなす計画が立てられない，カレーライスの調理手順がわからなくなりカレーライスが作れない，など目的行動の会食ができなくなる。また，前頭前野が障害されると遂行機能障害以外に性格の変化（温厚だった人が怒りっぽくなる），情動コントロール障害（些細なことへの感情抑制が困難になる），文脈理解障害（話を字義通りにしか理解できないなど），行動障害（ギャンブルやアルコールなどへの依存），反社会的行動，常同行動

（状況変化に臨機応変的な対応困難によりつねに同じ行動をする），無気力になる意欲・発動性の低下などの障害が見られるようになり，対人関係がうまくいかなくなることで社会適応が難しくなるという社会行動障害が出現する。

### 発達障害との相違点と共通点

　小児期の発達障害も成人期と同様の各脳部位が担っている脳機能の障害であり，高次脳機能障害と考えられる。たとえば，自閉症スペクトラム症症状の多くは前頭葉機能障害や遂行機能障害に，注意欠陥・多動性障害の注意欠陥は全般性注意障害や行動抑制障害に共通したものであり，限局性学習障害は言語機能を担う左頭頂側頭葉の機能障害と考えられ，失語症にも類似した症状もある。ただ，小児期の発達障害は脳機能の発達過程における高次脳機能習得障害であり，成人期の高次脳機能障害は脳機能獲得後の障害であるという点で相違する。

## 4節　高次脳機能障害への支援

　ここでは成人期および小児期の高次脳機能障害への支援とはどのようなことなのか話をしていく。

　成人期の高次脳機能障害への支援は「リハビリテーション」といわれる。リハビリテーションという用語は「re（再び）+hAbilis（適した）」ということばからの派生語である。成人期の高次脳機能障害は脳機能獲得後の障害のため，障害後の状態を「再び適した状態になること」「本来あるべき状態への回復」ということが目標となる。発達障害への支援は「ハビリテーション」という。「hAbilis（適した）」の意味の派生語である。これは発達障害などが先天性障害や発達期に何らかの原因による脳機能獲得時の障害であることから「能力獲得」が目標となるからである。しかし，成人期の高次脳機能障害への支援も小児期の発達障害への支援も「障害のある人・児に対して残された能力を最大限に回復させ，新たな能力を開発し，自立性を向上させ，障害のある人が生活の質（QOL）の回復を目的とする」という目的においては基本的に同じである。

　世界保健機関（WHO）は2001年5月の総会で人間の生活機能と障害の分類

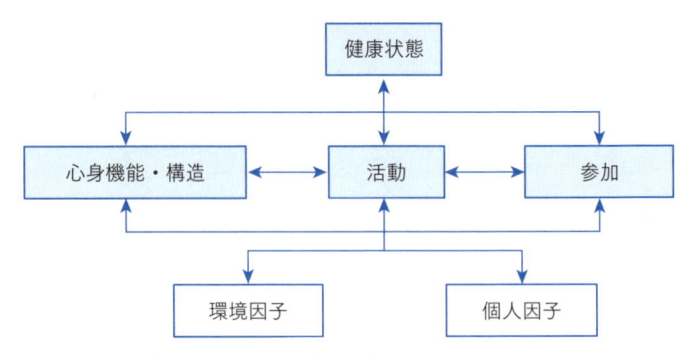

**図 2-7　ICF（国際生活機能分類）モデル**（上田, 2005）

法として ICF（International Classification of Functioning, Disability and Health）を採択した（上田, 2005）。ICF は「心身機能・構造」「活動」「参加」の 3 つの項目と「環境因子」「個人因子」の 2 つの因子で構成されている。健康はこれら 3 つの項目と 2 つの因子が相互に関係していると捉えている。「心身機能・構造」は体と心の動きや体の部分，「活動」は起きる，歩くなど生活動作や仕事など，「参加」は社会や家庭など社会活動である（図 2-7）。たとえば，言語障害である「失語症」により発語ができないという「心身機能・構造」障害から周囲と発語によるコミュニケーションをとる「活動」が困難になり，さらに「活動できない」という「活動制約」からお店でカレーライスが食べたいのにことばで注文できないことが原因で食べられないという「参加」が制限される，ということになる。しかし，「カレーライスをください」という発語の代わりにカレーライスの写真を店員さんに提示する，という方法を獲得できればお店でカレーライスを注文でき，「参加」が可能となる。このように発語によるコミュニケーションがとれなくても代替手段を使うことで相手へ意思伝達が可能となり，制約を受けていた「（社会への）参加」が可能となる。しかし，このような代替手段使用による「参加」も「環境因子」である周囲に代替手段使用への理解がないと成立は難しい。図 2-7 の「環境因子」から「活動」への矢印は，代替手段使用により「活動」が可能となる場合も「環境因子」である周囲がその代替手段使用を容認しなければ「参加」は制約を受けるということである。

　リハビリテーション，ハビリテーションの目的の「障害のある人の生活の質（QOL）の回復や自律性の向上」の遂行には，高次脳機能障害や発達障害の機

能障害そのものへの訓練等のアプローチを行いつつ，同時に障害の当事者の方や子どもたちが訓練等で獲得した機能や，今もっている能力を使いながらその方の生活の質である QOL を向上させるという視点が重要である。さらに，獲得した機能やもっている能力を社会で使えるように，今ある能力や機能，獲得した能力や機能の使い方などの説明や使うことを容認してもらえるように環境側へ依頼することが大切である。

## ◀　読書案内　▶

● 小渕千絵・原島恒夫（編著）『きこえているのにわからない——APD［聴覚情報処理障害］の理解と支援』学苑社　2016 年
近年注目を浴びている APD（auditory processing disorder：聴覚情報処理障害）について，中枢聴覚障害のほか注意，ワーキングメモリなどの聴覚情報処理を支えるシステムの視点も含めて事例をあげてわかりやすく紹介している。また，APD への支援についても具体的に理解できる。

● 山鳥重（著）『「わかる」とはどういうことか——認識の脳科学』　ちくま新書　2002 年
外界で生起しているさまざまな現象を人間が処理し理解するまでの過程について「わかるとはどういうことか」，「わかる仕組み」という視点からわかりやすく説明をしている。高次脳機能やその障害を学びたい方の入門書としてうってつけだと思われる。

● 関啓子（著）『「話せない」と言えるまで——言語聴覚士を襲った高次脳機能障害』医学書院　2013 年
言語聴覚士として，また，高次脳機能障害の研究者として活躍していた著者が心原性脳塞栓症で言語障害などの高次脳機能障害当事者となる。発症直後の治療，訓練，在宅生活までの様子を，専門家としての立場から科学的分析を加えながら客観的に記述した一冊。臨床家から患者へ立場が変わったからこそわかることが述べられている。

　昔から何らかの原因で脳の神経細胞は一度損傷すると死滅してしまい，その部位が担っていた脳機能は回復しないといわれていた。

　脳には言語機能を担う部位がある。言語野という部分で右利きの人であれば，左半球のブローカ野を含む下前頭回付近，ウェルニッケ野を含む上側頭回などがそれにあたる。その部位が何らかの原因で損傷されると「失語症」という言語障害が生じる。しかし，その失語症の患者に言語訓練を実施すると，損傷される前の状態までには回復しないまでもそれに近い状態に回復が見られることがある。また脳梗塞が原因で失語症を呈したが，復唱課題が可能になるまで回復した失語症の患者さんに脳血流の変化を画像化する方法で検査を実施すると，左半球の言語機能と対応する反対側の右半球の下前頭回の血流量が増大していたという結果が得られた。そこで脳血流を用いた脳機能の測定を行ってみると，反対側の右半球の同じ部位が賦活していた。

　何故，機能の回復にいたったのであろうか。リハビリテーションにより障害された機能が改善された脳機能を調べると，損傷された部位に代わり別の部位が機能していることがわかったのである（三品, 2014）。

　脳の成熟がまだ途中の小児の場合はどうであろう。成人の失語症と同じように発達時期に大脳の言語野が損傷されると「小児失語症」という言語障害が生じる。小児失語症で言語機能が大きく改善した2名の子どもさんにSPECT（single photon emission computed tomography）による脳血流変化検査を実施した。その結果，2名の子どもとも言語機能回復にともない損傷された脳部位の周辺にある脳部位や反対側の同じ部位付近の脳血流の増加が見られた（小嶋・三村, 2010）。

　これらの結果から今まで使っていなかった脳の部位が，リハビリテーションにより障害された機能を担えるようになったことがうかがえる。なぜ，そのようになったのだろうか？それは脳内の神経細胞やシナプスなどは刺激を受けることで神経細胞間の情報伝達やシナプスが新生し構造や機能の変化が促進されるという脳の可塑性の働きによる。リハビリテーションの実施が損傷された部位以外の部位の機能の可塑性を促進させ，機能回復に導いたと考えられる。

　以上のように，脳機能の回復には脳の可塑性をもとにしたリハビリテーションを行うことが大変重要である。脳機能を測定する機器の開発も日進月歩である。今後，さらに脳の可塑性とリハビリテーション効果との研究の発展が期待される。

# 第3章　知的機能の発達

エ
ピ
ソ
ー
ド

信頼性　高　　　信頼性　高　　　信頼性　低　　　信頼性　低
妥当性　高　　　妥当性　低　　　妥当性　高　　　妥当性　低

解
説

　テストや検査は信頼性と妥当性が重要とされています。上の図はダーツのアナロ
ジーというもので，ダーツを使って信頼性と妥当性を表しています。テストにおい
ては誰が，いつやっても同じ結果が出る（＝ダーツの矢がいつも同じところに刺さ
る）ほど，テストの信頼性は高いといえます。また，テストの結果がテストで測ろ
うとしている概念や目的に近い（＝ダーツの矢が中央に近い）ほど妥当性が高いと
いえます。つまり，一番左のダーツの結果が理想的なテストといえます。そのため
には，テストが測定しているものは何かという概念をはっきりさせなければなりま
せん。知能テストの場合，テストが測定する概念とは，知能にほかなりません。

　一般的に知能とは，頭のよさに関わることばとして用いられています。これは知
的活動能力の個人差を説明する概念ですが，頭がよいということには複数の意味が
あります。たとえば，よくものを知っている，記憶力がいい，頭の回転が速いなど
の意味があり，心理学においての知能の定義も複数存在し，統一されていません。

　そこで本章では，まず知能の理論について概観し，次に認知機能について，そして最
後に，現在使用されている知能検査と認知機能検査および IQ について説明します。

# 1節　知能とは

　知能と似た概念に，知識と知恵がある。知識は，情報ということばに置き換えることができ，知恵は，知識を合目的的に利用することではないだろうか。そして知能は，知識や知恵を遂行するための能力といえるのではないだろうか。そこで本節では，知能についてのさまざまな心理学的知見について，概観していく。

　知能とは一つの能力なのだろうか，あるいは，複数の能力が組みあわさった能力なのだろうか。知能についての理論は，「知能とは知能検査で測定したもの」と操作的に定義し，検査の結果に因子分析の手法を用いることで大きく発展してきた。因子分析とは，ある観測された変数（知能検査問題への回答）が，どのような潜在的な（観測されない）変数から影響を受けているかを探る統計的手法である。

　スピアマン（Spearman, 1904）は，知能検査についての因子分析を最初に行ったとされ，小学生の知能検査の結果を因子分析し，2因子説を提唱した。2因子説は，知能を一般的な頭のよさに関連する共通因子（g）と，個別の課題の得意・不得意に関連する特殊因子（S）に分類した。スピアマンは，一般因子を知能，特殊因子を課題ごとの誤差と考えたため，知能を一つのものとして捉えている。

　それに対してサーストン（Thurstone, 1935, 1938, 1947）は，知能を一つの共通因子で説明するには無理があると考え，大学生と中学生の知能検査の分析から，基本的知的能力は相関の低い独立した因子からなるとして，多因子説を提唱した。彼は，50種類の知能課題から①言語理解，②語の流暢性，③空間，④知覚の速さ，⑤数量，⑥記憶，⑦推理の7つの共通因子を抽出している。

　スピアマンの弟子のキャッテル（Cattell, 1943, 1963）は，スピアマンの提唱した一般因子gについて否定的であり，一般因子gを2つに分解し，流動性知能と結晶性知能と位置づけた。流動性知能は，新しい場面に臨機応変に対応する能力で18〜25歳くらいにピークを迎え，40代以降で急激に低下する。一方，結晶性知能は，経験の結果として知識・知恵として蓄積された能力で，60歳

ごろまで徐々に上昇し，その後は緩やかに低下するとした。

　キャッテルの弟子ホーン（Horn & Cattell, 1966）は，一般因子 g をさらに拡張し，7 〜 19 能力因子を想定し，それらは互いに同格であり階層的な関係をもたないと考えた。

　キャロル（Carroll, 1993）は，既存の知能検査の結果を階層因子分析を用いて，知能の 3 層理論に発展させた。最下層には，約 70 項目からなる特殊因子が，中間層にはホーンの能力因子とおおよそ一致した知能因子が，再上位層には，スピアマンと同じ一般因子 g が置かれた。ホーンは一般因子 g の存在については懐疑的であったが，広範な能力因子に焦点を当てた点においては キャロルと一致する部分も多く，1990 年代の後半に，キャッテル，ホーン，キャロルによって CHC（Cattel-Horn-Carroll）理論として統合された。

　ガードナー（Gardner, 1983, 1999/2001）は，これまで知能が一つのものとして捉えられていたことに否定的であり，多重知能（MI：multiple intelligences）を

**表 3-1　多重知能理論における 10 の知能**（Gardner, 1999/2001 より作成）

| 知能 | 知能の説明と関連する職業 |
| --- | --- |
| 言語的知能 | ことばを扱う能力であり，作家や演説家，弁護士などに向いている。 |
| 論理数学的知能 | 数，記号，図形を扱う能力で数学者や科学者などに向いている。 |
| 音楽的知能 | リズムと音のパターンを扱う能力で作曲家や演奏家に向いている。 |
| 身体運動的知能 | 身体と運動を扱う能力であり，ダンサーや俳優，スポーツ選手，工芸家に向いている。 |
| 空間的知能 | イメージや映像を扱う能力であり，パイロットや画家，彫刻家，建築家，棋士に向いている。 |
| 対人的知能 | 他人とのコミュニケーションを扱う能力であり，外交販売員や教師，政治的指導者に向いている。 |
| 内省的知能 | 自己とその精神的リアリティーという内的側面を扱う精神分析家，宗教的指導者に向いている。 |
| 博物的知能 | 自然や人工物の種類を識別する能力であり，生物学者や環境・生物保護活動家に向いている。 |
| 霊的知能 | 宇宙の問題について考えることにたずさわる能力であり，偉大な宗教指導者に向いている。 |
| 実存的知能 | 人間的な条件の実存的特徴との関係に自らを位置づける能力。 |

提唱した。ベートーベン（音楽家）もベーブ・ルース（野球選手）もビル・ゲイツ（起業家）も優れた能力の持ち主であり，これらの能力を比較することはできない。ガードナーは，知能を単一とはとらえず，知能として扱われることのなかった能力も知能と考え，当初7つの知能を提唱し，2001年に3つの知能を追加した（表3-1）。ガードナーは，ある知能に恵まれていなくとも，知能の組みあわせによっては，相性のよい職業を見つけることもできると考えたのである。

## 2節　知能発達の理論

ピアジェ（Piajet, 1936, 1953）は，子どもの知能の発達理論を展開した，スイスの発達心理学者である。ピアジェの考えは，多くの研究者の賛同を集めたが，その一方で批判もあった。なかでも1930年代に活躍したロシアの心理学者ヴィゴツキー（Vygotsky, L. S.）は，彼の主著『思考と言語』において，学習に影響を及ぼす社会的要因に注目し，ピアジェの個々人の認知発達に注目した理論に対して批判した。ここでは2人の理論の概要とその違いについて説明する。

### ピアジェの知能発達の理論

ピアジェは，知能の発達の過程で，見る，聞く，覚えるなどの認知機能の発達が不可欠であり，その基本機能として，シェマ，同化，調節をあげている（山下, 2003）。シェマとは，それまでの経験から獲得した枠組みや行動の様式であり，同化とは，新しい事柄の理解に獲得済みのシェマを当てはめることである。調節とは，同化できなかった新しい事柄に対応するために，既存のシェマを変化させる機能である。このような一連の過程を均衡化といい，この均衡化が認知機能の発達の源泉であると考えた。

さらにピアジェは，子どもの発達をシェマの複雑さの度合いによって，4つの発達段階に分け（表3-2），これらは文化などによって変動するが平均的な年齢で順序性をもって生起すると考えた。

**表3-2 ピアジェの発達段階**（筆者作成）

| 時期 | 特徴 | 獲得できるもの |
| --- | --- | --- |
| 感覚運動期<br>（誕生から2歳くらいまで） | 自分自身の身体活動を通して外界を知ろうとする時期 | ・循環反応（興味ある対象に対してくり返し働きかける）の形成<br>・対象の永遠性（物事は見えなくなっても存在する）の獲得<br>・表象シェマ（頭の中にある対象や活動を扱う）の始まり |
| 前操作期<br>（2～6歳くらい） | シンボルとイメージを使い考えることを身につけるが，見かけに左右される時期 | ・象徴遊び（ままごとなどのごっこ遊び）が可能<br>・遅延模倣（目の前にないことを再現する）が可能<br>・自己中心性（自分の視点を中心に物事を捉える）の思考 |
| 具体的操作期<br>（6～11歳くらい） | 論理的思考が一応完成するが，具体的な対象を参照できる場合に限られる時期 | ・保存概念（見た目が変わっても，重さや数量は変わらない）の獲得<br>・論理的思考（具体的な体験を離れていない論理）の始まり<br>・脱自己中心性（他人の視点で思考が可能）の獲得 |
| 形式的操作期<br>（11歳以降） | イメージや言語を使った抽象的な思考が可能になる時期 | ・抽象的思考（説明や画像から具体的イメージが描ける）の獲得<br>・理論的思考（具体的な体験を離れた論理）の獲得<br>・仮説-演繹的思考（順序だてた仮説から，結論を導き出す）の獲得 |

## ヴィゴツキーの知能発達の理論

　ピアジェは，現時点でできる子どもの能力を現在の発達水準として捉えたが，ヴィゴツキーは，個人の発達水準は2つあると考えた。1つが独力で問題解決できる発達水準であり，もう1つは他人の援助を受ければ問題解決できる発達水準である。子どもが一人でできる最大限の水準と，援助があれば問題解決できる境界を「発達の最近接領域」といった。それぞれの子どもの発達水準には個人差があり，したがって，「発達の最接近領域」にも個人差がある。

　また，ヴィゴツキーは，ヒトは言語や文字などの道具を用いて，知能が発達していくと考えた。たとえば幼児にとって言語は，母親や友だちに対する伝達の道具である。これは幼児が外界に対して働きかけをするので，外言と名づけられた。一方，さまざまなイメージの内在化ができるようになると，自己との

表 3-3　**ヴィゴツキーの発達段階**（柴田, 2006 より作成）

| | 転換点 | 古いものの死滅 | 新しいものの発生 |
|---|---|---|---|
| 1 歳の危機 | 乳児期と幼児期の区分 | 歩行とことばの脆弱性 | 歩行とことばの獲得 |
| 3 歳の危機 | 幼児期と就学前期の区分 | 反抗癖など，しつけが難しくなる | 子どもの人格の新しい特徴が発生 |
| 6 歳の危機 | 就学前期と学童期の区分 | 無邪気さ・素直さの喪失・落ち着かない | 人格の内的側面と外的側面が分化し，自主性が増大・他者に対する態度の変化 |
| 12 歳の危機 | 学童期と思春期の区分 | 学習成績の低下・学業への興味の低下 | 知的活動の高次の形態への移行 |

対話が可能となる。思考とは自己との対話であり，言語は思考の道具となるため，内言と名づけられた（田島ら，2002）。

　ヴィゴツキーは，ピアジェの思考とことばの研究に対して批判をし，独自の理論を展開した。ピアジェは，他人の反応を意識しない自己中心的ことばは，子どもの自己中心性の表れであり，6 〜 7 歳ごろに脱中心化とともに社会化されたことばに置き換えられていくと考えた。それに対してヴィゴツキーは，子どもの自己中心的ことばは，外言である話しことばが，自己の思考の手段としてのことばである内言に移行し，発達する前段階に表れるものであるという新しい仮説を立てた（柴田，2006）。

　また，ヴィゴツキーは，発達を新しいものの発生と古いものの死滅と捉え，それらが起こる危機的年齢の時期と安定的時期とが，順次交互に出現すると考えた（柴田，2006）。危機的年齢の時期は教育的困難性に関連し，1 歳の危機，3 歳の危機，6 歳の危機，12 歳の危機がある。つまり，危機的年齢の時期に子どもには劇的な変化が起こり，既存の教育システムがこの変化に追いつかず，相対的に教育困難となると考えた（表 3-3）。

## 3 節　認知機能の理論

　認知機能とは，人間の機能を知的な働きと，感情や意志の働きとに分けたと

きの知的な働きに相当するもので（山下, 2003），外部からの情報を理解し，認識する情報処理の過程である。認知機能には，注意・記憶・抑制・推理・問題解決などの機能があり，処理速度，ワーキングメモリ，抑制機能，実行機能，感覚機能などの構成概念のメカニズムが関与している。本節では，その中心的な機能として，記憶機能，ワーキングメモリ，注意機能を取り上げる。

## 記憶機能

　過去に経験したことを憶え，必要に応じて思い出すことを，記憶という。記憶のメカニズムは，新しい情報を憶え込む記銘（符号化），記銘した情報を忘れないように貯えておく保持（貯蔵），貯えた情報を必要に応じて思い出す想起（検索）からなる。想起には，大きく分けて，記銘・保持した情報をそのまま想起する再生と記銘した情報と同じ情報が示されたときに確認できる再認がある。

　また，アトキンソンとシフリン（Atkinson & Shiffrin, 1968）は，記憶のプロセスに関して記憶の多重貯蔵モデルを提唱した（図 3-1）。

　このモデルによると記憶は，段階的に感覚登録器，短期貯蔵庫，長期貯蔵庫の 3 つの情報を保持する場所があり，それらの場所に貯えられている記憶をそれぞれ感覚記憶，短期記憶，長期記憶と仮定した。私たちに入力された情報は，まず感覚記憶として感覚登録器に貯蔵される。感覚登録器ではほとんどの情報が消去（忘却）してしまうが，注意を向けた一部の情報だけが，短期記憶として短期貯蔵庫に貯蔵される。そして，短期貯蔵庫内でリハーサルとよばれる作業を行った情報だけが，長期記憶として長期貯蔵庫に保持される。

　これまでの研究で，長期記憶の種類について，さまざまなことが明らかに

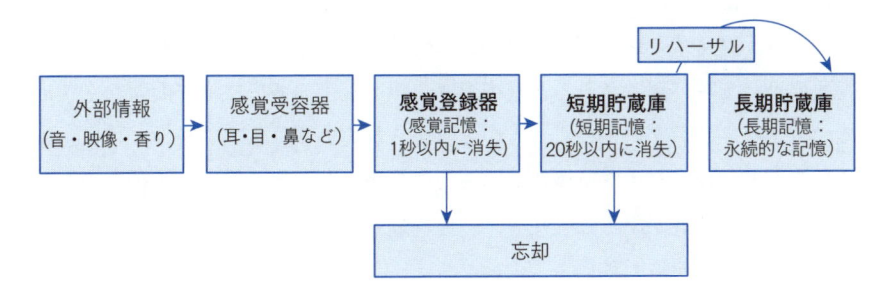

**図 3-1　多重貯蔵モデル**（Atkinson & Shiffrin, 1968 を改変）

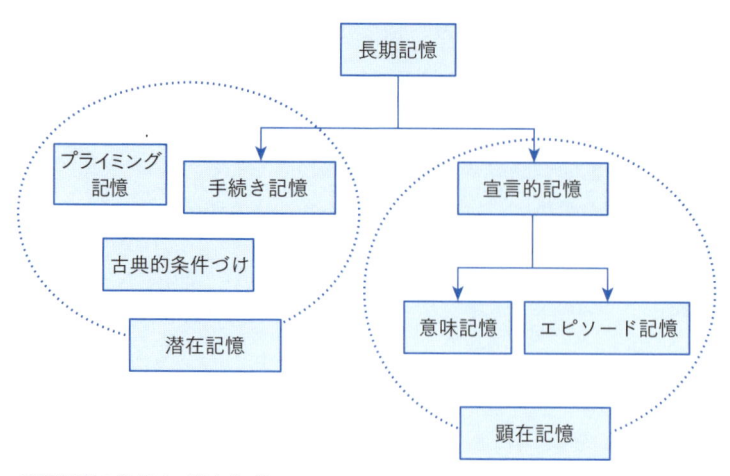

**図 3-2　長期記憶の枠組み**（筆者作成）

なっている。長期記憶の種類の全体を図3-2に示す。ことばを使って表現することができる事実についての宣言的記憶と，言語化することが難しい実際に何らかの作業をするときのやり方についての手続き記憶に分けることができる。さらに宣言的記憶は，単語の意味や概念，一般的知識についての意味記憶と特定の場所や時間などの文脈情報を含む，個人が過去に経験した出来事に関するエピソード記憶に分けることができる。また，宣言的記憶である意味記憶とエピソード記憶は意識できる記憶であり，顕在記憶ともよばれる。一方，手続き記憶は，自転車の乗り方やキーボードのタイピングなど，いわゆる「身体が覚えている」という記憶である。

　手続き記憶は，記憶にあるかどうか意識されない場合が多く，潜在記憶ともよばれる。潜在記憶は，手続き記憶以外にもプライミング記憶や古典的条件づけがある。プライミング記憶とは過去に経験した刺激，またはそれに関連する刺激によって呼び起こされる記憶であり，誤字脱字の多い文章が問題なく読めるのもプライミング記憶によるものと考えられている。古典的条件づけは，無意識的な条件反応を中立刺激に対する条件刺激として生成させる手続きであり，梅干を見ると唾液が出ることなど，一度経験したものを無意識のうちに記憶し，潜在記憶として保持していることになる。

## ワーキングメモリ

　私たちは日常生活のあらゆる場面で，記憶を必要としている。電話番号を覚えて電話をすることや，暗算をして答えを書くこと，買い物をするときに買うものを覚えておくなど，意識的なものもあれば，車の運転や歩行などの自動化された無意識下のものもある。ここで用いる記憶は，単に記憶にとどめることだけでなく，その記憶に基づいて次の行動を遂行するためのものである。これらはそれまでの短期記憶のモデルでは説明しきれなかったため，短期記憶の概念を発展させたワーキングメモリ（working memory：作業記憶）の概念が生まれた。

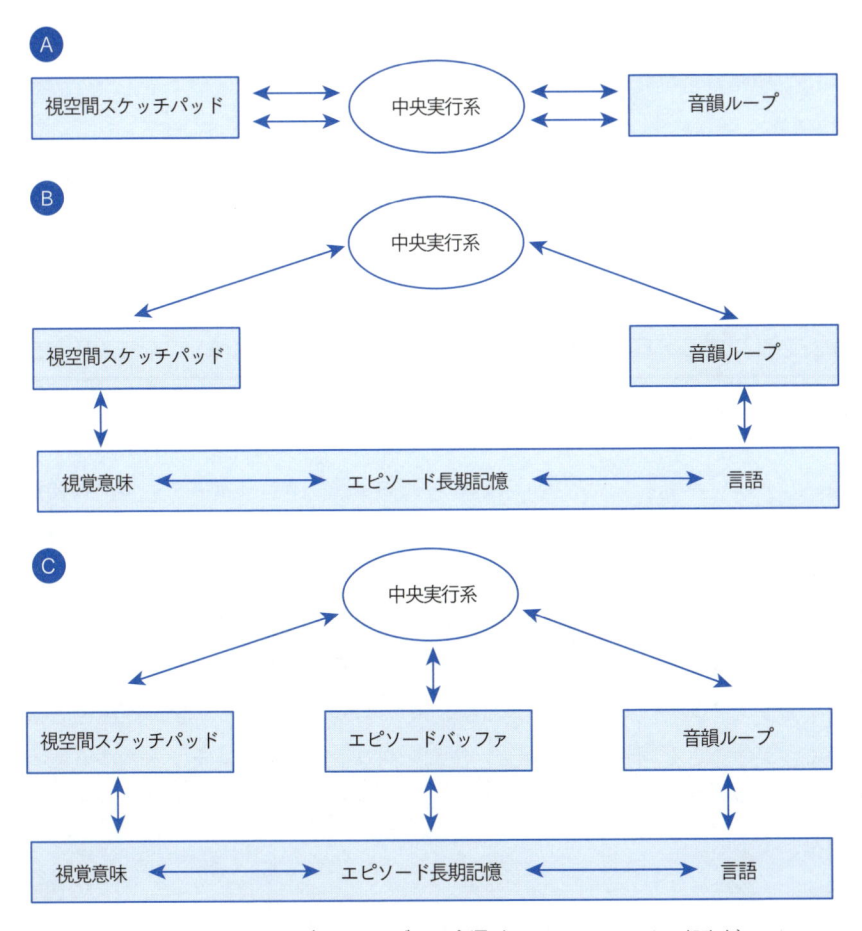

**図3-3　バッドリーのワーキングメモリモデルの変遷**（Baddeley, 2000 より一部改変）

ワーキングメモリモデルは短期記憶の拡張を試みたバッドリーとヒッチ（Baddeley & Hitch, 1974）の理論を出発点として，各種のモデルが考えられてきた。バッドリー自身も初期の短期記憶の拡張モデルから長期記憶を抱合したモデルへと変遷している（図3-3）。これは初期のモデルは単純すぎて，単語などの意味記憶やその場の状況などのエピソード記憶のような長期記憶の影響を説明しきれなかったためである。

　バッドリーのモデルの中で，当初から変わらないモデルが，音韻ループ，視空間スケッチパッド，中央実行系である。音韻ループは，言語的な情報を一時的に保持する貯蔵庫，視空間スケッチパッドは，視覚的・空間的なイメージを一時的に保持する貯蔵庫，中央実行系は，２つの下位システムをコントロールし，長期記憶とやりとりする機能が想定されている。

## 注意機能

　注意機能とは，全身の感覚器からの膨大な量の感覚刺激から，必要なものに焦点を当てて情報処理を行うための能力である。注意機能は方向性注意と全般性注意に分けられる（加藤, 2006）。方向性注意は，意識を適切な対象に集中し，また必要に応じて移動していく過程の総体であり（石合, 2002），全般的注意は，持続性注意，転換性注意，選択性注意，配分性注意に分けられる。

　持続性注意とは，注意力や集中力を持続させて一つのことを続ける能力である。たとえば，騒がしい場所で友人との会話を続けることなどである。転換性注意とは，一つの刺激に注意を向けているときに，新たに必要となった別の刺激に注意を切り替えるという能力である。電話をしているときに，赤ちゃんが泣きだしてそちらに注意を向ける場合などがある。　選択性注意とは，多くの刺激から必要なものを選ぶという能力である。子どもを迎えに行ったときなど，ほかの子どもの中から自分の子どもを見つけるなどである。配分性注意とは，いくつかのことを同時に行う場合，注意を向ける割合をコントロールする能力である。車を運転中に，同乗者と会話するときなどは，状況に応じて注意の配分をしている。

## 4節　知的機能を測定するテスト

　知的機能を測定するテストは，大きく知能検査と認知機能検査に分けることができる。知能検査は，ビネー（Binet, A.）が開発した1905年当時は，多くの児童がその年代でできることを設問にしていたため，実生活に則した設問が多かった。現在，知能検査とは，知的活動の結果としての知識などを検査するものということができる。一方，認知機能検査は，外部からの情報を認識し理解する情報処理の過程を測定するため，記号や図形などの認識などが設問とされ，実生活とはかけ離れる。認知機能検査とは，知的活動に必要な認知機能を遂行する過程について，現時点の能力や効率を検査するものということができる。

　しかし，時代とともに知能検査においても認知機能検査で使われるような設問が増えている。この節では，代表的な知能検査と認知機能検査について紹介し，IQ の概念の変遷について説明する。

### 知能検査

　**a　ビネー知能検査**　19世紀後半のフランスでは，義務教育の定着とともに，学校の勉強についていけない子どもが出現した。この子たちの中には，決して怠けているのではなく，今でいうところの発達障害の様相を示すものが少なからずいた。ビネーは，この子たちは特別なクラスで適切な学習をすべきであると考え，弟子である精神科医のシモン（Simon, Th.）と共に，1905年フランスで知能測定尺度として完成した。その後，2度の改訂（1908年，1911年）を経て，諸外国へ広く広まった。アメリカのターマン（Terman, L. M.）は1916年にスタンフォード改訂増補ビネー・シモン知能測定尺度を公表した。ビネーは，ビネー・シモン検査が子どもの順序付けに使われることを嫌ったが，改定されるにつれ，精神遅滞児の弁別から，健常児の知能の発達診断へ目的を転換した。

　日本版は1920年ごろから作成され，1930年には鈴木治太郎による鈴木ビネー法個別検査が発表された。1936年言語による影響を排除した田中 B 式知能検査を刊行した田中寛一は，1947年に田中びねー式知能検査法を刊行した。田中ビネーは1954年，1970年，1987年，2005年に改訂を重ね，最新版は，田

中ビネー知能検査Ⅵが2024年に刊行されている。

田中ビネー知能検査Ⅵでは，子どもの生活に合わせたなじみのある問題で年少児・遅れの子どもの発達状態をチェックするために，いろいろな図版や用具が工夫されている。成人向けの問題は，17の下位検査で構成され「注意機能」「空間認知機能」「言語機能」「短期記憶機能」「論理的思考機能」の5領域を測定する。

　**b　ウェクスラー知能検査**　ウェクスラー（Wechsler, D.）は1939年に成人の知能の質的な差異を調べるためウェクスラー・ベルビュー知能テストを開発した。この検査は，ビネー・シモン検査と同じように個別検査である。この検査は，言語性と動作性を中心としたプロフィール分析から始まり，数度の改訂を経て，現在のウェクスラー成人知能検査第4版（WAIS-Ⅳ：Wechsler Adult Intelligence Scale Fourth Edition）では，15の下位検査の結果をもとに，全検査IQ（FSIQ：Full Scale Intelligence Quotient）・言語理解指標（VCI：Verbal Comprehension Index）・知覚推理指標（PRI：Perceptual Reasoning Index）・ワーキングメモリ（WMI：Working Memory Index）・処理速度指標（PSI：Processing Speed Index）からなる合成得点プロフィールを算出する検査となっている。16歳以上（16歳0か月～90歳11か月）のWAIS-Ⅳだけでなく，児童用（5歳0か月～16歳11か月）のWISC（Wechsler Intelligence Scale for Children）-Ⅴ，就学前児童用（2歳6か月～7歳3か月用）のWPPSI（Wechsler Preschool and Primary Scale of Intelligence）-Ⅲも考案されている。日本版はWAIS-Ⅳが2018年に，WISC-Ⅴが2022年に，WPPSI-Ⅲが2017年に刊行されている。

### 認知機能検査

　**a　Montreal Cognitive Assessment（MoCA）**　MoCAは，ナスレディンら（Nasreddine et al., 2005）により開発された。この検査は，記憶，言語，実行機能，ワーキングメモリ（注意機能），視空間認知，概念的思考，見当識など認知機能を多面的に評価する課題構成となっている。具体的な検査課題は，①5単語遅延再生課題，②復唱課題，③命名課題，④音韻語想起課題，⑤数字の順唱と逆唱，⑥計算，⑦Trail Making Test B簡略版，⑧Target Detection課題，⑨立方体の図形模写，⑩時計描画，⑪類似課題，⑫見当識からなり，教育歴が

12 年以下の者には，1 点加点する（神田ら，2015）。

### b　Neurobehavioral Cognitive Status Examination（COGNISTAT）

COGNISTAT は，認知機能の多面的評価を目的としてアメリカで開発された認知機能検査である（Kiernan et al., 1987；Schwamm et al., 1987）。COGNISTAT は，覚醒水準，見当識，注意の 3 領域の一般因子と，言語，構成，記憶，計算，推理の 5 領域の認知機能が評価できるようにつくられている。①見当識，②注意，③語り，④理解，⑤復唱，⑥呼称，⑦構成，⑧記憶，⑨計算，⑩類似，⑪判断の 11 の下位項目から構成されている（言語は③，④，⑤，⑥，推理は⑩，⑪が下位項目。覚醒水準は行動評価のために下位項目はない）。また，複雑な下位項目から構成されているにもかかわらず，実施時間は 30 分程度である（神田ら，2015）。

## IQ

ビネー・シモン検査は，1916 年にスタンフォード改訂増補ビネー・シモン知能測定尺度から，ドイツのシュテルン（Stern, W.）の提案に従って精神年齢と生活年齢との比で求める知能指数（IQ：Intelligence Quotient）を採用し（IQ ＝精神年齢／生活年齢×100）普及させた。しかし，現在ではこの方式は使われず，「同年齢集団内での位置」から算出される相対評価である，偏差値を基本とした偏差知能指数（DIQ）を採用している。

$$IQ = \frac{\text{テスト得点－所定の年齢で期待される平均得点}}{\text{所定の年齢の標準偏差}} \times 16\ \text{または}\ 15 + 100$$

ホンツィクら（Honzik et.al., 1948）は，252 人の 21 か月から 18 歳までの子どもの検査をし，IQ の変動性について指摘した。6 歳から 18 歳までの期間では，集団のほぼ 60％が IQ が 15 点以上変化し，集団の 30％が 20 点以上変化し，集団の 9％が 30 点以上変化していること，IQ の上昇・下降の一貫した傾向を示す個体があることを明らかにした。ホンツィクらはこのような変動について，親の学歴や社会経済的地位などの生活環境に影響を受け，方向づけられるため，1 回のテストによる IQ スコアの取り扱いには細心の注意が必要であると指摘している。

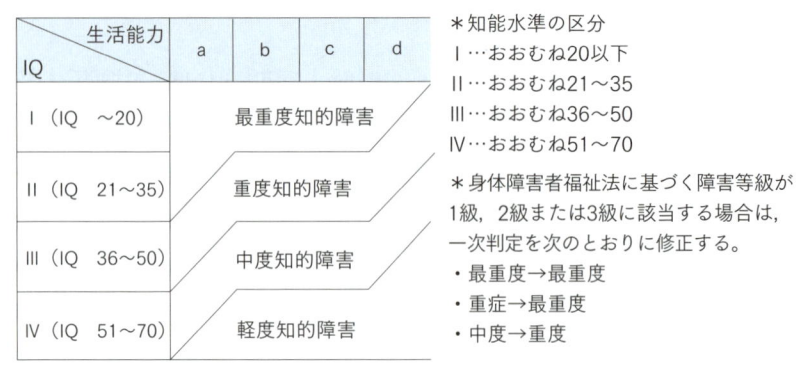

| 生活能力 IQ | a | b | c | d |
|---|---|---|---|---|
| Ⅰ（IQ ～20） | 最重度知的障害 | | | |
| Ⅱ（IQ 21〜35） | 重度知的障害 | | | |
| Ⅲ（IQ 36〜50） | 中度知的障害 | | | |
| Ⅳ（IQ 51〜70） | 軽度知的障害 | | | |

＊知能水準の区分
Ⅰ…おおむね20以下
Ⅱ…おおむね21〜35
Ⅲ…おおむね36〜50
Ⅳ…おおむね51〜70

＊身体障害者福祉法に基づく障害等級が1級，2級または3級に該当する場合は，一次判定を次のとおりに修正する。
・最重度→最重度
・重症→最重度
・中度→重度

**表 3-4　障害の程度の診断範囲値**（厚生労働省, 2005）

このように IQ は年齢とともに変化する可能性がある。その数値は，あくまで測定時の目安である。よって IQ を安易なラベリングに使用してはいけないし，数値に振り回されてはいけない。

なお，現在国内の療育手帳を発行する際には，田中ビネー知能検査やウェクスラー検査で求めた IQ と生活能力で判定される。障害の程度は表 3-4 のように基準が定められている。

◀　**読書案内**　▶

●M. ハリス・G. ウェスターマン（著）小山正・松下淑（訳）『発達心理学ガイドブック── 子どもの発達理解のために』明石書店　2019 年
エビデンスに基づく最新の知見に加え，これまでの研究と理論について誕生から成人までの重要な発達段階に焦点を当てた，発達心理学を学ぶための基本的テキストである。学習の手助けになるように，各章での学習目的，KEY TERM の定義，各章のまとめなどが用意されている。ピアジェの認知発達，ボウルビィの愛着などの伝統的な理論を詳細に記述してあるだけでなく，最近の研究もふんだんに取り入れている。たとえば，ファンツの視覚的選好法の実験も，チュラティによる顔そのものでなく図式的な形の刺激を用いて，新生児は，顔の上部分をより好んで注視することを紹介している。初学者だけでなく，発展的な学習ができる良書である。

●S. J. グールド（著）鈴木善次・森脇靖子（訳）『人間の測りまちがい 上・下──差別の科学史』河出文庫　2008 年
ヒトはいろいろなものを測定して，その順位を付けたがる。ダーウィン以前のアメリカでは人種多起源論と頭蓋計測学というものが存在した。白人は優秀で黒人とイ

ンディアンは劣等で別種族であるという，誤った先入観のもと，頭蓋骨の形や容量を測定し，都合のよい数値を発表している。また，ダーウィンから派生した悪名高き優性思想をもとに，ゴダードは，自らの主張する人相による順位づけを正当化するために，カリカック一族の写真を修整している。そしてそれをもとに，移民の制限や生物学的決定論の正当化につなげた。本書では，生物学的決定論の論拠の誤謬を暴き，差別の根源と科学のあり方を再認識させてくれる。

●柴田義松（著）『ヴィゴツキー入門』寺子屋新書　子どもの未来社　2006年
発達の最近接領域で有名なヴィゴツキーは，1896年にロシアで生まれた心理学者で，1934年に早世している。若いときから卓越した理論をもち，活動した17年あまりの研究生活の間に150を超える著書や論文などを発表している。本書の内容は，発達の最近接領域以外にもピアジェとの論争，発達段階理論，思考の発達と概念の形成，美的反応の心理学的特徴，障害児教育など多岐にわたる。ヴィゴツキー理論の全体像を概観した入門書である。

　知能は遺伝か環境か，人類は発達し続けるのかは，くり返し問われてきたテーマである。フリン（Flynn, J. R.）は，アメリカ人の IQ 値の研究をきっかけに世界中の約 30 か国に及ぶ集積された IQ データを分析した。その結果多くの国で IQ 値が世代にわたって上昇していることを見出した（Flynn, 1984, 1987）。この現象をマレーらは「フリン効果」と名づけた（Herrnstein & Murray, 1994）。

　フリンはこの効果を産業革命が起こり教育や福祉などの環境の向上がもたらしたものと考えた。一方，ジェンセンは，その著書『g 因子』の中で時代とともに生じる IQ 値上昇はテスト慣れの結果であり，環境が知能に及ぼす影響は小さいとした（Jensen, 1998）。知能には遺伝要因が大きい流動性知能と経験や環境の影響が大きい結晶性知能がある。フリンが各国から収集した知能検査のデータを分析したところ，結晶性知能の上昇が大きく，流動性知能の上昇は小さかった。そのうえでジェンセンが重視した知能への認知的複雑性（g 因子；一般知能）の関与も認めている。筆者が開発に関わっている田中ビネー知能検査の 1947 〜 2003 年版までの年代比較が可能な課題について標準化データを分析すると，全体的にフリン効果が見られている。しかし，課題別にみれば知識や言語理解に関わる課題は上昇しているが三角形やひし形模写など認知や巧緻性を測定している課題では横ばい，もしくは低下が見られている。これはフリンの分析結果とも一致しており，環境要因が大きい結晶性知能はフリン効果があり，環境要因の小さい流動性知能にはさほどフリン効果は見られないということだろう。

　フリン効果は 1970 年代半ばでピークとなり，それ以降は緩やかに下降傾向にあるというノルウェーの論文や，先進諸国ではゆっくりと IQ 遺伝子の劣化が起きているという研究報告がある（Lynn, 1996, 2011）。つまり，医療や福祉によって救われた劣性な遺伝子の再生産や優秀な遺伝子をもつ女性の社会進出による出産減少など環境の改善がむしろ IQ 値を引き下げているというのである。この負のフリン効果に関してフリンは，"今後 IQ 上昇が先進国で持続する保証はない。だが，真善美に満ちた知的な社会の到来を望むべきで IQ 遺伝子が劣化していくという見通しは決して望ましい社会とは言えない"と述べている（Flynn, 2013）。政治学者でもあるフリンは，当時主流だった人種差別的な知能論（黒人の遺伝子は白人より劣性である）を批判し，環境の影響を主張し続けた。彼は，知能には個人差（遺伝要因）があることを承知のうえで，人類は集団としての知能を環境改善によって伸ばしてきたことを重視したのである。そして，昨今の地球温暖化など環境の悪化は歴史上初めて人類の進歩を逆戻りさせるかもしれないと，警鐘を鳴らしている。

# 第**4**章　言語・コミュニケーションの発達

　　朝食前に座らせようと乗せたイスにサホ（1歳）が立ったままです。母が「サホちゃん座って」と言うと，姉のレナ（3歳）は「サホちゃん，おっちんして。おっちんって，座ってってことなのよ」と言いました。

　　「おっちん」というのは「座る」という意味で，イヌを「わんわん」と言うように，乳幼児期の会話に用いられる幼児語の一つです。しかし，レナの母を含め，レナの身近な人は「おっちん」ということばを使用したことがありません。どうやら数日前に会った友だちのお母さんが，走り回っているお子さんに「おっちんして」と言って，お子さんを座らせていた状況からことばの意味を理解したようです。

　　友だちのお母さんが「おっちん」ということばを使用したとき，レナは「おっちんってどういう意味？」と母にたずねもせず，母も特に何も言いませんでした。レナは，耳から聞いた新たなことば「おっちん」の意味を，それが使われた目の前の状況から判断して理解したのです。「おっちんって，座ってってことなのよ」というレナの発言は，どのように子どもがことばの意味を理解し，身につけていくのかを自ら解説してくれたものともいえます。幼い子どもたちがことばを身につけていく能力とその過程は驚異的です。

　　本章では，子どもはどのようにことばを習得していくのか，その発達過程について概観します。

# 1節　言語発達モデルと脳領域

## 言語発達モデル

　人はどのように言語を発達させていくのか。言語発達を捉えるモデルにはさまざまなものがあり，「学習論－生得論」「自律モデル－認知基礎モデル」「形式モデル－機能モデル」という3つの対抗軸がある（綿巻, 2017）。そのうち，生成文法理論では，ヒトの脳には生得的に言語獲得装置（LAD：Language Acquisition Device；言語学者チョムスキー〔Chomsky, A. M.〕提唱）があり，そこには種に固有で，しかも言語という領域に固有な普遍文法（UG：Universal Grammar）が備わっていると考えられている（鈴木, 2017）。それに対して，ブルーナー（Bruner, J. S.）は，言語獲得において周囲のおとなや子どもなど人とのやりとりによる社会的相互作用を重視する言語獲得支援システム（LASS：Language Acquisition Support System）を主張している。

## 言語獲得に関わる脳領域と失語症

　19世紀の終わりごろから，脳の損傷とさまざまなタイプの失語症によって引き起こされる特定の言語機能の障害を対応づけることが行われている（望月, 2017）。失語症とは，脳の言語機能をつかさどる部分が脳血管障害や外傷などで後天的に障害され，言語の理解や表出する能力に障害が起こった状態である（加我, 2017）。ウェルニッケ失語では流ちょうに話すことはできるがことばの理解ができなくなり，ブローカ失語ではことばの理解はできるが発語がうまくできなくなる症状が現れる（第2章参照）。それらの失語症の研究から，ウェルニッケ野（後言語野：言語理解の中枢）とブローカ野（前言語野：ことばの表出に関わる）とよばれる言語野が言語使用に重要な役割を果たしていることがわかっている（加我, 2017）。

## 2節　前言語期・初語期のコミュニケーション

### 言語発達の基盤

　**a　生得的な社会的能力と情動コミュニケーション**　赤ちゃんは生まれたときから，人が発する刺激を好み，物よりも人の顔をよく見て，人の声も好む（遠藤, 2017）。また，母親の胎内で聞いていたなじみのある母語のリズムに敏感であり，自分の母語とそうではない言語を聞き分けることができる（今井, 2013；針生, 2019）。

　赤ちゃんは寝ているときなどに自分の意識とは関係なく微笑むような表情をする「生理的微笑」（写真 4-1）が見られる。これは，うれしい，楽しいなどという感情から笑ったのではなく，意識とは無関連に起こる新生児反射（生得的に備わっている身体部位への刺激に対して生じる自動的な反応）の一つである。しかし，たとえ

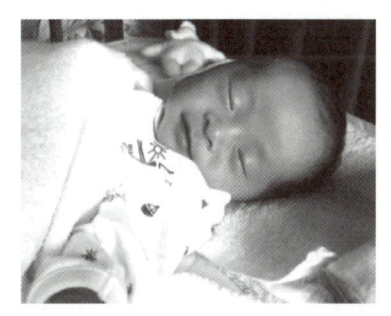

写真 4-1　生理的微笑

反射だとわかっていても，赤ちゃんが微笑む表情を見ると，養育者にもうれしい，かわいいなどという気持ちが生まれてくる。それによりいっそう，赤ちゃんの世話をしたり，あやしたり，赤ちゃんが心地よいと感じられる働きかけが促されるのである。

　生後 3 か月くらいになると，赤ちゃんをあやすと笑うという「社会的微笑」が生まれてくる。写真 4-2 は姉が妹をあやして 2 人で笑っており，その様子を母が写真に撮っていたところ，2 人とも母に視線を向けて，3 人で楽しい気持ちを共有している様子である。このようにことばを話すようになる前（前言語期）から，情動をやりとりする情動コミュニケーションが成立する。

写真 4-2　笑い合う

　**b　養育者の語りかけの特徴**　おとなが幼い子どもに話しかける場合，テン

ポがゆっくりしている，声のピッチが高い，抑揚が大きい，一つひとつの発話が短い，くり返しが多い，今・ここの具体的なことについてコメントするなどの特徴があり，IDS（Infant-Directed Speech：対乳児発話），CDS（Child-Directed Speech：対子ども発話）とよばれる（小椋, 2017a）。そのような養育者の語りかけは，子どもの注意を引きつけ，子どもは養育者のことばを聞こうとする。そして，ことばの意味が理解できない段階でも，そのことばの調子から受容的なのか否定的なのかを捉えることができる。短くわかりやすい文法で話すため理解しやすいなど，養育者の語りかけは子どもの言語発達を支える役割を果たしている。

　**c　ことばの理解**　1歳ごろになると初めて意味のあることばを発する初語が見られるが，その前の段階からことばの理解は進んでいる。事例 4-1, 4-2, 4-3 いずれにおいても自分ではまだ話せないことばの意味を理解していることが読み取れる。事例 4-1 では日常的に行う動作とそれを表すことばの理解が進み，事例 4-2 では「絵本」や「どこ」ということばも理解し，指さしによりどこにあるか示して答えることができている。事例 4-3 では「熱い」とはどのような意味であり，熱ければお茶を飲めないことを理解し，さらに「熱くない」という否定により反対の意味を表すことばも理解しているのである。

**事例 4-1　ことばに合わせた身ぶり：レナ（10 か月）**

　朝，玄関先で父を見送る際母が「バイバイできるかな？」と言うと，レナは手をふる。「レナちゃーん」と声をかけると，レナは手をあげる。「いただきます」「ごちそうさま」と言うと，レナは両手を合わせる。

**事例 4-2　絵本どこ？：レナ（1 歳 0 か月）**

　母が「絵本読む？　絵本どこ？」と聞くと，レナは絵本のあるほうを指さす。

**事例 4-3　熱いかな？　熱くないよ：サホ（11 か月）**

　母が「お茶飲む？」と言って，まだ熱さの残っているお茶と湯冷ましを混ぜて，サホが飲めるくらいの温度のお茶をコップに入れて用意し持っていく。サホはにこにこしながら待っていたが，母が「熱いかな」と独り言のように言い

ながら渡そうとすると，サホは手でコップを押し返していらないと拒否する。さらにお茶を冷ますために氷を入れて持って行っても，サホは再度コップを押し返して拒否する。母が「熱くないよ」と言ってコップを差し出すと，サホは笑顔で受け取って飲む。

## 言語獲得過程

　**a　クーイングから喃語へ**　生後2か月ごろから機嫌のよいときなどに「クークー」「アーアー」「ウーウー」というような声（クーイング）を出すようになる。その後，生後3〜4か月ごろになると「ア・ア・ア」など母音のくり返しによる発声，しだいに子音と母音の組みあわせで「タ・タ・タ」「バ・バ・バ」というような発声となる喃語を発するようになる。

　**b　三項関係と共同注意**　自分と養育者の1対1の関係（例：いないいないばあ）や手にしたおもちゃをなめたり触ったりする「二項関係」から，生後9か月ごろになると，自分・他者・物を介して，同一の物を見る，物を相手に渡したりするなどの「三項関係」に移行する。

　生後9か月ごろまでは，他者と1対1で見つめあうことはできても，あるものに向けた視線を他者と共有することは難しい。したがって，赤ちゃんがイヌのほうに目を向けると，おとなは「ワンワンがいるね」と声をかけるなど，赤ちゃんが注意を向けた方向におとなが注意を合わせてことばをかける関わりが主となる。そのとき，赤ちゃんはおとなと一緒に同一のイヌを見ているという認識はまだない。

　その後赤ちゃんがイヌを指さしておとなの顔を見て，おとなも「ワンワンがいるね」と声をかけながら，赤ちゃんとおとなが一緒に同一のイヌを見ることができるようになる。赤ちゃんとおとなが同一の物に対してともに注意を向け，注意を共有していることをお互いに理解している「共同注意」へと発展していくのである。

　**c　指さし**　子どもは生後9〜10か月ごろから指さしをするようになり，自分のほしいものを指さす（要求），興味をひかれたものを「あれ見て」と指さす（共有；写真4-3），「絵本どこ？」という質問に絵本のあるほうを指さす（応答；事例4-2）などことばを話せなくとも，指さしによりさまざまな意味を伝え，

**写真 4-3　あれ見て**

他者とのコミュニケーションが広がる。子ども
が何かを指させば，周囲のおとなは「ワンワン
だね」「お茶取ってほしいの？」など，指さし
た内容をことばにして表し，それが子どもの言
語発達につながっていくのである。

**d　一語期・二語期・多語期**　言語発達の個
人差は大きいが，1歳を過ぎると初語が出てき
てことばを話し始め，日本の子どもが意味のあ
ることばを三語言う標準的な年齢は15か月で
ある（小椋, 2019）。一語期にある1歳7か月ごろ発した単語例を表4-1に示す。
「ワンワン」をイヌだけでなくネコにも使ったり，「パン」をパンだけではなく
食べ物一般にも使ったり（表4-1）することを過大般用，自分のコップだけを
指すのに「コップ」と言う場合は過小般用という（小椋, 2017b）

　二語期に入ると，「ワンワン，おっき（大きい）」「プン（スプーン），ちょうだ
い」など，2つの単語をつなげて話すようになる。その後，複数の語からなる
文章で話すようになる多語期へと発達していく。

**表 4-1　1歳7か月に発した単語例**

| レナ | パーパ（パン），じーじ（字，クレヨンなどで書く），くっく（くつ），くっったー（くつした），ぱっぱ（葉っぱ），はーし（箸），はーよ（おはよう），かえりー（おかえり），ままー（ただいま），ついた（着いた／電気がついた），ないない（片付ける），ばあ，ち（チーズ／熱い／電気をつける／こっち／あっち／ちぎる），し（もしもし／おやすみ／シール／ぼうし），はい（物の受け渡し／返事），どうぞ，ちょうだい，だーっく（だっこ），しゃむい（寒い），ちーたい（冷たい），かわいい，など50語前後 |
| --- | --- |
| サホ | パーン（パン，その他食べ物），じーじ（字，クレヨンなどで書く），ブーブー（車とその動く音），めめ（目／めがね），はい（物の受け渡し／返事），ワンワン，ぞー（ゾウ），ないない（片付ける），あーむー（食べる／飲む），ピ（電気をつける／ボタンをはずす・つける／手に石鹸の泡をつける），あわわ（泡），ない，あった，いないいないばあ，じゃー（お茶を入れてほしい／流す），ねんね，いたい，ちょうだい，しょー（いっしょ），あち（熱い），プン（スプーン），た（できた），いや，など50語前後 |

# 3節　乳幼児期の言語・コミュニケーションの発達

## 語彙獲得

　子どもは日々新しいことばを聞き，それがどのような意味なのかを推論し，理解していく。それができるのは，子どもが語とはどのような意味をとりうるか，どのような概念に対応するかについての知識，つまり語彙についてのメタ知識をもってことばを学習しているためである。このメタ知識は子どものことばの意味の範囲を制約し妥当な推論に導くため「制約」「語彙学習バイアス」とよばれている（今井・針生, 2014）。子どもの語彙学習バイアスを表 4-2 に示す。「事物全体バイアス」は新しい語が対象のどこを指していると考えるべきか，「事物カテゴリーバイアス」「形バイアス」は新しい語をどのような基準で般用していくべきか，「相互排他性バイアス」はすでに知っている語と，そこに新たに加わってくる語との意味関係をどう整理するかに関するものである（今井・針生, 2014）。語が意味するものを推論するうえで無限に広がる可能性の中から，これらの制約をもとに語の意味を導き出し，理解しているのである。

**表 4-2　子どもの語彙学習バイアス**（今井・針生, 2014 をもとに作成）

| 種類 | 事物全体バイアス | 事物カテゴリーバイアス<br>形バイアス | 相互排他性バイアス |
|---|---|---|---|
| 内容 | 物につけられた名前を，色や素材（属性）などの事物の部分や属性ではなく，事物全体の名前と考える。 | 未知の語を聞くと，それを固有名詞ではなく，カテゴリー名だと考える。また，その語は同じカテゴリーの（形の似た）ほかの対象にも般用可能なものと考える。 | 物の名前（カテゴリー名）は，ただ一つであると想定する（カテゴリー名と物との関係は一対一に保つ）。 |
| 具体例 | おとながイヌを見て「ワンワン」と言った場合，子どもは「ワンワン」が，イヌの色や，しっぽを指すのではなく，イヌ全体を指すと理解する。 | イヌと形の似た動物すべてに「ワンワン」を使えるものと理解し，ネコにも「ワンワン」と言う。 | イヌもネコも「ワンワン」と言っていた子どもに対して，おとながネコを指さして「ニャンニャン」と言うと，物につくカテゴリーは一つであるため，ネコには「ワンワン」はやめて「ニャンニャン」と言う。 |

## ナラティブ，談話の発達

　ひと続きの文章や発話を「談話（ディスコース）」といい，日ごろ行う会話や，大学の講義などもそれに含まれる（南, 2017）。コミュニケーションは相手がいて初めて成立するものであり，「ナラティブ（語り）」とは，過去の体験を全体としては出来事が実際に起きた順序に従いながらも，同時に，ある判断に基づいて取捨選択を行い，さらになぜその体験を物語りたいのかという理由を述べたり，話の状況を詳しく付け加えたりする作業（南, 2017）である。

　「このあいだ動物園に行ってゾウさん見たよね」「長いお鼻を伸ばしてリンゴを取って食べてたね」といった思い出話などもナラティブの一例である。子どもは2歳を過ぎたころから過去について語るようになるが，どのようにナラティブを発達させていくのだろうか。一語期にあるヒロ（1歳5か月）から，多語期にあるレナ（1歳10か月, 2歳0か月）の様子を見てみよう（事例4-4, 4-5, 4-6）。

**事例4-4　ドーン：ヒロ（1歳5か月）**

　食卓から食器を下げるときにユキ（中学生）がカウンターに軽く頭をぶつける。みんなで「大丈夫？」「ユキちゃん，ドーンってなったね」などと言い，ユキも頭を抑えながら「大丈夫」と笑って答える。それを見たヒロは「ドーン」と言って手で頭を抑える。「ドーンってなったねぇ」と言ってみんなヒロに同意する。

　その翌日，「ユキちゃん，どこに行った？」「あっちの部屋」と，ユキについておとなが話していると，ヒロが「ドーン」と言って頭を手で押さえ，昨日ユキが頭を打ったことに言及する。おとなたちも「そうだね。ユキちゃん，昨日ドーンってなったね」「ヒロちゃん覚えてたんだね」と言う。ヒロはその日，ユキの話が出ると何度か「ドーン」と言って同じ動作をする。

**事例4-5　おもちゃをもらったときのこと：レナ（1歳10か月）**

　近所の人からもらったおもちゃを見るとレナは「どうぞって」「ありがとうって」「バイバイって」と言い，おもちゃをもらったときの状況を思い出して口にする。

**事例 4-6　誕生日ケーキ：レナ（2歳0か月）**

　2歳のお祝いに誕生日ケーキを食べる。母が「上手に切れるかな」などと言いながら，大きさを確認しつつケーキを八等分にする。その翌日，朝食時に食卓につくと，レナは「ケーキ，キウイフルーツおいて，切って，切って，かあさん，じょうずね」と昨日のことを思い出した様子で報告する。


　事例 4-4 では「ドーン」という一語のみであるが，過去の出来事を思い出し，ユキが頭をぶつけたことに言及している。頭をぶつけて痛そうで，みんなが大丈夫？といたわっている，大したことはなくユキも笑って楽しい雰囲気になった状況がヒロの記憶に残り，他の人とその出来事を共有したいという気持ちが生まれたのではないだろうか。そしてヒロの「ドーン」という一言に対して周囲のおとなも必ず応答している。そのようなやりとりが生まれることもうれしくて，その日に何度もくり返したのかもしれない。また，そこで周囲のおとなは「……だったね」と過去を語る際によく用いられる会話文も提示しており，子どもの言語発達を支えているといえるだろう。

　事例 4-5 では，3語のみの発話であり，文章にはなっていないものの，「○○って」という語尾も使用しており，昨日のやりとりの様子を思い出し，拙いながらも時系列で単語を並べて伝えようとしていることがわかる。

　事例 4-6 については，もう少し年齢が上がれば「昨日，お誕生日ケーキの上にキウイフルーツを置いて，お母さんが切って上手だったよね」というような，明確にほかの人に同意を求めるような過去形のナラティブの文章で語ることになるだろう。それにはまだいたらない幼い表現ではあるが，過去を思い出し，相手に伝えて共有したいという気持ちが読み取れる。


## 読み書きの発達

　**a　音韻意識**　「うさぎ」ということばの最初の音が「う」であることや，「う・さ・ぎ」という3つの音からなっていることがわかることを音韻意識という。しりとりができるためには，この音韻意識の発達が不可欠である。事例 4-7 においても，この音韻意識が発達していることがわかるだろう。

**事例 4-7　おばあちゃんの"ば"と同じ：レナ（3歳1か月）**

　妹がケガをして絆創膏を貼っていると，レナが「がんそうこう」と言う。母が「ばんそうこう。"ば"よ」と伝えると，レナは「おばあちゃんの"ば"と同じ」と言う。

　**b　文字への関心・表現**　まだしっかりと文字が書けなくとも，文字と絵の区別をするようになる。写真 4-4 は，レナ（3歳3か月）が「おてがみ書いたから読んで」と言って母に手渡したものである。顔の周りにある模様のようなものはすべて，レナにとっては「文字」として書いたのである。もちろん文字として読むこ

**写真 4-4　おてがみ**

とはできないものの，文字と絵は明確に区別して理解したうえで表現しようとしていることがわかる。

　自分の名前にある文字から読めるようになるなど，しだいに文字への関心と理解が深まっていき，5歳ごろになると多くの子どもがひらがなを読んだり書いたりできるようになってくる。"勉強"として子どもに文字の読み書きを教えこまなくとも，生活や遊びを通して読みたい，書きたいという意欲が生まれてくれば，文字の習得は自然に進んでいく。

　**c　発達性ディスレクシア（読字障害）**　子どもは発達とともに読み書きができるようになってくるが，知的な遅れや視聴覚障害がなく十分な教育歴と本人の努力があるにもかかわらず，知的能力から期待される読字能力を獲得することに困難がある状態を発達性ディスレクシア（読字障害）という。文字を一つひとつ拾って読むという逐次読みをする，単語あるいは文節の途中で区切って読む，文字間や単語間が広い場合は読めるが狭いと読み誤りが増えて行を取り違える，拗音「ょ」促音「っ」など，特殊音節の書き間違えや抜かし，形態的に類似した文字「め・ぬ」等の書字誤りを示すなどの症状がある。家庭や学校，医療機関との連携のもとに適切な支援が求められる。

## コミュニケーションの発達を支える環境

　子どものコミュニケーションの発達の基盤となるのは，子どもが人との関わりを通して安心感を抱き，うれしさや楽しさを共有することにより，人と関わりたい，自分の思いを伝えたいという気持ちを育むことである。そのために，乳児期から子どものさまざまな要求に合った応答的な関わりが重要である。たとえばおむつが汚れて泣けば，おむつを取り替えてさっぱりとさせてくれ，機嫌よく声を出したり手足を動かしたりしていれば，やさしくことばをかけたり抱き上げたりしてくれるといった経験の積み重ねにより，子どもは自分が周囲に働きかけると応えてもらえることを学び，人に対する信頼感を抱くことができるのである。

　乳児のころから，子どもとスキンシップをとりながら行うふれあい遊びや手遊び，子どもがことばの響きを耳にし，絵を見ながら楽しむことのできる絵本の読み聞かせなどもことばを育み，コミュニケーションの発達を支える一助となるだろう。そして，幼児期になれば，子ども同士のごっこ遊びもコミュニケーションの発達を促すうえで重要である。ごっこ遊びは何らかのテーマ（家族，お店など）のもとに，それぞれの役（お母さん，店員や客など）を演じながら進められていくが，それらについて自分の考えを伝え，相手の意図をくみとる必要がある。ごっこ遊びの内容は劇の台本のようにあらかじめ決まっているわけではなく，即興的なやりとりによって刻々と変化し発展していく。意見の食い違いが生じるなど，話し合いにより調整が必要なこともあるだろう。ごっこ遊びにおいては，つねにことばや表情を交わしつつ相手とコミュニケーションをとることが求められるのである。4, 5歳ごろになると，子どもたちだけでごっこ遊びを発展させることができるようになるが，低年齢であるほど，ごっこ遊びが続くためには周囲のおとなの援助が不可欠である（事例4-8）。

### 事例4-8：色水のジュース屋さんごっこ（2歳児5月）

　赤色と黄色の色水のたらいが用意され，多くの子どもたちが容器に水を入れたり移し替えたりして遊んでいる。保育者が，赤色と黄色の色水を容器にくんで「見て。ミックスジュースにするよ」「入れていい？」「レモンとイチゴのミックスジュースするよ」と言って，黄色の色水に赤色の色水を注いで混ぜて

みせる。数人の子どもたちが保育者の手元をじっと見つめる。保育者が混ぜながら「あれ？」「おやおや？」などと言うと，アキが「オレンジになった！」と色の変化に気づく。保育者は「オレンジになったね。不思議だね」とアキに同意する。保育者は「ちょっと飲んでみようか」と言って飲むまねをし，「本当だ。オレンジのジュースだ！」と言い，「おもしろいね，もう1回やってみようか」と再度ミックスジュースを作る。

カイが「ミックスジュース」と言って，自分が作った色水を保育者に見せに来る。保育者は「何と何が入ってるの？」と尋ねると，カイは「オレンジ」と答える。先生は「オレンジが入ってるの！」「おいしい！」と受け取って飲む。

その後保育者は色水のたらいの近くにテーブルとベンチを用意してベンチに座り，「すみません。リンゴジュースください」「レンちゃんの作ったリンゴジュースがいいなあ」と声をかけると，レンは容器を持って色水のたらいのところへ行く。その間にエマが保育者にリンゴジュースを持ってくる。保育者はジュースを受け取って「あーリンゴのあまずっぱいいい味がしてるわ。ありがとう。ごちそうさまでした！」とやりとりをする。

レンは色水のジュースを作ってテーブルに戻って来て，すでに4本の色水の容器が入っているふるいに，作ってきた色水の容器を入れる。保育者は「どれ飲んでいいですか？」と尋ねると，レンは一つずつ指さして「これはオレンジジュース」などとジュースの説明をする。保育者は「これ飲んでいいですか？」と尋ねながら1本のペットボトルに手を伸ばし，レンもうなずき，「あーおいしい！」と言って飲む。

しばらくすると保育者は「ジュースと一緒にデザートはいかがですか？」と言って，すぐ後ろの砂場でカップケーキを作って持ってきたり，よもぎやミントの葉を積んで持ってきて，デザートのお皿に飾ったりする。子どもたちも葉を飾ってみたり，他の保育者に食べ物やジュースを持って行ったりして，ごっこ遊びが続く。

（注）下線部は本文中の考察にて言及。

事例4-8のように2歳児5月の時点では，まだ子どもたちだけでごっこ遊びを発展させていくのは難しい時期である。保育者は，色水遊びから，色水を混

ぜて色の変化に気づくことのできる関わりもしつつ，「ミックスジュース」を作って飲むという遊びへと広げる。さらに，保育者はテーブルやベンチを用意してごっこ遊びの場を設定し，「すみません。リンゴジュースください」と自ら客になってことばをかけてごっこ遊びを開始する。そのよびかけに応じて子どもたちはリンゴジュースを作って持ってくる。そして，レンが作ってきたものをすぐに飲むのではなく，「どれ飲んでいいですか？」と尋ねることにより，レンはジュースの説明をすることになった。しばらくすると，ジュースだけではなく，「ジュースと一緒にデザートはいかがですか？」と今度は店員として声をかけ，カップケーキを用意し，葉っぱを飾るなどさらに遊びを広げていく。保育者の行う魅力的な遊びに子どもたちは引き込まれ，ごっこ遊びが続いていく。遊びを通してさまざまなやりとりが生まれ，コミュニケーションの発達が促されていくのである。

◀　**読書案内**　▶

● **今井むつみ（著）『ことばの発達の謎を解く』ちくまプリマー新書　2013 年**
ことばに関わる専門的な研究も具体的にわかりやすく解説され，子どもがいかにしてことばを発達させていくのかを理解することができる。

● **針生悦子（著）『赤ちゃんはことばをどう学ぶのか』中公新書ラクレ　2019 年**
「子どもならあっという間に簡単に母語でも外国語でも身につける」イメージよりも複雑なプロセスと努力により，子どもはことばを習得していることが具体例をもとに解説されている。

● **岩立志津夫・小椋たみ子（編）『よくわかる言語発達（改訂新版）』ミネルヴァ書房　2017 年**
言語発達の理論，言語発達の障害，言語発達研究の最近のトピックスなど，言語発達に関わる多様な領域を網羅してわかりやすく解説されており，言語発達を広く見渡して学ぶことができる。

# ことばの遅れに気づいたら
## ——乳幼児健康診査での親子と保健師との出会い

　幼児のことばの遅れにはさまざまな要因が考えられる。聴こえているか，質問の意味を理解しているか，コミュニケーションや行動上の課題はないか，どのような養育環境であるかも大切である。

　自治体で行われる乳幼児健康診査（以下，健診）は子どもの心身の発達の把握，疾患や障害の早期発見・支援，虐待予防を含めた育児支援を目的に，子どもと保護者を対象に行われる。3〜4か月児・1歳6か月児・3歳児健診は多くが集団で行われ，約9割の受診率である。

　集団健診は保護者がわが子を客観的に見る機会でもあり，「こんなこともできるの？」と驚いたり，「ほかの子よりことばが遅いのでは」と初めて気づく保護者もいる。特に1歳6か月児健診では有意味語の数や，質問の意味をどの程度理解しているかが発達の目安になる。保健師は，問診で子どもに絵カードを見せて「ワンワンどれ？」と聞きながら，質問や絵カードの意味を理解し指をさして応えられるか，積み木を用いて指先の発達や不器用さがないか，会話をしながら子どもが他者と視線を合わせて関係性をつくれるか，なども観察する。保護者からは家族関係を含めた生活全般や子育てについて話を聞く。

　健診後に経過観察が必要な子どもには小集団の親子教室など心理グループ参加を促したり，二次健診や個別の関わりを通して，就学に向けた相談を受けていく。グループでの活動は子どもの発達や社会性を伸ばし，親子の居場所にもなっている。

　また，この時期は個人差も大きく，経過観察になってもその後の成長とともにことばが爆発的に伸び，経過観察が終了になることも少なくない。一方で，健診前から母親が子どものことばの遅れに気づき，不安を抱えながらも誰にも相談できずにいることもある。林・山本（2015）は，わが子に言語発達の遅れの認められた母親の落胆や衝撃は大きく自責感，罪悪感を抱くと述べている。

　健診は保護者特に母親が不安な気持ちを安心して相談できる場所であり，保健師と母親の出会いの場にもなっているのである。

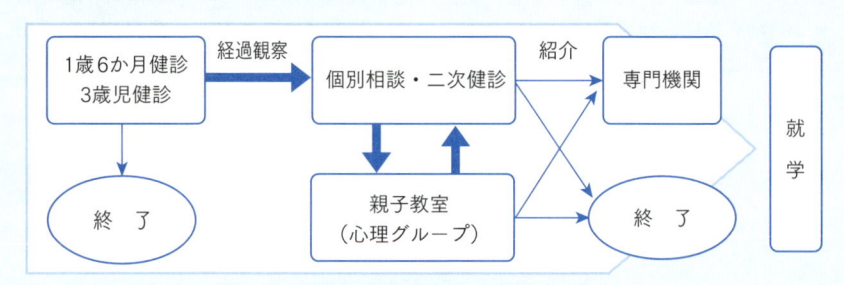

**図　自治体乳幼児健康診査後の経過観察例**

# 第5章　感情の発達

**エピソード**

　保育園（年長クラス）での自由遊びのときのことです。ヒロシ（6歳）はブロックで，完成図が載っている紙を見ながら恐竜を作っていました。そこにナオト（6歳）がやってきて，ヒロシの見ていた完成図の紙を裏返し，そちらの面に載っている恐竜を作り始めました。「ぼくが作っていたのに，『貸して』って言わなかった」と不満そうにつぶやくヒロシ。

　どうやらナオトは，ヒロシが完成図を見ながら作っていたことに気づかなかったようでした。それでもナオトは「もうちょっと」と言って，そのまま作り続けます。しばらくするとナオトは「あとはわかるから」と，完成図の紙をヒロシの見ていた面に戻しました。ほっとしたように，ヒロシは再び恐竜を作り始めました。

**解説**

　子どもたちも保育園などの集団場面では，さまざまな葛藤に出合います。子ども同士のやりとりを経験する中で，感情や要求をことばで表現したり，表情や口調から相手の感情に気づいたりする力を身につけていきます。

　このエピソードのヒロシも，年齢が低いときには，遊びを中断されると，たたくなどの攻撃的な行動を示していたかもしれませんが，年長の今では，ことばで自身の不満を表現しています。一方のナオトも，ヒロシの感情に気づき，少し時間をおいてですが，完成図を見続けたい気持ちを調整しています。このような感情の力はどのように発達するのでしょうか。

　本章では，人にとっての感情の働きや，誕生後から児童期ごろまでの感情の発達の道筋，および感情とうまくつきあう力について概観します。

# 1節　人にとっての感情とは何か

## 「感情」の心理学的意味

　私たちは日々，過去や将来のことに思いを馳せたり，人に関わったりする中で，さまざまな感情を抱く。このように私たちにとってなじみのある感情も，心理学や西欧哲学の歴史の中では長い間，論理的思考や理性的判断を阻むものとして捉えられてきた（遠藤, 2015）。しかし近年では，感情は人の行動や思考にとって適応的で合理的な働きをもつと考えられるようになり，心理学においても研究に基づき知見が積み重なりつつある。

　感情によって，生理的状態や行動に変化が生じることを私たちは日常的に経験している。たとえば，あなたが人気のレストランで順番を待っているときに，知らない人に横入りをされたときのことを想定してみよう。そのとき「順番を抜かすなど許せない」という考えが浮かぶ（認知）と同時に，心拍は速くなり血圧が上がり（生理的状態），むっとした気持ちがわき（主観的経験），目をつり上げた表情で抗議のことばを投げる（表出的行動）かもしれない。このとき，あなたは怒りの感情を抱いていることになる。

　このように心理学において感情は，外界の事物や経験に対する評価を行う（認知的側面）ことによって，生理的反応（内臓や身体の状態変化），主観的経験（内面で感じる経験），表出的行動（表情，行動，声，姿勢など）という3つの反応が生じ，各反応が相互に影響しあいながら，刻刻と変化するダイナミックなものとして捉えられている。

　「感情」と類似した用語は心理学の中でも「情動」「気分」「情緒」など複数存在するが，必ずしも明確に定義され使い分けられているわけではない。その中でも，「情動（emotion）」は，恐怖によって心拍数が上がり引きつった表情で逃げるなど，明らかな生理的状態や行動の変化をともなうが，その持続時間は短いものを表すことが多い。これに対して「気分（mood）」は「最近，何となく気が重い」などというように，主観的経験が一定の期間持続するものといえる。また「情緒（feeling）」は，特に主観的経験を強調する場合に使われる。

「感情（affect）」は，これらすべての特徴をまとめて表現する用語といえる（Gross, 2014）。したがって本章では，統一して「感情」を使用することとする。

## 感情に関する理論

　a　**基本感情理論**　感情がどのように生じ，人にとってどのような働きをするのか，つまり感情とは何であるのかについて，これまでにさまざまな研究者がモデルや理論をつくってきた。その先駆者としてあげられるのが進化論の提唱者であるダーウィン（Darwin, 1872/1931）である。彼は感情には動物とヒトに共通する表情をはじめとする生物的基盤があり，ヒトが進化の過程で環境に適応するために必要なものとして残ったと主張した。文化人類学者であったエクマンら（Ekman & Frieson, 1971）は，ダーウィンの主張を科学的研究によって発展させた。彼は喜び，怒り，悲しみ，恐れ，嫌悪，驚きの6種類を基本感情とし，これらは意識する前に自動的に生じ，それぞれに特徴的な表情や生理反応パターンがあり，異なる文化圏の人間に普遍的に見られると主張した。エクマンらが主張する感情の捉え方は「基本感情理論」とよばれる。しかし同じ立場であっても，何を基本感情とするかについては，興味や罪悪感などを含む10種類とする説（Izard, 1991/1996）や，受容や予期などを含む8種類とする説（Plutchik, 1980）があるように，研究者によってその種類や数は異なっている。

　b　**その他の代表的な感情理論**　基本感情理論は感情研究に大きな影響を及ぼした一方で，さまざまな批判的立場の理論も生んだ。その代表的なものの一つがラッセル（Russell, 1980）の提唱した「次元説」である。この立場では，さまざまな感情は共通する「快−不快」および「覚醒−睡眠」という2つの次元に集約され，基本感情理論で主張されるような個々の感情に対応する特徴的な表情や生理的基盤があるのではないとする。ラッセルは表情や感情語の分析によって，感情はこの2次元的平面に円環状に配置され，感情間を明確に区別する境界はなく，相互に連続していると見なす（図5-1）。

　基本感情理論を批判する他の理論として「認知評価理論」があげられる。この理論では，出来事や経験をどのように評価するかという認知的側面が感情に大きく影響し，評価によって感情は異なるとする。ラザルスら（Lazarus &

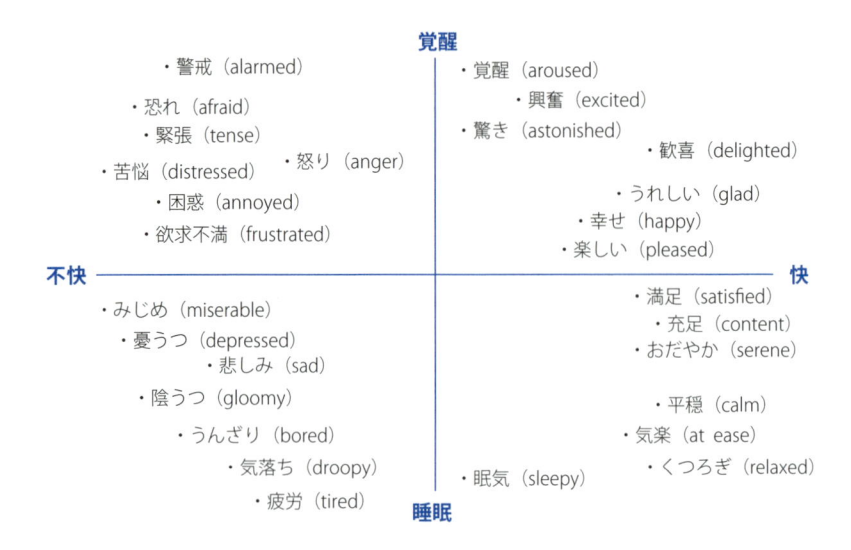

**図 5-1 ラッセルの次元説**（Rusell, 1980 をもとに作成）

Folkman, 1984/1991）は，ストレス研究をもとに認知的プロセスを，自分にとって状況がどのようなものであるかを評価する「一次的評価」と，次の段階である，状況に対してどう対処するかを判断する「二次的評価」とに分けている。たとえば同じ危機的状況に遭遇した場合でも，その状況を脅威であると評価（一次的評価）したうえで，自分には対処できないと評価（二次的評価）すれば「恐怖」が生じるであろうし，一方で，その状況を他者が自分の権利を妨害していると評価（一次的評価）したうえで，抗議という対処の判断（二次的評価）をすれば，そこで生じるのは「怒り」となる。

　基本感情理論では，表情について顔の筋肉の動きには文化的普遍性があるとしているが，一方で日本人はアメリカ人と比べると感情の表し方は抑制的であることが実験で示されている（Ekman & Friesen, 1984/1987）。また，他人の不幸を喜ぶ感情を表すドイツ語「シャーデンフロイド」に相当する日本語は感情語としては存在しなかったり，反対に「甘え」ということばは日本語独自のものであったりするように，感情語の種類は文化によって異なっている。これらの違いは，それぞれの文化の中で人びとがどのような感情を重視しているのかを反映しているのであろう。このように感情の表現や捉え方は社会や文化によっ

て異なることから，感情は社会や文化を通して構成されると主張する立場は「社会的構成主義」（Averill, 1980 など）とよばれる。

　前述した感情を説明する理論やモデルは，感情のどの側面を強調するのかという視点が異なっており，現在でも妥当性について議論が続いている。人にとって重要な働きをもつ感情を深く理解するためには，ある理論のみの正当性に固執するのではなく，各理論を統合的に捉える見方が必要となる。

## 感情の機能

　私たちにとって，感情はどのような働きをもっているだろうか。まず，感情が生じることで，環境の刺激に対してすばやく反応できる体勢をとることが可能となる。たとえば恐怖や不安は，危害が及ぼされそうな状況を回避する行動を人にとらせることで危険から身を守る働きをもつ。戸田（1992）は感情を，遺伝的に組みこまれた，人に適応的な行動をとらせる，割りこみ機能をもったものとして「アージ（urge：駆り立てる）・システム」と名づけている。

　また，感情は人が物事を選択したり決定したりする際に，明確には意識に上がらないもの，いわゆる「直観」として働くこともある。私たちが意思決定をする際には，時間をかけて選択肢の吟味を行うのではなく，瞬時に判断し選択することが合理的な結果となっていることも多い。このような現象についての脳の仕組みは，過去に経験した場面や出来事のイメージと，そのときの感情によって引き起こされた身体反応の情報とが結びついた信号（ソマティック・マーカー：身体信号）が，類似した場面に出合うと，意思決定に関わる脳の部位（前頭前野）に送られることで，意思決定に作用すると説明される（ソマティック・マーカー仮説；Damasio, 1994/2000）。

　感情の種類によっても，人への働き方は異なる。怒りや悲しみなどの不快な感情は人の注意や意識を狭い範囲に集中させることで，身の危険から守る働きをする。それに対して喜びや誇りといった快の感情は，人の視野を広げ，創造性や活動性を高め，行動範囲や他者との関係を広げる働きをするとされる（拡張－形成理論；Fredrickson, 1998）。

　個人と個人の間でも，他者と関係をつくり維持するうえで感情が有効に働く人は他者との関わりの中で，喜びや悲しみなどさまざまな感情を交換し共有す

ることで共感しあいながら関係を深めていく。感謝，同情，罪悪感，正義感などの感情は，私たちに利他的な行動を促し，社会的な規範を守らせることで，社会秩序を維持するように作用しているのである。

## 2節　感情の発達

### 感情発達の理論

　おとなが抱くさまざまな感情は，誕生後に年齢を経る中で，どのように表れるのであろうか。感情の発達に関する理論を提唱した研究者として，まずブリッジズ（Bridges, 1932）があげられる。この理論では，人の感情は生まれて間もないときには未分化な興奮状態であるとする。そこから生後3か月ごろにうれしさと苦痛という感情が表れ，月齢が経つにつれて，うれしさからは喜び，得意，愛情といった快の感情が分化して表れ，苦痛からは怒り，嫌悪，恐れ，嫉妬といった不快な感情へと分化していく。

　ルイス（Lewis, 1992/1997）は，誕生から3歳ごろまでの感情発達について，自己意識を中心とした認知的側面の発達とともに少しずつ複雑な感情が現れる道筋を示している（図5-2）。生まれて間もないときには充足，興味，苦痛という数少ない感情から始まり，生後1年目の前半ごろまでに，喜び，驚き，悲しみ，嫌悪，怒り，恐れという感情，つまり「一次的感情」が現れるとした。

　生後2か月ごろには，苦いものを口にすると顔をしかめて吐き出すなど嫌悪の反応を見せるようになる。生後2か月の終わりごろには，それ以前の時期の，主に睡眠時に見られる微笑（生理的微笑）に代わり，養育者など周囲の人が働きかけると目を合わせて微笑む（社会的微笑）ことで喜びを表すようになる。反対に，周囲の人が関わりをやめると目をふせるなどの悲しみを表す。さらに生後4か月から6か月ごろには，手足を自由に動かせないようにされると，顔を紅潮させるなどの怒りの反応を示す。生後7か月ごろから始まる「人見知り」は，よく見知った人と見知らぬ人とを区別し，見知らぬ人への恐れの感情反応といえる。このころまでには，予期していたことと異なる出来事

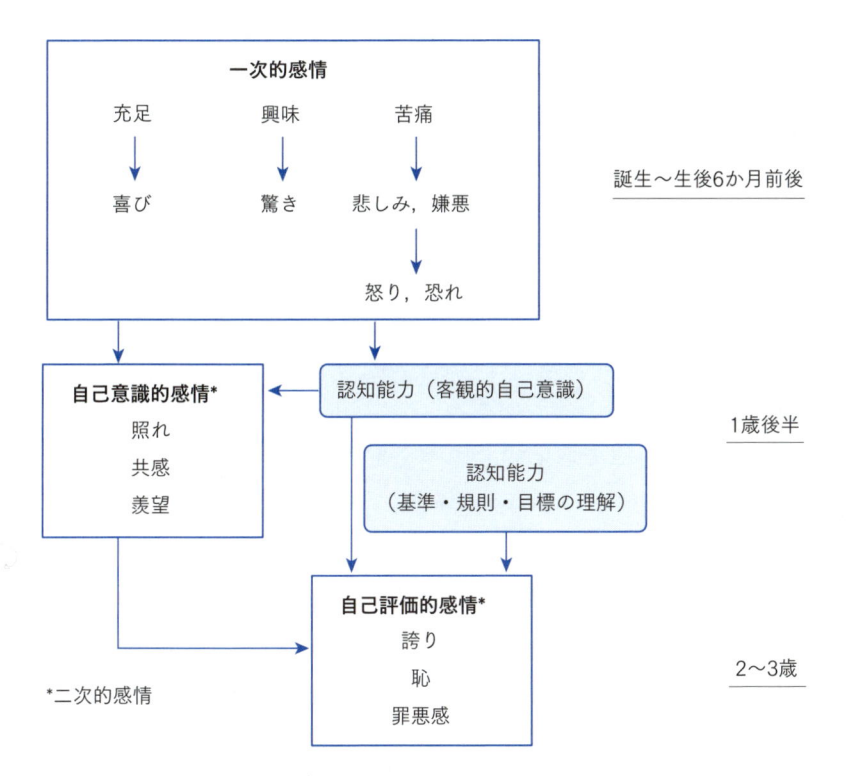

**図5-2　ルイスの感情発達モデル**（Lewis, 1992/1997 を一部改変）

に出合うと，驚きの表情を見せるようにもなる。

　1歳半から2歳ごろになると，自身を客観的に捉える自己意識が芽生えることによって，照れ，共感，羨望という感情が表れる。照れは，自分が他者から見られていることを意識することで生じる。共感は，他者と自分の内的状態を区別することで，他者の苦痛や悲しみを慰めるなどの行動で表現される。羨望は，自分はもっていないものを他者がもっていることを意識することで生まれる。これら3つの感情は，自分と他者とを区別し，自分を意識することによって生じるものであるため，ルイスはこれらを「自己意識的感情」としている。

　さらに2歳から3歳ごろには，周囲からの期待や要求，あるいは社会的ルールを理解し始め，これらを基準に自分を評価するようになる。自分の行動が周囲の期待や社会的ルールに合致していれば誇りを感じ，そうでなければ，恥や罪悪感を抱く。養育者から期待されていることができると，子どもが養育

者を見て微笑んだりするときには，誇りを表しているであろう。反対に，子ども
が失敗したり禁止されていることを行った際に，恥であれば，目をそらした
り身体の一部を触ったりすることで表現され，罪悪感であれば，壊れたものを
直そうとすることで表現されることもある。ルイスはこれらの感情を「自己評
価的感情」としている。自己意識的感情や自己評価的感情は，自己意識や，他
者からの期待や社会的ルールの理解など，自己と他者が関わっていることによ
り生じる感情であるため，「二次的感情」とされる。

## 感情知性とは何か

感情のもつ合理的で適応的な働きを重要とする視点から「感情知性
(emotional intelligence)」(Salovey & Mayer, 1990) や「感情コンピテンス
(emotional competence)」(Saarni, 1999/2006) という概念が生まれた。これらの
概念には，人生の成功や幸せが，記憶力や情報処理力などの認知的能力，つま
り「知能」だけに左右されるのではなく，感情の性質を深く知り，自他の感情
を適切に扱う能力とも関連するという考え方が含まれる。メイヤーとサロヴェ
イ (Mayer & Salovey, 1997) は，感情知性を後天的に獲得できる一種の「能力」
と捉えたうえで，基礎的な水準から高度な水準まで4つの側面に分けている
(表 5-1)。

**表 5-1　感情知性の 4 つの側面**　(Mayer & Salovey, 1997 を参考に作成)

| 感情知性の側面 | 感情知性の内容 | |
|---|---|---|
| 感情の調整 * | 自分や他者のさまざまな感情を受け入れ，振り返る態度をもち，状況や目的に応じて適切に調整する能力。 | 高度な水準 |
| 感情の理解 | 感情がもつ意味や，感情間の変化のあり方，複数の感情や相反する感情が生じることなど，感情の性質を理解する能力。 | |
| 感情による思考の推進 | 感情を喚起させることで，重要な情報に注意を向けさせるなど，感情を思考や判断に利用する能力。 | |
| 感情の知覚や表出 | 他者の感情を，表情などから正確に読み取ることや，自分の感情状態を正しく認識し，表現する能力。 | 基礎的な水準 |

* 原文では「regulation」が使われている。これは「制御」と訳されることもあるが，本章では，個人が
感情の程度や長さを，自身の状態や周囲の状況に合わせて適度なものにするという意味を重視するため
「調整」を使用する。

　このような感情知性は，年齢とともにどのように表れ変化するのであろうか。まず，次項で感情の知覚や表出，感情の理解についての発達を，次に3節で感情の調整の働きや発達の過程について述べていく。

## 感情理解の発達

　**a　感情の知覚**　私たちは他者の感情を表情，声，姿勢などによって推測し理解している。なかでも使用することが最も多いのは表情であろう。生後数か月ごろでも，養育者が急に笑顔から静止した表情に変化したときに，乳児がそれまで見せていた微笑みを消し，目をそらしたりぐずったりするという行動の変化を示す（スティルフェイス実験，図5-3）ことから，乳児は養育者の表情の変化を認識していることがわかる。さらに満1歳を迎えるころから見られる社会的参照（第7章参照）は，子どもが行動の判断をする際に，養育者の表情を手がかりとしていることの表れといえる。

　ことばの発達にともない1歳後半ごろから，自分や他者の感情を表すことばが表れ，幼児期に増えていく（Bretherton et al., 1986）。3歳児，4歳児，5歳児を対象に，幼稚園の仲間遊び場面での感情語を調べた研究では，快感情については3歳児に「おもしろい」「楽しい」（喜び）といったことばが見られ，4歳以降にその種類が著しく増えることはなかった一方で，不快情動については，4

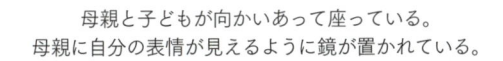

母親と子どもが向かいあって座っている。
母親に自分の表情が見えるように鏡が置かれている。

母親と子どもは，見つめあって微笑んでいる。

母親が無表情になると，子どもは目をそらし，笑顔も消えた。

**図5-3　スティルフェイス実験**（Field, 1994 をもとに作成）

歳児および5歳児では「いじわる」(怒り),「あやしい」(困惑),「かわいそう」(悲しみ)など,語彙の広がりが見られることが示されている(岩田, 2015)。

また,喜び,怒り,悲しみという基本的な感情については,3歳ごろには「うれしいときの顔はどれかな」など尋ねられると,対応する表情の写真やイラストを正しく選ぶ子どもが多くなる(櫻庭・今泉, 2001)。しかし,直接見る経験の少ない自分自身の表情の理解はまだこの年齢では難しく,4歳以降に理解が進んでいく(菊池, 2004)。

同じ出来事や状況に出合っても,好みや過去の経験などさまざまな要因によって,人が抱く感情は異なる。他者の感情を推測する際に,幼児期の終わりごろには状況や人の特性などを利用するようになる(朝生, 1987)。さらに児童期以降には,たとえば状況と矛盾する登場人物の表情でも,両方の情報の矛盾を解消する説明が可能となる(笹屋, 1997)。

**b 感情の表出と理解** 現実の生活の中で私たちは,自分の内的状態をそのまま表すのではなく,状況や相手に応じて,ふさわしいとされる表情や行動を表すという「社会的表示ルール」に従うことが多い。コール(Cole, 1986)は,実験者の作業を手伝ったお礼として魅力的でないプレゼントをもらった場合に,子どもたちがどのような表情を見せるかを捉える実験を行った。その結果,3歳児や4歳児は,子どもだけで包みを開ける条件では,明らかにがっかりした表情を見せるのに対して,実験者の前で包みを開ける条件では微笑を見せることを示している。

しかし,社会的表示ルールに従う理由を理解し,意識的に行えるようになるのは幼児期の終わりごろからである。 ある研究で「ダイアナは,外に遊びに行きたいけどお腹が痛い。しかし,もしそれをお母さんに言ったら行かせてもらえないから,感じていることを隠そうとしている」というストーリーを4歳児と6歳児に示し,主人公の見かけの感情と本当の感情について尋ねた。その結果,6歳児は見かけの感情と本当の感情を区別したうえで,「お母さんに知られたくなかったから」など正しい理由を言う子どもが多かったが,4歳児では少なかった(Harris et al., 1986)。さらに,年齢が上がった10歳ごろには,相手との関係を悪化させないようにするためなど,他者との関係を考慮した,より複雑な理由を説明できるようになる(Saarni, 1979)。

　私たちは一つの状況に対しても，入り混じった複数の感情や相反する感情を抱くこともある。そのような理解は幼児期にはまだ難しく，「楽しくて，うれしい」など，同じ方向の感情であれば複数の感情を抱くことがあると理解できるのは児童期初期であり，「うれしかったけど，恥ずかしかった」など異なる方向の感情を抱くことがあると理解するのは10歳以降，つまり児童期後期である（Harter & Buddin, 1987）。ある研究（久保, 1999）で，8歳, 10歳, 12歳の子どもたちに，入り混じった感情が生じると想定される状況の例話を聞かせ，登場人物の感情とその原因の説明を求めた。その結果，補助的な質問なしで入り混じった感情を説明することができた子どもは，8歳児ではいなかったが，10歳以降には増えることが示された。

　この節では，年齢の経過とともに子どもの感情がしだいに分化し，より複雑なものが表れることや，感情の理解が進むことを述べてきた。このような変化は，感情だけが単独に発達するのではなく，ことばや自己意識などの認知的側面の発達や，行動範囲の広がりも関わりながら，養育者などの家族や仲間などをはじめとする，さまざまな他者との感情をともなうやりとりを重ねる中で生じるのである。

## 3節　感情調整の発達と働き

### 感情調整の発達

　前述したように，感情は私たちにとって合理的で適応的な働きをもっている。しかし，あまりに強い感情が非常に長く続けば，心理的な健康を損ねたり，他者との関係が悪化してしまうこともあるだろう。そういう意味で感情は合理性と非合理性とをあわせもった「両刃の剣」といえる（遠藤, 2015）。快の感情も含めたさまざまな自分自身の感情の状態を知覚したうえで，状況に応じて適度な長さや強さに調整するという感情調整（emotional regulation）は，心理的および社会的な適応を高めるうえで重要な働きである（Thompson, 1994）。

　それでは，人は誕生後にどのようにこの感情調整を発達させるのであろうか。

スルーフ（Sroufe, 1996）は，養育者と子どもとのやりとりの中で，乳児期における養育者に助けられる調整の段階から，幼児期以降には子ども自身での自律的な調整が可能になるまでの道筋を示している。まず乳児期は，子どもの泣きやぐずりに対して養育者が抱いたり声をかけたりすることで子どもの不快感情をなだめる。乳児にも不快な刺激に対して目をそらしたり，指をしゃぶったりなどの原初的な行動は見られるものの，多くの場合は養育者のなだめ行動によって子どもの不快感情は調整される。1歳から2歳ごろになると，ことばの発達とともに「きらい」など自身の内面をことばで表現することや，記憶力や表象能力の発達によって，不快感情の原因となっているものを理解し，原因を取り除こうとするなど，感情調整を自身で行う姿も現れてくる。しかしこの時期には自我が芽生えることで，養育者などとの衝突の中での癇癪なども増え，このような強い不快感情の場合にはまだ養育者の助けが必要となる。3歳以降の幼児期後期になると，次第に癇癪や強い泣きは減っていく。それは，養育者との間で培った調整力を土台に，周囲のおとなとのやりとりや仲間との遊びの中で感情語を増やし，社会的ルールを内面化することで，自分の感情や行動を調整できるようになるためである。

　感情調整を行う方法には，深呼吸をする，気晴らしをするなど自分自身でできることや，友人に嫌な気持ちを聞いてもらうなど他者の力を借りるものがある。前者の中でも「嫌な気持ちのときにも，楽しいことを考える」など，考え方や視点を変える認知的方略は，論理的あるいは抽象的思考能力の発達とともに，児童期後期から青年期にかけて増えていく。

## 感情調整の個人差

　子どもたちの中には感情調整の発達が順調な者もいる一方で，難しさをもつ者もいる。そのような感情調整の個人差に影響を与えるものには，子ども側に存在する要因，つまり気質的特徴および認知的側面と，子どもの外の環境的な要因とがある。子ども側の要因の中の認知的側面としては，感情語や認知的方略について前述したため，この項では気質的特徴を取り上げ，環境的な要因として養育者の関わりについて説明をする。

　a　**気質的特徴**　大脳や神経システムなどの生理的特徴を基盤とした，生後

まもない時期から表れる行動上の特徴についての個人差を「気質」という。トーマスとチェス（Chess & Thomas, 1980/1981）は，ニューヨークに住む子どもたちを対象に，乳児期から青年期にわたり追跡調査を実施した縦断研究において，発達早期から長期に安定的に見られる気質の側面として9つの次元（カ

**表 5-2　トーマスとチェスによる気質的特徴のカテゴリー**（庄司, 1988 をもとに作成）

| カテゴリー | 意味 | 判定 |
|---|---|---|
| 活動水準 | 子どもの行動における運動の量や速さ<br>運動面での活発さの程度 | 活動的<br>↕<br>活動的でない |
| 周期性 | 食事・排泄・睡眠−覚醒などの生理的機能の周期の規則性の程度 | 規則的<br>↕<br>不規則 |
| 接近性 | 初めての事態（刺激）に対する反応の性質<br>初めての人，場所，玩具，食べものなどに積極的に近づいていったり，さわったり，食べたりするか，しりごみをしたり，いやがったりするか | 接近（積極的）<br>↕<br>回避（消極的） |
| 順応性 | 環境が変化したときの慣れやすさ | 順応的（慣れやすい）<br>↕<br>順応的でない（慣れにくい） |
| 反応の強さ | 反応を強く，はっきりと表すか，おだやかに表すか | 強い<br>↕<br>おだやか |
| 気分の質 | うれしそうな，楽しそうな，友好的な行動と，泣いたり，ぐずったり，つまらなそうな行動との割合 | 機嫌がよい<br>↕<br>機嫌が悪い |
| 敏感性 | 感受性の程度 | 敏感（過敏）<br>↕<br>敏感でない |
| 気の散りやすさ | していることを妨げる環境刺激の効果<br>外的な刺激によって，していることを妨害されやすいかどうか | 気が散りやすい<br>↕<br>気が散りにくい |
| 注意の範囲と持続性 | この2つのカテゴリーは関連している<br>注意の範囲は，ある特定の活動にたずさわっている時間の長さ<br>持続性は，妨害が入ったあと，それまでしていた活動に戻れるか，別の活動に移ってしまうかということ | 注意の範囲が長い<br>（あるいは持続的）<br>↕<br>注意の範囲が短い<br>（あるいは持続的でない） |

テゴリー）があることを明らかにした（表5-2）。これらを見ると「気分の質」「反応の強さ」「接近性」（興味や恐れが関連）といった感情に関わるものが複数含まれていることがわかる。さらに彼らは，いくつかの次元（カテゴリー）を組みあわせ，「扱いやすい子ども（easy child）」「扱いにくい子ども（difficult child）」「立ち上がりの遅い子ども（slow-to-warm-up child）」という３つのタイプに分けた。たとえば子どもが，泣き方は激しく，機嫌がなおりにくく，新しい人や対象物を恐れやすく慣れにくい場合，養育者にとって「扱いにくい子ども」であるが，それはこのタイプの感情調整の難しさのためと考えることもできる。

　また，ロスバートら（Rothbart & Bates, 2006）は，感情調整に関連する気質の一つの次元として「エフォートフル・コントロール（effortful control）」という概念を用いる。これは，注意や行動を目的に応じて意図的に調整する能力である。たとえば悲しみが生じた際，その原因となっている出来事や人物にいつまでも注意を向け続けるのではなく，意図的に他のことに注意を向け変えたり，好きなことを行ったりすることで，悲しみの感情はやわらいでいくだろう。エフォートフル・コントロールが適度に働き，衝動性を抑えられることが適応的な感情調整とする捉え方もある（Eisenberg et al., 2014）。

　**b　養育者の関わり**　子どもが不快な感情を表出した際，養育者に共感的にことばをかけられたり，抱いてもらったりするなどの適切な方法でなだめられる経験を積み重ねることで，子どもの中には養育者に対して「この人は，私の不快さを取り除いてくれる」という信頼感や安心感がつくられる。この信頼感や安心感をもとに，子どもは養育者による調整から，自分自身での調整へと移行していくことができる（Sroufe, 1996）。より具体的に説明すると，子どもの不快な感情に対して，たとえば養育者が「こわかったね」「いやだったね」という共感的なことばを与えることで，子どもは身体の内部に生じた不快感情や身体感覚とことばとのつながりを学ぶことができ，しだいに感情調整を自身で行うことが可能となる（大河原, 2015）。反対に，不快感情を養育者に承認されない経験が積み重なると，感情調整の十分な発達が困難となる。

## 感情調整の不全から生じる心理的問題

　感情を適度に調整することで私たちは心理的な健康を保つことができるとすれば，調整がうまく行われない状態が長期に続くことで心理的あるいは行動的な問題につながると考えられる。前述のエフォートフル・コントロールの観点からアイゼンバーグら（Eisenberg et al., 2014）は，エフォートフル・コントロールの弱さと衝動性の低さが組みあわされた過剰調整タイプは，抑うつに代表される「内在性の問題」に，エフォートフル・コントロールの弱さと衝動性の高さが組みあわされた過小調整タイプは，攻撃性を特徴とする「外在性の問題」につながりやすいとしている。

　「内在性の問題」の代表的なものが抑うつ障害と不安障害である。抑うつ障害の基底にあるのは，長期に続く憂うつや悲しみという不快感情であり，興味や喜びという快感情の減少といえる。このような感情調整の不全は食欲の減退や不眠などの症状になって表れる。また，不安障害とは，漠然とした未分化な恐れの感情を基底とし，その対象となるのは特定の場所や対象，あるいは対人的状況である。結果として，こうした状況や対象を回避しようとする。

　心理的・社会的要因に影響を受けた身体症状が表れる心身症は，子どもの場合，自身の感情をことばなどで適切に他者に伝える力が未熟であるため，不安や抑うつ，怒りなどの不快な感情を，腹痛や頭痛などの身体の症状として表していると捉えることもできる。

　「外在性の問題」はDSM-5 の中では，反抗挑発症や素行症が代表的なものである。これらは，反社会的な行動をくり返すという症状として表される。このような問題行動は，子どもの衝動性の高さや調整の難しさという気質的な側面だけではなく，家庭の社会経済的状況や養育者の子どもへの関わりといった環境的要因の脆弱さも関連することが指摘されている（菅原ら, 1999）。

　以上のような感情調整の不全は，子ども側の要因だけ，あるいは環境的要因だけによって起こるのではなく，両者が相互に影響しあいながら表れる。たとえ「扱いにくい子ども」であっても，養育者が子どもの気質的特徴に合わせて養育を行うことができれば，子どもの問題行動につながることはない。トーマスら（Chess & Thomas, 1980/1981）は，周囲からの期待や要求と子どもの気質とが調和することを「適合のよさ」と表現することで，子どもの気質的特徴も

変わりうるものであると強調している。

　子どもが示すさまざまな症状や問題行動に対して，子どもの感情調整が発達の途上にあることを理解したうえで，適切な関わりや支援を行うことが重要である。

◀　読書案内　▶

●日本感情心理学会（企画）内山伊知郎（監修）『感情心理学ハンドブック』北大路書房　2019 年
感情心理学の理論や研究について，幅広いテーマに沿って最新の知見を紹介している。内容はやや専門的であり，本章では取り上げなかった感情理論の一つである「心理学的構成主義」も記述されている。

●C. サーニ（著）佐藤香（監訳）『感情コンピテンスの発達』ナカニシヤ出版　2006 年
本章で取り上げた「感情知性」と類似した概念である「感情コンピテンス」として著者は 8 つのスキルをあげ，それぞれの内容について他の研究者の調査や，具体的なエピソードを紹介しながら詳しく説明している。

●須田治（著）『情緒がつむぐ発達──情緒調整とからだ，こころ，世界』新曜社　1999 年
情緒調整（感情調整）を「制御されるべき情緒」ではなく，「他者との関係を自律的に調整する情緒のはたらき」と捉え，誕生から幼児期までの情緒調整の発達の道筋を，さまざまな研究やエピソードを盛り込みながら解説している。

## COLUMN 5　子どものいざこざ・けんかの意義

　まず，園で観察された3歳児の事例を読んでみよう。

### 【事例】3歳児1月：2人乗り三輪車のいざこざ

　2人乗り三輪車でヤスオが前，シンヤが後ろに乗って泣いている。保育者とアイコ，マミが様子を見にくる。マミが「どうしたの？」と尋ねると，ヤスオは「自転車がほしいって！　だめだからだめ！」。シンヤは泣きながら「前がいいー」。保育者がヤスオに「ずっと（前で）運転したいって言わないと」と声をかけ，ヤスオは「ずっと運転したい」と言うが，シンヤは「嫌だ！」。保育者が「シンヤくん，この自転車で前に乗りたくなったの？」と確認すると，シンヤはうなずく。保育者は「ヤスオくんも前にずっと乗りたいんだって。困ったね」と話す。ヤスオは「ずっとこれに乗るんだよ！」，シンヤも「嫌だ！」。保育者は「どうしたらいいかな。2人とも前に乗りたいって言うから困ったね。寒くなってきたよ。ちょっとこいだら？」と提案するが，2人は「降りて！」「嫌だ！」と言い争う。保育者とマミは離れて築山へ行く。アイコはシンヤに「前に乗りたいって言ってもしょうがないよ」，ヤスオに「乗りたいよって言った？」と話すが，シンヤは「ぼくが乗りたい！」，ヤスオも「ヤスオが乗るんだよ！」。アイコは困った表情で保育者のいる築山へ行く。築山から保育者とマミ，アイコは「ヤッホー！」とよぶが，2人は「降りて！」「嫌だ！」とくり返している。築山から戻って保育者は「ちょっとこいだほうがいいんじゃない？」と提案し，後ろから押して広い園庭へ行く。ヤスオはシンヤを乗せたまま，直線コースを何度も思いきりこぐ。その後3歳児の庭へ戻ると，ヤスオは満足した表情でスッと降りて，シンヤに前の席を譲った。シンヤはうれしそうに前に乗り，2人で「ゴーゴー！」と一緒に遊んでいた。

● ● ●

　この事例に示されるように多くの子どもたちは，幼児期に園生活を経験し，仲間と関わる中で，物の所有や仲間入り，ルール違反等をめぐって，いざこざ・けんかが生じる。これらのいざこざでの葛藤体験は，子どもにとって大切な学びの機会であり，社会情動的スキルが育まれている。

　いざこざや葛藤について考えて話しあう体験は，自他の気持ちや視点の違いに気づくことを促し，互いに主張する中で折りあいをつけ，自分の気持ちを調整し，相手を思いやり，問題を解決していく大事な機会

となる。

　本事例では，3歳児の1月に，ヤスオとシンヤが2人乗り三輪車の前の席に乗りたいという自己主張が衝突している。保育者は，まず2人の気持ちを確認して伝えあうよう援助した後，「どうしたらいいかな」「困ったね」と考えさせながら見守っている。第三者のマミやアイコもそばで様子を見て，保育者をモデルにして仲介している。最終的に，ヤスオとシンヤが困っているタイミングで保育者が「ちょっとこいだほうがいいんじゃない？」と提案し，ヤスオとシンヤが気持ちを切り替えるきっかけをつくっている。その結果，思いきりこいで満足したヤスオは，自ら折りあいをつけてシンヤに前の席を譲り，2人のいざこざが解決したのである。

# 第6章　パーソナリティの発達

エピソード

　ハルミは4月から大学生です。新しい友人をつくり，楽しく過ごしたいと期待を胸に抱いていました。しかし，ハルミは新たな環境になじめず，親しく話せる友人をなかなかつくれずにいます。同級生は活発で，取り残されていくような不安が日に日に高まります。休日に高校の友人に会うと，ようやく自分らしさを取り戻せるように感じていました。リビングでお茶を飲みながら，大学生活の悩みを何気なく母親に打ち明けます。母親は「大丈夫よ。あなたは子どものころから少しずつなじんでいくところがあったし，あなたらしく過ごしていけばいいのよ」と励ましてくれました。ハルミは最近，自分らしさについて考えることが増えています。

解説

　ハルミは大学に入り，新たな環境，人間関係の中で自分らしさについて悩み始めています。そもそも自分らしさとは何でしょうか。私と他者との違いは，どのように取り出して説明することができるのでしょうか。心理学では，これらの問いに答えるべく，その人らしさ，すなわちパーソナリティの概念やその発達，パーソナリティの相違について，多くの理論や考え方が提示され，検討されています。本章では，パーソナリティの概念や形成要因，および生涯発達における安定性から紐解き，パーソナリティの個人差，パーソナリティに接近するアプローチ，さらにパーソナリティの病理性について解説します。

# 1節　パーソナリティの概念と形成・発達

## パーソナリティの概念

　パーソナリティとは何であろうか。まず，用語をめぐる考え方と，その定義からパーソナリティについて考えをめぐらせてみよう。

　**a　「パーソナリティ」と「人格」「性格」**　「personality」の訳語には，「パーソナリティ」「人格」「性格」がある。しかし，3つの訳語を学術的に明確に区別することは困難である。ただし，「人格」と「性格」に比して，「パーソナリティ」は，より中立的で価値判断を含まない用語と考えられ，学術的には「パーソナリティ」で表記することが多い。たとえば精神医学の領域では，診断名によってネガティブなレッテルとなりうるようなスティグマ的意味合いを帯びることから，『DSM-IV-TR 精神疾患の分類と診断の手引』（American Psychiatric Association, 2000）の邦訳新訂版（高橋・大野・染矢，2003）にあたって，人格障害からパーソナリティ障害へと用語を変更している。

　**b　定義**　平凡社刊『最新心理学事典』（2013）では，「パーソナリティとは，現実の生きた人間の適応と個人差を対象として，人間全体の解明に向けた統合的システムを指す」と記述されている。すなわち，パーソナリティは人間理解における一つの構成概念であり，拠って立つ理論や視点によって多様に接近し，説明される可能性を含むものであることが考えられる。なお，榎本ら（2009）

**表6-1　パーソナリティを表すさまざまなことば**（榎本ら，2009）

| ことば | 意味 |
| --- | --- |
| 気質（temperament） | おもに個人のもつ遺伝的・生物学的・神経生理学的特性を示す |
| 人格，性格（personality） | おもに後天的に形成された側面も含む個人的性質の総体を示す |
| 傾（向）性（disposition） | 同上（やや遺伝的側面に重きをおく場合がある） |
| 個性（individuality） | 個人の特徴的な側面を総体的に表す |
| 性質（character, propensity） | 個人の特徴的な側面の一部を示す（propensity は望ましくない側面を示すことが多い） |
| 特性（trait） | パーソナリティの構成要素を示す |

はパーソナリティと近接する用語を整理して示したうえで（表6-1），厳密な使い分けは必ずしもなされていないこと，およびパーソナリティをめぐる事象の多様性を指摘している。

## パーソナリティの形成要因

　今日の研究では，パーソナリティの形成に及ぼす要因について，遺伝要因，共有環境要因（きょうだいが等しく共有するような家庭内環境要因），非共有環境要因の観点から，統計的手法を用いて検討されている。結果として，パーソナリティは遺伝要因（30〜50％の説明率）と非共有環境要因（残る50〜70％を説明）によって説明されることが一般的に示されており，極端な遺伝論，あるいは環境論はいずれも支持されないと考えられている（榎本ら，2009）。さらに，パーソナリティ形成は，遺伝と環境の複雑な相互作用プロセスの中で進むと考えられる。菅原（2003）は，個性の発達に対する遺伝と環境の影響について，漠然とした「相互影響性」ではなく真に「交互作用」であり，実際的な予測を可能とするために両者の特徴を明確にすることの必要性を述べている。

　一方で，次に述べるように，遺伝要因と環境要因を明確に取り出すことは容易ではない。パーソナリティ形成の全体を私たちが知るためには，まだ膨大な時間を要するようである。

　**a　遺伝要因**　パーソナリティに及ぼす遺伝要因の影響は決して小さくはない。たとえば，本章2節で示すパーソナリティ特性では，ビッグファイブ理論の5因子でおおむね30〜60％の遺伝率が示されている（安藤，2014）。しかし，遺伝要因とパーソナリティ特性との関連は，単純または直接的な関係性において説明されるようなものではなく（Mischel et al., 2007/2010），関連する遺伝子の特定も依然として困難な状況にある（安藤，2014）。

　**b　環境要因**　パーソナリティの形成に対して，共有環境はほとんど説明力をもたず，個人が特有に経験する非共有環境によって大きな影響を及ぼされることが

**表 6-2　同じ家族のきょうだいが同じ程度に共有しない環境的影響**
(Mischel et al., 2007/2010)

・家族内での位置

・両親の反応

・事故

・胎児期の出来事，病気

・仲間グループの反応やサポート

・他の対人経験（例：友人）

・教育や労働の経験

わかってきている。同じ家庭に育つきょうだいであっても，実際には非共有環境を個々に多く有しており（表6-2），等しく環境を体験して育つわけではない。パーソナリティ形成の影響要因として，個人に作用する独自の環境要因の精査が必要であり，また一方で明確に同定することの困難も含んでいる。

### 連続性と変化

生涯発達におけるパーソナリティの安定性について，いくつかの代表的な縦断研究から示唆を得ることができる。コスタ（Costa, P.T., Jr.）とマクリー（McCrae, R.R.）は，ビッグファイブ5因子の安定性について，20～90代と広範に及ぶ協力者を得た研究を行い，3～6年のスパンでは安定していることを示している（Costa & McCrae, 1988）。一方，40～50代の男性を対象とした30年間の研究では，MMPI（ミネソタ多面的人格目録；10下位尺度からなる臨床尺度によってパーソナリティを多面的に評価できる）の下位尺度得点について一定の安定性を示しながらも，心気症，抑うつ，ヒステリー得点の経年的増加をはじめとして，下位尺度による変化の仕方の相違が示されている（Leon et al., 1979）。また，パーソナリティの側面によって安定性と変化の仕方に相違があることを示す研究もある（Jones & Meredith, 1996）。すなわち，パーソナリティは一定の安定性を示す傾向があるものの，生涯発達の中では変化する可能性も含み，より厳密にはパーソナリティの側面ごとに検討する必要があると考えられる。

## 2節　パーソナリティの個人差

### 類型か特性か

パーソナリティの個人間での相違を説明する際に，心理学研究の歴史の中では2通りの考え方を見ることができる。タイプ分け（類型論）による説明と，人々が共通してもつ特性の程度の差異（特性論）による説明の2通りである。

まず，類型論の諸理論を紹介する。

**a　クレッチマーの類型論**　クレッチマー（Kretshmer, 1955/1960）は主に精神病患者の資料に基づいて，体格の3類型として細長型，闘士型，肥満型を示

し，一般健常者にも認められることを述べた。さらに，気質を循環気質，分裂気質，粘着性気質の 3 分類によって述べ，それぞれ肥満型，細長型，闘士型が体格の親和型であるとした。

**b　シェルドンの類型論**　シェルドン（Sheldon, W.）の類型論（Sheldon & Stevens, 1970）は，クレッチマーが精神病患者を主な対象としたことに対する批判的検討から，一般男性の資料をもとに骨格や筋肉，生理学的側面等の身体的特質によって 3 類型に分類し，気質（temperament）との対応で説明したものである。①内胚葉型（ふくよかな体型，内臓緊張型気質；リラックス，社交的），②中胚葉型（筋肉質な体型，身体緊張型気質；エネルギッシュ，競争的），③外胚葉型（細身の体型，頭脳緊張型気質；過敏性，非社交的）に分類される。

**c　ユングの類型論**　クレッチマーやシェルドンとは異なり，心理的側面からの類型を示したのがユング（Jung, 1921/2017）である。基本的なタイプとして，関心やリビドーの向けられる方向性に関わる態度である内向性と外向性を，さらにより特殊なタイプとして 4 つの機能（「思考」対「感情」，「直観」対「感覚」）を示し，態度と機能の組みあわせによって人を 8 つのタイプ（たとえば，「内向的思考」「内向的感情」「外向的直観」「外向的感覚」）に分類した。

その他には，シュプランガー（Spranger, 1922/1961a, b）による哲学的な 6 類型（何に意義や価値を置くかによる類型）もある。人をタイプによって理解する類型論は，それぞれに納得できる側面を有している。しかしながら，私たちは本当にそのような独立したタイプ分けによって分類され，説明されうるのか，という疑問も残すものであろう。類型論は，個人差を説明する理論としては限界を含み，一定の役割を終えたと考えられるが，私たちは類型論との対比によって特性論をより理解することができる。

次に，代表的な特性論について概説する。

**a　オルポートの理論**　パーソナリティの特性論は，オルポート（Allport, G.W.）によって提唱され，続く研究を導いた。オルポート（1937/1982）はパーソナリティを「共通特性」と「個別特性」の 2 つの観点から考えた。共通特性とは，人が共通してもっている特性であり，連続線上での相違を個人差として反映する。一方，個別特性とは人が独自にもっている特性のことであり，個性をまさに表現するが，個人差を比較検討する基準とはなりにくい。特性論に

おけるパーソナリティ特性とは，共通特性が意味するところを指す。

　**b　キャッテルの理論**　オルポートの研究の流れを汲んで，因子分析の手法を用いて特性論を進めたのがキャッテル（Cattell, R. B.）である。キャッテルは，顕在的な「表面的特性」と根底にあるパーソナリティ構造と考えられる「根源的特性」を区別した。さらに，因子分析によって根源的特性を抽出し，16のパーソナリティ因子（情感，知能，自我強度，支配的，衝動性，公徳心，大胆，繊細，猜疑心，空想性，狡猾，罪責感，抗争性，自己充足，不安抑制力，浮動性不安）を示して 16PF（the Sixteen Personality Factor Questionnaire）を開発した。

　**c　アイゼンクの理論**　アイゼンク（Eysenck, 1998）は，実証的方法論によって，「神経症的傾向」と「内向性－外向性」の2因子を最上位の特性因子とする階層モデル（下位から特殊反応水準，習慣的反応水準，特性水準，類型水準の4階層を成す。アイゼンクは類型と表現しているが，意味するところは特性である）を提示した。人が示す個別的な行動（特殊反応水準）は一つの傾向（習慣的反応水準）として表れ，それらがよりまとまった個人の特徴（特性水準）となり，さらに集約された特性（類型水準）を示すことを意味するモデルである。アイゼンクが示した2因子は，多くの研究でも示される基本的な特性次元であり，特性論の基礎をなす研究として考えられる。

　**d　ビッグファイブ理論**　今日多くの研究者が支持している特性モデルは，5つの特性次元による説明モデルである。ビッグファイブ（big five；Goldberg, 1981），または5因子モデル（FFM：Five-Factor Model）とよばれ，モデル構造の頑健性が示されている。コスタとマクリーによるパーソナリティ測定尺度のNEO-PI-R（Costa & McCrae, 1992）では，①神経症傾向（情緒的安定性，敏感さ），

**表6-3　辻らによる FFM の本質と特徴**（辻ら，1997）

| 名称 | 本質 | 一般的特徴 | 病理的傾向 |
|---|---|---|---|
| 外向性－内向性 | 活動 | 積極的／ひかえめな | 無謀／臆病・気おくれ |
| 愛着性－分離性 | 関係 | 親和的／自主独立的 | 集団埋没／敵意・自閉 |
| 統制性－自然性 | 意志 | 目的合理的／あるがまま | 仕事中毒／無為怠惰 |
| 情動性－非情動性 | 情動 | 敏感な／情緒の安定した | 神経症／感情鈍麻 |
| 遊戯性－現実性 | 遊び | 遊び心のある／堅実な | 逸脱・妄想／権威主義 |

②外向性（社交性，積極性），③開放性（新たな経験に対して開かれていること），④調和性（他者配慮，他者信頼），⑤誠実性（自己統制）の5因子によって説明されている。なお，辻ら（1997）は本邦での検討の必要性から独自に研究を進め，理論的な整理を示している（表6-3）。

## 特性か状況か

　パーソナリティの表れ方について，状況によらない特性の安定性が認められるのか，はたまた状況に応じて変化するのか，の特性対状況をめぐる議論が巻き起こった。特性論に対するアンチテーゼとして状況論が立ち上がり，一貫性論争から相互作用論へと展開した。

　**a　状況論**　ミッシェル（Mischel, 1968/1992）は，パーソナリティ特性の発現を広く一般化し，状況を通じた行動の一貫性を主張する従来の立場に対する批判的検討を行った。状況論とは，ミッシェルの提起に端を発した，人の行動における状況を通じた一貫性強調への反論であり，状況的文脈の中で人の行動を理解し，説明しようとする理論的立場のことである。

　**b　一貫性論争（人間−状況論争）**　特性論では，人の行動の状況によらない一貫性を想定している。ミッシェルをはじめとした状況論者は，人の行動に状況を通じた一貫性はなく，状況要因による可変性を強調する。人の行動の規定因は特性か状況かについての論争が一貫性論争（人間−状況論争）である。結果的に，多くの研究者が特性と状況の両方の重要性を認識する立場をとるにいたり，相互作用による理解（相互作用論）へと展開した。

　**c　相互作用論**　人の行動は，個人要因と状況要因との相互作用によって生じると考える理論的立場である。古典的には，たとえばレヴィン（Lewim, 1935/1957）による関数公式 B ＝ f（PE）（B：行動, P：個人的特性, E：環境）に示されたように，すでに相互作用から人の行動は考えられていた。しかし，一貫性論争を経て，改めて相互作用に視点を置いた検討が進み，新相互作用論（modern interactionism）とよばれる展開にいたった。エンドラー（Endler, N. S.）とマグヌセン（Magnusson, D.）は新相互作用論の本質的特徴をまとめ，その中で個人の側では認知的要因を，状況の側では個人においての状況の心理的意味を，行動の重要な決定因として述べている（Endler & Magnusson, 1976）。

## 社会的認知理論

　従来の特性論に基づく一貫性強調に疑義を唱えたミッシェルは，状況（自己を含む）を解釈する個人の認知的枠組み，すなわち社会的認知と，さらに解釈に基づく認知的，感情的反応に個人差が表れるとするパーソナリティ理解へと展開した。状況の全体を人が解釈し，それによって行動や反応がなされるとする社会的認知に重きを置いた考え方である。その中でミッシェルと正田は，パーソナリティを状況と行動を媒介するネットワーク・システムとして考える認知感情パーソナリティシステム（CAPS：Cognitive-Affective Personality System）を提唱した（Mischel & Shoda, 1995）。そこでは，パーソナリティの相違は，状況に対して活性化可能な認知と感情，さらにそれらを通じて行動へと導く活性経路網にあると考えられている（正田, 1997）。

　パーソナリティの個人差をめぐって，私たちは代表的な5つの特性（ビッグファイブ）による説明が妥当であろうと理解を進めてきている。他方，特性によるパーソナリティの表れ方の一貫性についての批判的検討から，状況による相違の可能性を組み込み，特性と状況の相互作用による理解へと至った。さらには個人が状況の全体を認知し，それによる反応にパーソナリティの相違が表れるとする社会的認知の考え方も提出されている。特性論的説明の精緻化と，状況を含めた説明モデルの深化へと検討は進んできているといえよう。

# 3節　パーソナリティへの接近

　私たちはどのようにして人のパーソナリティを捉え，説明することができるのであろうか。多くの人に適用されうる原理・原則や全体的傾向によって説明しようとするのか，あるいは個別的体験から立ち上げて説明を図るのか，切り口によってアプローチは異なる。本節では，人のパーソナリティに接近し，説明を試みる代表的なアプローチを概説する。

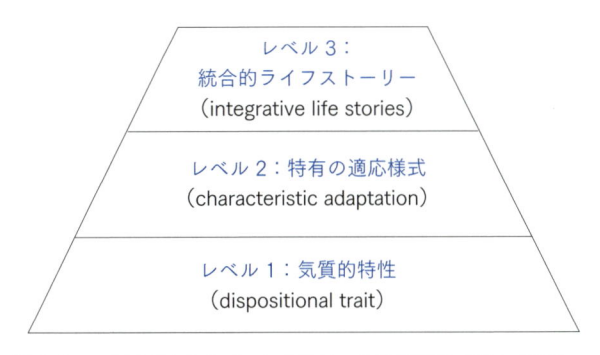

**図 6-1 マクアダムスのパーソナリティの 3 層構造**（榎本, 2008）

## 語彙アプローチ

　語彙アプローチでは，人の用いる語彙，自然言語にパーソナリティ特性は表現されていると考え，語彙の分析から人のもちうるパーソナリティ特性を抽出し，分析しようとする。さらに展開して，特性を表す語彙を用いた量的研究によるパーソナリティ研究へとつながっている。すなわち，語彙アプローチは全体的傾向や一般原則を説明する法則定立的方向性を示すものである。

## ナラティブ・アプローチ

　ナラティブ・アプローチでは，自己の内面や経験，および人生についてのストーリー，語り（ナラティブ）によってパーソナリティは意味づけられ，構成されるとする考え方に基づいて，パーソナリティに接近する。マクアダムス（McAdams, 2006）はパーソナリティの考え方にナラティブの観点を入れこみ，3つのレベルから構成される新たなモデルを提示している（図 6-1）。すなわち，パーソナリティに接近する素材は文章や言葉であり，それらを個性記述的に分析しながら，意味を構成し，立ち上げていく質的研究の方法論をとる。

## 人間性心理学的アプローチ

　人間性心理学では，個人の主観的な内的経験を重視して，個人のパーソナリティに接近する。その人の人生や経験，志向性などを実存的に理解し，個性記述的にパーソナリティを説明しようとするものである。ナラティブ・アプローチと同様に個性記述的な方向性ではあるものの，科学的方法論とは距離がある

点において相違がある。

　人のパーソナリティに接近し，説明するアプローチの方法論はさまざまである。おそらく，科学的方法論に基づく量的研究と質的研究，あるいは個人の内的経験の重視その他の方法論が補完しあうことで，人のパーソナリティはより豊かに，全体像をもって説明されるのであろう。視点を柔軟に動かし，部分と全体を行き来させながら考えを深めていくあり方が重要と考えられる。

## 4節　パーソナリティの病理性

　人のパーソナリティについて，適応と不適応の観点からも考えられている。パーソナリティの適応的ではないあり方について，精神医学では「パーソナリティ障害」の概念によって，精神疾患単位の一つとして示されている。DSM-5（American Psychiatric Association, 2013/2014）によれば，パーソナリティ障害とは，「その人が属する文化から期待されるものから著しく偏り，広範でかつ柔軟性がなく，青年期または成人期早期に始まり，長期にわたり変わることなく，苦痛または障害を引き起こす内的体験および行動の持続的様式」として記述されている。さらにこの様式は，①認知，②感情性，③対人関係機能，④衝動の制御のうち，2つ以上の領域で現れるとされている。
　今日では，パーソナリティ障害の診断基準をめぐって，さらなる理論的検討が進んできている。従来は類型論的体裁をとって診断分類が示されていたが，DSM-5にいたって，特性論的視点が付与されたのである。

### カテゴリー的視点

　DSM-5の本文に記載された診断基準では，記述的類似性によってパーソナリティ障害をA，B，C群の3群に整理して示している（表6-4）。診断名が列記されていることから，一見したところは質的差異による類型論的分類の体裁を有している。しかし場合によっては，2つ以上のパーソナリティ障害は併存して診断される。DSM-5のパーソナリティ障害診断は，類型論的，カテゴリー

**表6-4 DSM-5におけるパーソナリティ障害のカテゴリー的視点に基づく診断分類**（American Psychiatric Association, 2013/2014 をもとに作成）

---

A群パーソナリティ障害（奇妙，風変わり）
　猜疑性パーソナリティ障害／妄想性パーソナリティ障害
　シドイゾパーソナリティ障害／スキゾイドパーソナリティ障害
　統合失調型パーソナリティ障害

B群パーソナリティ障害（演技的，情緒的，移り気）
　反社会性パーソナリティ障害　　境界性パーソナリティ障害
　演技性パーソナリティ障害　　　自己愛性パーソナリティ障害

C群パーソナリティ障害（不安，恐怖）
　回避性パーソナリティ障害　　依存性パーソナリティ障害
　強迫性パーソナリティ障害

---

注.（　）は特徴的な臨床像

的体裁をとりながらも，併存を許容した診断分類として用いられるものである。すなわち，明確に診断分類することの限界を含んだ診断基準ともいえよう。

## 次元的視点

　DSM-5では，判別の不明瞭な従来のカテゴリー的視点からの発展が補足的に示されている。①パーソナリティ機能のレベル（自己機能として同一性と自己志向性，対人関係機能として共感性と親密性）と，②病的パーソナリティ特性（表6-5）に着目し，各機能および特性の次元的評価を想定する代替モデルが補足的に示されているのである。代替モデルでは，6つの特定のパーソナリティ障

**表6-5 DSM-5における病的パーソナリティ特性の特性領域および特性側面**
（American Psychiatric Association, 2013/2014）をもとに作成）

| 特性領域（対極） | 特性側面 |
|---|---|
| 否定的感情（対　情動安定性） | 情動不安定　不安性　分離不安感　服従性　敵意　固執　抑うつ性　疑い深さ　制限された感情（感情の欠如） |
| 離脱（対　外向） | 引きこもり　親密さ回避　快感消失　抑うつ性　制限された感情　疑い深さ |
| 対立（対　同調性） | 操作性　虚偽性　誇大性　注意喚起　冷淡　敵意 |
| 脱抑制（対　誠実性） | 無責任　衝動性　注意散漫　無謀　硬直した完璧主義（その欠如） |
| 精神病性（対　透明性） | 異常な信念や体験　風変わりさ　認知および知覚の統制不能 |

害群（反社会性，回避性，境界性，自己愛性，強迫性，および統合失調型パーソナリティ障害）の診断基準が提案されている。

　このように，パーソナリティの精神病理について，特性次元による検討へと進んできている。それはパーソナリティの適応と不適応についての連続線上での理解へとつながるものであり，パーソナリティ研究と臨床実践および研究のさらなる協同的展開と相互寄与が期待される。

◀　読書案内　▶

● 榎本博明・安藤寿康・堀毛一也（著）『パーソナリティ心理学——人間科学，自然科学，社会科学のクロスロード』有斐閣　2009 年
平易な文章で，かつ学術的知識が豊かに詰めこまれており，入門書としても振り返りの学習書としても適している。

● W. ミシェル・Y. ショウダ・O. アイダック（著）黒沢香・原島雅之（監訳）『パーソナリティ心理学——全体としての人間の理解』培風館　2010 年
章ごとに，要約と重要な用語，考えを深めるための問いが備えられており，個別授業を受けているような感銘を覚える良書である。

● 菅原ますみ（著）『個性はどう育つか』大修館書店　2003 年
人の個性の発現と発達についての学術的知識がやわらかな語り口で解説されている。一気に読み進めながらも，確かな学びを得られる一冊である。

# COLUMN **6** 「ゲーム行動症」が子どもの発達に及ぼす影響とその予防

　10〜17歳5000人を対象とした，内閣府の「平成30年度青少年のインターネット利用環境実態調査」(2019) によると，中学生では1日平均163.9分，高校生では平均217.2分，小学生でも平均118.2分毎日インターネットを使用しているという。インターネットはすでに子どもたちの生活の多くの時間を占めていることがうかがえる。また，同調査によると，インターネットで利用する内容について，高校生はコミュニケーション (89.7%)，動画視聴 (87.4%)，音楽視聴 (80.6%)，中学生は動画視聴 (80.9%)，ゲーム (74.1%)，コミュニケーション (68.2%)，小学生ではゲーム (81.5%)，動画視聴 (66.1%) が上位であったという。インターネットのサービスの中でも低年齢ではよりゲームの使用が上位を占めていることが示唆される。小中学生の間では，「ゲームをやっていないと友だちの中に入れない」という状況もあるようで，ゲームに親しんでいることが当たり前になっている。

　このような中，ゲームの使用行動がコントロールできなくなり，それによって日常生活に支障が生じる「ゲーム行動症」に陥る子どもも増えている。「ゲーム行動症」とはどのような状態なのだろうか。

　下記の表に，2019年ICD-11に収載された「Gaming disorder（ゲーム行動症）」の定義を示す。筆者が所属する久里浜医療センターでは，2011年「インターネット依存治療専門外来」を立ち上げ，現在までにゲーム行動症の状態にある受診者は2000例以上に上っている。インターネット依存専門治療外来初診時には，欠席，留年，退学といった学校に関連する問題がほとんどの受診者に起きている。さらに，昼夜逆転，引きこもりとなり，運動不足のため，エコノミークラス症候群に近い状態になっていたり，骨密度が低下していたり，脂肪肝になっているケースも見られる。

**表　ゲーム行動症**

以下の1a〜1c, 2, 3のすべてを満たす場合に「ゲーム行動症」と診断される。
1. 持続的または再発性のゲーム行動パターン（オンラインまたはオフライン）で，以下のすべての特徴を示す。
   a. ゲームのコントロール障害がある（たとえば，開始，頻度，熱中度，期間，終了，プレイ環境などにおいて）。
   b. ほかの日常生活の関心事や日々の活動よりゲームが先にくるほどに，ゲームをますます優先する。
   c. 問題が起きているのにかかわらず，ゲームを継続またはさらにエスカレートさせる（問題とは，たとえば，反復する対人関係問題，仕事または学業上の問題，健康問題）。
2. ゲーム行動パターンは，持続的または挿話的かつ反復的で，ある一定期間続く（たとえば，12か月）。
3. ゲーム行動パターンは，明らかな苦痛や個人，家族，社会，教育，職業や他の重要な部分において著しい障害を引き起こしている。

脳画像研究からも（たとえば Meng et al, 2015 など），ゲーム行動症に陥ると，楽しいからゲームをしているのではなく，やらないと不快な気分になるので，やり続けざるを得ない状態になっていることが明らかになっている。そして，さまざまな問題を引き起こしていることをわかっていながらも，自分ではゲーム使用をコントロールできない状態に陥り，自尊心が低下し，ますます現実逃避したくなるなど，悪循環に陥っている状態であるといえる。

　危険因子に関する先行研究（Kuss et al, 2014., Mihara & Higuchi, 2017 など）から浮かび上がるゲーム行動症の「予防法」として，ゲームの使用開始年齢を遅らせる，ゲームの使用時間を少なくする，ゲームをまったく使用しない時間をつくる，家族のインターネット使用も減らす，リアルの生活を豊かにするといったことがあげられる。

　今後，ゲーム行動症問題は増加していくことが予測され（Mihara et al, 2016., 尾崎, 2018),「ゲーム行動症」が子どもの発達や将来に及ぼす影響を正しく伝え，警鐘を鳴らしていくべきであるといえる。

# 第7章　社会性の発達

エピソード●

　4歳のタカトは，積木で街をつくり，車を並べています。そこに，妹のイズミが
ハイハイで近づき，積み木の1か所を崩しました。タカトは「ダメー！」と怒りと
悲しみが混じった声を上げました。続いてイズミも「ワーン」と泣き声を上げまし
た。それに気づいたお父さんは，「これはお兄ちゃんがつくった大事な街だからね」
とイズミを抱き上げ，少し離れたところで「こっちにもあるよ」と積木を重ねまし
た。また，「修理に来ました」と崩れたところにトラックを走らせました。この対応
に，タカトも気持ちが落ち着いてきて，「消防車も出動します」とミニカーを走らせ，
遊びに戻りました。

解説●

　タカトの「ダメー！」という声を聴いて，あなたならどうするでしょうか。「今行
くよー」「大丈夫？」あるいは，「そんな大きな声を出さないの」「仲良く遊んで」等
いろいろな応答の可能性があります。上の例では，父親が，タカトの積木の街を守
りたい思いと，イズミの積木への興味の両方を尊重して関わりました。子どもたち
は，自分たちの気持ちは誰かが気づいて尊重してくれることや，他者との葛藤は生
じ得るが，それは罰せられるものではなく，解決し協調することができるという体
験をまた一つ積み重ねることができました。

人は生まれながらに自律的な力を発揮し，生活する環境と相互作用をしながら発達する。本章では，子どもが生活する，家族や幼稚園・保育所，学校，地域，国などの文化や規範，価値観に適応しながら，他者との関わりを学び自己を形成する社会化のプロセスを概観する。なお，子どもの養育にあたる重要な他者は，母親・父親・祖父母・里親・保育者などが含まれるが，本章では親と記す。

## 1節　発達早期の社会性の発達

### 胎児期の能力

子どもの発達を胎児期から見ていこう（表7-1）。胎生4～7週の胎芽は親指の第1関節ほどの大きさだが，すでに手・足・胴・頭に分化している。妊娠初期には脳や神経系の約8割が形成される。胎児は妊娠8週ごろから自発的に動くようになる。胎児の成長とともに親も胎動を感じ，胎児の存在を実感する。妊娠後期には胎外での生活の準備が整ってくる。妊娠37週以前の出産を早産といい，2500g未満で出生した低出生体重児は，身体の機能が整うまで，新生児集中治療室等で体温や酸素飽和度などを管理した環境で育つ。生後すぐに親と離れて保育器の中で点滴の管がつながっている新生児も，皮膚をなでるタッチケアや，肌を触れあって抱っこするカンガルーケアなどで親と触れ合い，声を聴き，相互作用する機会をもつことができる。このような身体発達が新生児

表 7-1　胎児期の発達

| | |
|---|---|
| 妊娠初期 | |
| 　胎盤形成（胎盤・臍帯を介してガス交換，栄養） | |
| 妊娠中期 | |
| 　8～11週 | 自発的な動き，性別の分化 |
| 　12～15週 | 内臓や手足の器官がほぼ完成 |
| 　16～19週 | 手を握ったり開いたりする等自発的な動き |
| 　20～24週 | 脳細胞がほぼ完成 |
| 妊娠後期 | |
| 　25～27週 | 聴力認知を記憶，肺呼吸の準備が整う |
| 　28～31週 | 感覚器官がほぼ完成，睡眠リズムが現れる |
| 　32～35週 | 視覚認知を記憶，免疫移行 |

の身体発達を促し，親子の関係性を育む（Field, 2010）。

## 最早期の能力と社会への適応

　新生児は生まれた場所に適応できる能力をもっているが，生後半年から1年の間に汎用できる能力は消失し，身の周りの社会に適応した能力が発達する。たとえば，生後1年近くまでは母語もそれ以外の言語も各言語に特徴的な音を聞き分けられるが，その後，聞き分ける能力は母国語に限定される。このような環境への適応は脳神経の発達からも確認できる。シナプス数は乳児期に最も多く，その後シナプスの「刈り込み」が生じる（図7-1）。つまり，どのような環境にも合わせられる状態から，毎日の生活でくり返し生じる環境との相互作用に応じて，効率的で自動的な回路が形成され，使わない回路は消失する適応が生じていると考えられる。

　新生児は受け身的に環境に適応するのではなく，自ら働きかける。新生児期の運動は，初め脊髄や脳幹による原始反射が中心である（表7-2）。乳を吸い，落下姿勢になるとパラシュートのように腕を開いて受け身をとるような姿勢をとる反射など，新生児の生存に必要な行動を自動的に行う。この原始反射は生後2〜4か月で消失し，中脳や皮質がコントロールする随意運動，つまり自らの意志で環境に働きかける運動に替わる。また，周りの人をひきつけ，世話を促す機能がある生理的な微笑は，筋肉の動きによって自然に生じるが，生後4

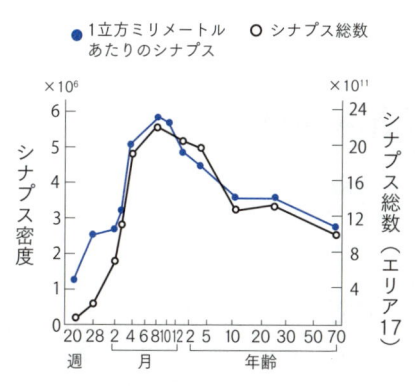

### 表 7-2　代表的な原始反射

吸啜反射

追っかけ反射

手掌把握反射

足底把握反射

モロー反射

非対称性緊張性頚反射

引き起こし反射

バビンスキー反射

**図 7-1　視覚野におけるシナプスの年齢変化**
(Huttennlocher et al., 1982)

か月ごろには，見知った特定の人に向けられる社会的微笑（Wolff, 1963）に替わる。生後数か月の間に，周りの環境を知り，見知った人に働きかけ，自らの意思で働きかけていることがわかる。

## 親を手がかりにした理解

出生後数時間の新生児でも対面した人と同じ表情になる共鳴動作が生じる（図7-2）。生後46時間から6か月までの乳児も，さまざまな図版の中でヒトの顔を明らかに好むことが選好注視法[*]で見出された（Fantz, 1961；図7-3）。このように，子どもは，生まれたときから，最も身近な親を注視し，相互作用を通して，自己や他者，社会について学ぶ。

社会的随伴性の実験であるスティルフェイス実験では，親が子どもの目の前にいても表情を変えず，声を出さず身体も動かさない情緒的に利用できない状況を短時間設ける。いつも通りの相互作用を期待している乳児は，それを得られずに苦痛を示すことから，乳児は自分の行動とそれに随伴する親の応答を学習し，予測・期待していることがわかる（Tronic et al., 1978）。

乳児が状況を理解するために親の情緒的反応を手がかりにすることは，視覚的断崖の実験でも確かめられる（図7-4）。ハイハイで移動する乳児は，床が抜けて崖のように見える実験装置上の視覚的断崖の前で止まり，親の顔を見る社

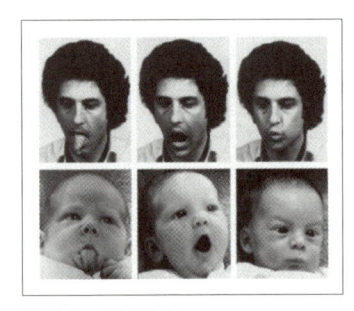

**図 7-2　共鳴動作**

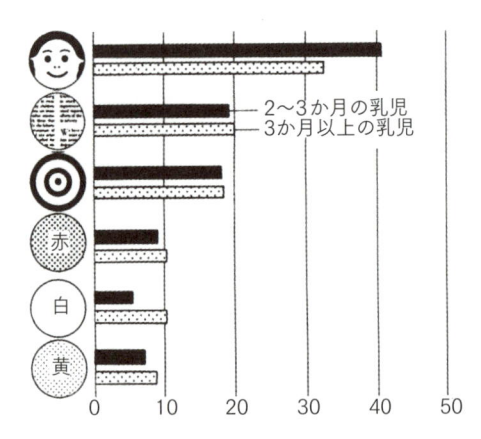

2〜3か月の乳児
3か月以上の乳児

総注視時間における各刺激への注視時間の割合（%）

**図 7-3　新生児の視認実験**

会的参照を行う。親の表情が笑顔なら前に進み，恐怖の表情なら進むのを止めることから，親の表情を手がかりに状況を判断し，行動を選択していることがわかる。さらに，9か月ごろには離れたところにある対象を親と共有する視線の追従ができるようになり，自己と他者と共同注意の対象となるモノ

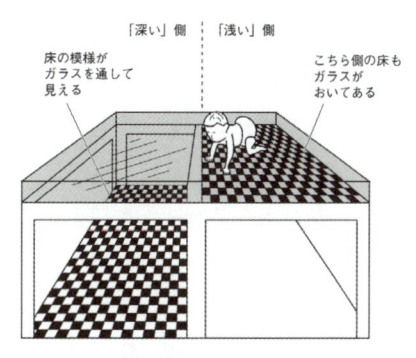

**図7-4　視覚的断崖の実験**

の三項関係が成立する。たとえば，離れたところを通りかかったネコを指さし，「ほら，ニャーニャーがいるね」と声をかけると乳児も，指ではなく，ネコを見て，「ニャーニャー」と音を模倣するというように，より広い世界を探索できるようになる。12か月ごろには，ほしいものを指さす「要求」や，離れたところにあるものを指さす「叙述」の指さしが見られるようになり，他者と一緒により広い環境を共有して探索し，学習することができるようになる。

## 2節　乳幼児期の社会性の発達

### アタッチメントの形成

　アタッチメントは，栄養や睡眠と同様，ヒトが生きるために欠かせない一次欲求である。児童精神科医のボウルビィ（Bowlby, J.）はアタッチメントを「危機的な状況に際して，あるいは潜在的な危機に備えて，特定の対象との近接を求め，またこれを維持しようとする個体の傾性」と定義した（Bowlby, 1982）。そして，人の行動は目標を達成するために組織化されており，アタッチメントシステムは，怖い・不安・怒りなどの否定的な情動が生じたときに，親にくっついて身体の保護や気持ちを落ち着けて子どもの安心や安全を保障する。

　乳児が恐れや不安を感じると，アタッチメントシステムが起動し，親に向かって泣いたり呼んだり，追いかけたりするアタッチメント信号を出す。それに親が敏感に応答して乳児の情動が落ち着くと，探索システムが起動し，親か

ら離れて自律的に遊び，新しいことに挑戦するなどの探索活動に向かう。必要なときに気持ちに寄り添って落ち着かせてもらい，落ち着いたら離れていくという行動システムから，子どもの行動を見ると，心的状態や意図が理解できる。

　アタッチメント対象は，母親だけではなく，父親，祖父母など，日常的に子どもの気持ちを思いやって，面倒を見ている人である（Howes, 1999）。アタッチメントは，それぞれの人たちと独立に形成され，母親とは安定型の，父親とは不安定型ということもありうる。また，アタッチメント対象には階層構造があり，誰が階層の上位に位置するかは，その人物の世話の質や一緒に過ごす時間の量や，会う頻度などによると考えられる。

## アタッチメント行動の個人差

　乳児が苦痛を感じたときに親にくっつけるかどうかは，子どもが親に近づこうとするか，また，親が迎え入れるかが関係する。乳児のアタッチメント測定の標準的手続きはストレンジ・シチュエーション法で，親と乳児は①実験室に入室して説明をうける，②おもちゃで遊ぶ，③ストレンジャーが入室する，④親が部屋から出る，⑤親が部屋に戻る（ストレンジャーが退室する），⑥親が再度部屋から出る，⑦ストレンジャーが入室する，⑧親が再度入室するという手続からなる。再会時の乳児の行動から，3タイプに分類される（Ainsworth et al., 1978）。安定型（Bタイプ）の特徴は，再会時に親にくっつき，比較的短い時間で気持ちが落ち着くことだ。これは，乳児の情動を推測した親が，比較的敏感に応答しているからであると考えられる。不安定／回避型（Aタイプ）は，母親と離れて不安や苦痛を感じているにもかかわらず，再会時に近づいて慰めを求める行動をあまりとらない。親が乳児の泣きやネガティブ感情が苦手なので，乳児はアタッチメント行動を示さないことで親にそばにいてもらっていると考えられる。不安定／アンビバレント型（Cタイプ）は，再会場面でなかなか気持ちが落ち着かず，怒ったりして長くしがみつく。親の応答が一貫しない傾向があるため，乳児は必ず応えてもらえると期待できないために大きなアタッチメント信号を出すようになったと考えられる。

　これら2つの不安定型は，親のアタッチメント欲求への応答に乳児が適応して，アタッチメント信号を最小化（回避型），あるいは，最大化（アンビバレ

ント型）することを学んだと考えられ，いずれも子どもは危機的状況で，親に近接するための組織だった方略を用いていると考えられる。

　一方，無秩序／無方向型（Dタイプ）は，再会時に，親に近づいた後に逆方向に走るなど，同時あるいは経時的に接近と回避の矛盾する行動や，怖がるような行動が特徴である（Main & Solomon, 1990）。再会時の行動は，親にくっつくために組織化された方略ではなく，近づきたい対象が，怖い対象でもあるという矛盾した状態を反映していると考えられる。認知発達により，幼児期には，子どもが親の情緒的なケアをする統制－世話型や，親に指示をするような態度をとる統制－懲罰型となる発達経路も見出されている。これらの子どもの行動は，親の心身の状態が不安定で，子どもの安心の基地・安全な避難所の役割を果たすのが難しい状況において，子どもが親を動かしたり調整する役割を担うように適応したと考えられる。

　このように，乳児のアタッチメントは，環境に適応する方略として形成される。認知の発達にともない，自己や他者を認知する枠組みである，内的表象モデルを形成し，家庭以外の場でも適用され，対人関係のもち方や感じ方を形づくり，パーソナリティの基盤となる。

## 自己調整する能力の発達

　幼児期には認知能力の発達により「自分のしたいことがわかり実行する」状態から「自分のしたいことがわかり，他者のしたいこともわかり，状況を考慮して譲りあいや交渉をする」ことができるようになる。それに応じて遊びも，場を共有するが別々に遊ぶ並行遊びから，話をしながら状況やものを見立ててやりとりをするごっこ遊び，リレーなどルールを決めた活動を楽しむようになる。

　たとえば，4歳児が砂場のへりを線路に見立てて電車を走らせていると，電車はお店屋さんごっこでお団子を並べているコーナーにさしかかった。すると，「どいてよ」「ダメ。お団子乾かしてるの」と葛藤が生じる。どちらの子どもも自分のしたいことを主張する，自然で率直なやりとりである。ただ，このままでは電車が進むことはできないし，進むとお団子に見立てた砂団子が壊れてしまう。それを見ていた友だちが「こっちに線路をつくろう」と，砂場の中に向けて線を引き，電車はお団子を迂回して遊びを継続できた。提案した子どもは，

どちらの友だちの心の状態も推測して，衝突を回避する提案をし，電車を走らせていた子どもも，提案に沿って，進もうと思っていた進路を変更した。遊びの相互作用の中で，自己主張する力，調整する力が育まれている。

# 3節　児童期・思春期の社会性と養育の役割

## 友人関係の発達と家庭外の場の重要性

　小学校に入学すると，学校という社会的な場で長い時間を過ごすようになる。子どもは，学校でのルーティンや規律を言語・非言語を通して学び，従うように努め，自分の価値観として内在化する。また，文字や数字などの象徴機能を用いて，現象を描写し，事物世界の法則を見出す方法を身につける。

　学校では，親に代わって教師が子どもの学習や生活に責任をもち，さまざまな能力を獲得・発揮できるよう働きかける。子どもは学校で新しいことを学び，身につけ，活用できるようになると，自分なりに取り組めばそれが実るという効力感をもつことができる。一方，自己と他者の具体的な比較が可能になる児童期には，同級生と比べて自分は劣っているのではないかと劣等感をもち，自尊感情が下がる時期でもある。そこで，子どもの周りにいるおとなが，子どもが何かができるようになるという獲得に加えて，それぞれの子どもの存在そのものに価値があり，一人ひとりが大切だという態度を示し，言語・非言語で伝えていく必要がある。多様な能力や在り方を認める親や教師の在り方が，子どもの価値観として内在化される。

　児童期後半には，親と離れて仲間関係で過ごす時間をもつようになる。この時期をギャング・エイジとよび，仲間で遊びを共有し，友人や遊びの情報を交換するようになる。おとなが禁止しているようなことも，仲間と一緒に試すような同性同輩集団内の関係が，重要になる。

　中学校入学の頃には抽象的な概念を理解するようになる。興味や価値観が近い友人とチャム・グループを形成し，部活等に打ちこんで喜びや苦労を分かちあい，そのグループ内で通じることばをつくってやりとりをしたり，親には相談しづらいことを打ち明ける関係を形成する。子どもの自律的な活動の範囲も

広がり，おとなの想像を超える試行錯誤がなされることもある。それは脳神経の発達からも裏づけられる。

　10 代には大脳辺縁系の発達にともない，好奇心が高まり，報酬感を感じることに注目し行動する傾向がある。友人など社会的つながりを欲し，交流して冒険する。合理的な行動を促進する前頭前皮質は辺縁系に遅れて，20 代後半までかけて成熟するとされ（友田, 2017），近年では思春期は 20 代も含まれるとされている。

　思春期は第二の分離－個体化の時期（Blos, 1967）と言われており，幼児期・児童期を通して取り入れてきた親や学校の価値観を問い直す危機を経験する。親を含めた他者と自己が分化し，自己としての連続性やまとまりが形成され自我同一性（Erikson, 1968）を獲得していく。それには，友人とのつながりを感じ，分化を見守る親に支えられているというつながりが必要である。高校生女子の母親との葛藤についての研究では，将来への干渉や親の不安・価値観の押しつけは，子どものストレス反応を高め，社会的役割に関する効力感を減じ，思春期の子どもの価値観の探索や自律を尊重する態度が重要であるということが示されている（小林・安藤, 2023）。

　思春期には，幼児期・児童期を通して取り入れた親や学校等の価値観を問い直し，学校の規則や，友情や公正などの抽象的な概念を理解し，相対的に考えるようになる。自分は何者で，これからどう生きていくのかについて，自分の価値観を問い直し悩む危機を経験する。お互いに信頼できる，必ずしも特定の興味を共有しない友人のピア・グループをつくり，自己を探索する。そして，価値観の違う人と一緒にいても，自分としての同一性を保つことができるようになり，自我同一性（Erikson, 1968）を獲得していく。

## 養育の役割

　子どもの発達と親の養育行動を，乳児期から成人期まで縦断的に研究したスルーフ（2005）は，親の果たす役割として子どもの感情調整を手伝い，必要な学習を励まして，独立を保証するなどの観点を示した（表7-3）。また，乳児，学童期，青年期の子どものいる家庭を横断的に観察したバウムリンド（Baumrind, 1967）は，子どもへの「応答」「あたたかさ」「統制」（止めたり制限

**表 7-3　親が子どもに果たす役割**
（Sroufe, 2005 をもとに筆者作成）

- 泣き・怒り・興奮等の感情を調整する
- 感情の表現や調整の社会化
- 困ったときの安心の基地・安全な避難所となる
- 適切に教え，制限し，枠組みを与える
- 親子の境界を維持する
- 子どもの自律性を認める
- 子どもに合わせた適度の刺激を与える
- 問題解決の足場かけをする
- 学びを精緻化することを助ける
- 子どもがより広い社会とつながるのを助ける

したり教える）の観点を見出した。養育に関する知見を整理すると，子どもを，心をもった一人の人間としてその心的状態を推測し，感情に寄り添ったあたたかい応答と，適切に教え，心身の危険から守るための必要な監督を優しく行い，社会的なルールを伝えることが含まれる。これは，子どもの探索や自律性を尊重し，興味をもって見守り，必要に応じて手助けをする，社会への子どもの関わりを励まし見守る態度といえる。

　一方，子どもの心身へリスクのある養育行動は，ばかにする・からかう・罰するなどの否定的な態度，指示に従わせるために腕や身体をつかんだり，声を荒げるなどの侵入的・否定的な態度や，子どもと目を合わせない，直接のやりとりを避けて玩具やその他に関心を向けさせるなどの，子どもから情緒的に距離をとる態度である（Bronfman et al., 2014）。

　続いて，子どもの感情をいかに社会化するか，という観点からも養育態度を見てみよう。自分の感情を調整する，他者の感情に気づき共感して慰めるなどの，感情に関する知識や調整する能力は，社会生活において重要である。子どもは，感情について，意識的・無意識的に親やおとな，社会から学ぶ。

　たとえば，両親が肯定的な感情を表現することは，子どもの肯定的な感情表現や行動，友人関係で人気があることと関係する（Isley et al., 1999）。また，親が他者の感情を推測して子どもと話すことは子どもの感情理解を育む（Cassidy et al., 1992）。

　子どもの感情への支援的な態度は，感情についてたずねて，その表出を励まし，その感情があることを認め，そう感じることは妥当だと伝えることや，その感情が生じた出来事から背景や原因について話し合うことである。たとえば，うつむいている子どもに，「どんな気持ちなのか教えて」と感情表出を促し，「それは本当に嫌だったね，怒って当然だと思う」と，感情を認証する。大声

で怒っている子どもに，「とーっても怒っているんだね」と感情を認めて，「一緒に気持ちを落ち着けよう」と呼吸を合わせたり身体に触れて感情を落ち着ける。「それは本当に嫌だったんだね」と子どもの感情を認めることは，子どもが自然に生じる感情を信じ，自分を信じることに貢献する。

　感情が落ち着いた後に「何があったのかな」と尋ねたり，感情や対処について話し合う経験が，子どもの感情についての体験的な知識を増やし，表現したり調整する力，他者への思いやりを向ける向社会的行動を育む（Eisenberg et al., 1996）。一方，「いつまでも怒っているとおやつは抜き」のように感じることを罰したり，「大げさ，大したことはないでしょ」「あなたにも悪いところがあったでしょ」「甘えてる」等と感情を最小化する対応は，子どもが感情を過剰に抑制する，あるいは過剰に表出する感情調整不全との関係があるとされている（Eisenberg et al., 1992）。

　なお，望ましくない養育は，経済的・社会的に困難な状況や心身の疾患など，親のかかえるストレスによって生じうる。また，親自身の困難な被養育経験も関係する。親自身の苦痛や困難の結果の行動と考えれば，親を責めるのではなく，親自身へも，「大きな声で怒った」という感情を認めて，一緒に気持ちを落ち着かせて，どんな気持ちだったか一緒に話すというような態度での支援が重要であろう。

## 発達過程における困難とレジリエンス

　心身の発達過程にある子どもは，生活している環境から社会を学ぶことを述べてきた。近年，発達過程に経験した精神的，身体的ストレスの，脳神経や成人期の心身の疾患との関連が明らかになり，その予防が社会的な課題とされている。

　発達過程に経験する，逆境的体験（Adverse Childhood Experiments）は，虐待（心理的・身体的・性的虐待）と，家族の機能不全（家族の依存症や精神疾患，暴力，犯罪等）を指す。これらの経験は，まったくなかった人に比べて心身の疾病等に数倍以上のリスクをもたらし，生存上のリスクになることが見出されている（Felitti et al., 1998）。一方，逆境的体験があってもリスクを回避できた人には，親以外に子どもの面倒を見る重要なおとなやモデルとなる人，社会的対象が存在したことも見出されている。発達のリスクは人との関係によって生じ

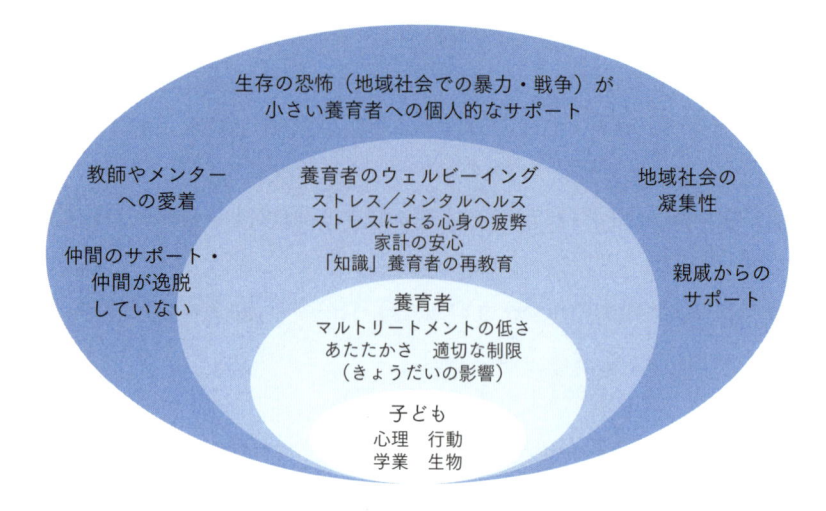

生存の恐怖（地域社会での暴力・戦争）が
小さい養育者への個人的なサポート

教師やメンター
への愛着

養育者のウェルビーイング
ストレス／メンタルヘルス
ストレスによる心身の疲弊
家計の安心
「知識」養育者の再教育

地域社会の
凝集性

仲間のサポート・
仲間が逸脱
していない

養育者
マルトリートメントの低さ
あたたかさ　適切な制限
（きょうだいの影響）

親戚からの
サポート

子ども
心理　行動
学業　生物

**図7-5　子どものレジリエンスを高めるうえで重要なリスク要因と媒介要因のマルチレベル相互作用システム**（Luthar et al., 2015）

ることが多いが，回復にも人との関係性が鍵になるのである。

　事件や事故にあうなどの困難なことがあって，影響を受けたとしても，回復する過程をレジリエンスという。逆境の体験があっても，レジリエントに生きるためには，子どもを支える人を支えることが重要である。子どもに最も近い親への支援として，親が学ぶ場や，仕事があること，子どもへの良質な保育・教育・放課後の活動，そこでの良質のおとなや友人との関係を構築することなどが重要であり子どもの未来のリスクを減らすことができることがわかっている（Luthar et al., 2015；図7-5）。

（＊）選好注視法は，2つの刺激を同時に示し，注視時間から新生児・乳児がどちらを好んでいるのかを判断する実験法。乳児の実験の手法には，ほかに1つ目の刺激注視時間が減少するまで呈示し（馴化），2つ目の刺激を提示した際に注視時間が増えれば（脱馴化）2つのものを区別していると考える馴化法や，近赤外線光を頭に照射し，血液中のヘモグロビンの濃度の変化から脳活動を推定する近赤外線分光法がある。

### ◀　読書案内　▶

● 無藤隆・安藤智子（編）『子育て支援の心理学——家庭・園・地域で育てる』有斐閣コンパクト　2008 年
子どもが育つために重要なことは何か，発達心理学の研究知見や実践をわかりやすく紹介した書である。子育ては母親や家族だけが担うのではなく，子どもは社会の中で育っていくことを具体的に理解できる。

● 数井みゆき（編著）『アタッチメントの実践と応用——医療・福祉・教育・司法現場からの報告』誠信書房　2012 年
困難な状況にある人の感情や行動を，アタッチメントからどう理解するのか，事例をあげて紹介している。行動上の問題を関係性の問題として理解することで支援の方針が異なることに気づかされる。

● 北川恵・工藤晋平（編著）『アタッチメントに基づく評価と支援』誠信書房　2017 年
アタッチメントの理論，アセスメント，評価と支援の三部構成で整理されている。特に，アセスメントに焦点が当てられており，研究や実践の場でアタッチメントをより深く理解し生かす手がかりになる。

# 子どものケンカへの対応
## ——日本 vs. アメリカ

　幼児教育は，家族・教育・社会・文化が交じりあう場であり，子どもたちが家庭という生活の巣から初めて離れ，より広い社会や文化と関わりを得る場である。日本の教育行政従事者，幼児教育者，保護者は，幼稚園や保育所の機能として最も重要なことは，子どもたちが社会の一員となるための学びを支援することだと考えている。どのような文化においても，社会集団の一員となるには，感情を適切に表現することと他者の感情に適切に反応することの両方を含む社会性の発達が必要とされる。他者の感情への反応の仕方，感情の示し方，感情そのものは，文化を超えて共通しているということが示されているものの（Eisenberg, 1992），文化特有のものもあるとも示されている（Lebra, 1976 ; Markus & Kitayama, 1991）。では，日本の幼児教育の場（幼稚園・保育所など）で，子どもたちの社会性の発達はどのように支援されているのだろうか。

　ここでは，拙著『幼児教育のエスノグラフィ』（林, 2019）の中から，一例として，子どもたちのケンカ場面を取り上げたい。子どもたちは，幼稚園や保育所生活の中で，友人との衝突などにどう対処するのかを学ぶ。アメリカでは，子どもたちのケンカに教師が介入し，仲裁する。また，その際に周りの子どもたちに「あなたには関係ないことだから向こうに行っていなさい」と言う声を多く耳にする。一方，日本の幼児教育者たちは，子どもたちのケンカを見守り，すぐには介入しない。仲裁に入る場合も，このようなことばをあまり発しない。

　そこには，日本の幼児教育者たちの 2 つの実践を見ることができる。まず，子どもたちのケンカに介入しないことで，ケンカをしている子どもたちにさまざまな感情を経験させ，自身でケンカを解決する機会を与えること。そして，仲裁に入る際，ケンカの中心にいる主人公（ケンカの当事者）たちだけでなく，ケンカの周りに集まる子どもたちのグループにも，解決策をみんなで探るように促すことである。日本の幼児教育者は，直接関わっている子どもたちだけではなく，見ている子どもたちもまた観察学習や共感的同化を通して，ケンカやその解決から学ぶことを強調する。周りに集まる子どもたちに「向こうに行きなさい」とか「これはあなたには関係ないのよ」とは言わずに，クラスで起きているすべてのことに関わらせようとしているのである。ケンカ場面を具体例として取り上げたが，日本の幼児教育者は，ほかの感情経験においても子どもたちの周辺参加を支援している。

　ここでは，日本の幼児教育者たちの，子どものケンカや周辺で関わるものへの対応の特徴を紹介した。諸外国の幼児教育者が，どのように子どもたちの社会性の発達を支援しているのかを探ってみることも面白いだろう。

# 第8章　自己意識の発達

**エピソード●**

　2歳10か月のシンゴとおばあちゃんの会話。シンゴが自分のDVDを「『おとな』のダイジだから」という。「おとな」を区別できるのか？　「これはおとなの大事なものだから触らないで」とよく言われているからか？　詳しく聞いてみることにしたおばあちゃん。おばあちゃん「ネエネはおとななの？　子どもなの？」シンゴ「こどもだよ」。おばあちゃん「どうして？」シンゴ「学校行く」。

　2人のやりとりは続く。「ニイニはおとな？　子ども？」シンゴ「こども」。「どうして？」シンゴ「お勉強してる」。「パパは？」シンゴ「おとな。パパはね，お仕事してるの」。「ママは？」シンゴ「おとな。ネエネのお迎えしてる」。「ジイジは？」シンゴ「（一瞬だまって）こども」。「どうして？」シンゴ「……（無言）」。「バアバは？」シンゴ「こども！」。元気よく自信満々に答えた。

**解説●**

　2歳10か月のシンゴ。日常の中で家族や身近なおとなについて少しずつ理解を深めています。その区別，理解の仕方は2歳児の特徴がくっきり。あくまで日常の経験に基づき自分が中心です。シンゴの日常生活の中で，自分やきょうだいのお世話をしてくれる人はおとな。自分と一緒に楽しんで遊ぶ人は子ども……という区別のようです。日々日常生活で周囲の人と関わり，相手を理解したり，自分を理解しようとします。ジイジとバアバは，いつも自分と一緒に遊びを楽しんでいます（本当は，楽しませてもらっているのだけれど……）。だから「こども」，なのでしょう。自分を中心にした日常の関わりの中で相手を理解し，また自分に対する知識も深めていることがうかがわれるほのぼのとした幼児のエピソードです。

　本章では，子どもが生活の中で周囲と関わりながら自己意識を深めていく過程について解説していきます。

誕生間もないころは自他未分化な世界に生きていた乳児が，生後3か月を迎えるころには自分の手を見つめながら不思議そうに動かす「ハンドリガード」を見せるようになる。自分の身体の一部として，自分の手を認識しはじめる姿であり，外界や他者との相互作用を通して自己を理解することへとつながっていくとされる。本章ではその過程を乳幼児期，学童期，青年期等の発達課題を織り交ぜまがら解説する。

## 1節　自己をめぐる問い

### 「自己」とは何か

　「自己」とは，心理学においては，自分に意識される自分自身のことである。「自己」と「自我」について，その定義の差異を問われることは多いが，自分についての内的表象を指す際は「自己」，心の統合機能を指すには，「自我」と称す。

　ジェームス（James, W.）は，主観的自己は，行動，思考の原点であるとする。一方，客観的自己は自分のものであると認識されるすべてのものの総称で，物質的自己，精神的自己，社会的自己から構成されるとした。物質的自己（material self）とは，家，財産，衣服，身体などであり，中心的なものは身体である。精神的自己（spiritual self）とは心的状態であり，社会的自己（social self）とは周囲の関わりをもつ他者から受ける認識である。このように人間にとって「自己」とは社会の中で成長とともに獲得していくものでもある。一方，クーリー（Coole, C. H.）は，他者が自分に対して抱いていると思う自己像を鏡映自己（looking-glass self）とよび，自己を社会的な存在として説明した。

　実際の乳児の姿を例に考えよう。自己意識にはほど遠い乳児。乳児期前半ごろは自分の足を口に入れるのをよく目にするように，自分の身体と外

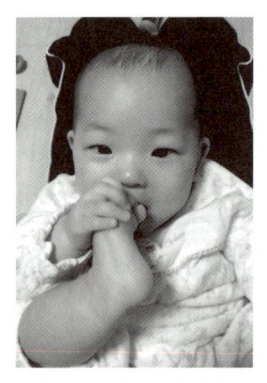

写真8-1　足なめられるよ

界の区別がついていない。

　写真 8-1 は自分の足をいとも簡単に口に入れ、まるで自分の足で遊んでいるかのような乳児の姿である。生まれたばかりの時期は自分と自分以外のものの区別がついておらず自他未分化の状態と称される。もちろん成長とともに変化する。その後自分一人では生きていけない状態の中で、泣くこと、手、足、からだを動かすことなどでおとなを中心とする周囲の人びとに積極的に働きかけ、

写真 8-2　小さなお買い物

生命を維持し、成長していく。乳児の積極的な働きかけの姿は、生命を維持することに必要であり、行動の主体としての姿であり、生活の中でくり返し経験しながら、理解を広げる。あわせて行動の主体である自己の意識も鮮明に形成されていく。さらに変化を遂げる。生後 2 年ほどすると何でも自分でやりたい、できないこともやりたいと主張する幼児の姿も目にすることができる。

　写真 8-2 は買い物中の母親の後をついて、自分も買い物をしたいと商品棚下方の自分の手の届く場所から商品を手に取ってかごに入れようとする姿である。このような姿は子どもが親や身近なおとなの行動を模倣するよく見られる姿だが、行動主体として自分がやりたいという意識も鮮明に見ることができる。幼児自身が自ら積極的に周囲に関与し、行動主体として行動しようとする姿勢をこのような時期から持ちあわせていることは驚かされる。

　また鏡に映された自分の姿を知覚し、自覚するようにもなる。自分の存在の概念化による自己概念を獲得し、さらに自己の存在を他者に提示する自己呈示の実施へと発展させていく。

## 他者の視点をとることと自己

　成長とともに自己中心的な視点から他者の視点、周囲や集団全体を見ることができる「社会的視点取得」能力を発達させていく。セルマン（Selman, R. L.）はその段階を次のように 5 段階に分け、示している。ここでは自分と他者の関係の捉え方の特徴、違いを見ていくことができる。

　まず段階 0 の「未分化で自己中心的な役割取得」では、自分と他者の視点

を混合し，違う見方をしていることが理解できない。自分と他者の境界が明確でないのだろう。

段階1の「分化と主観的な役割取得」では，他者の思考，感情が自分と違うことに気づく。しかし他者の感情を主観的に捉え，他者の視点で考えることはできない。一方的である。

段階2の「自己内省的，二人称と二者相互の役割取得」では，他者の視点にたって自分の思考を内省できるが，双方を関係づけることまではできない。

段階3の「三人称と相互的役割取得」では，各個人が自分と相手を対象にでき，第3者の視点で自己，他者の思考を調整できる。こうなると多様な考え方，方法を活かしていくことができる。

段階4の「広範囲の慣習的，象徴的役割取得」では，自分の視点を集団全体と関係づけてとることができる。個人のことだけではなく，集団のために自分を活かす方法について考えていくことができる。このように見ていくと，他者の視点をとること，私とあなた，という二者の間で捉えることから，社会や文化，集団の中に私を位置づけていくことにほかならない。そのプロセスは葛藤の連続であるはずだ。自己の理解には，他者を理解することが大きく関わっている。

## 自己を理解する

　自分とは何か，何者か。自分に対する記述を自己概念という。誕生間もないころは自分と他者が未分化の状態であるが（本章2節参照），しだいに自分に対する意識が芽生えてくる（写真8-3）。自分とは何だろう，と自分への意識を広

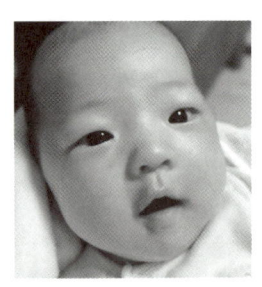

**写真 8-3　次第に相手を見つめるようになる**

げていく。自分に対する記述を自己概念とすれば，自分をどのように捉えているかを自己評価，自分という存在をどのように感じているかを自尊感情という。つまり，自己評価と自尊感情は自分自身に対する評価とその感情である。自尊感情とは，遠藤（1999）の指摘のように，自分自身を基本的に良い人間，価値ある存在と感じるその程度である。ローゼンバーク（Rosenberg, M.）の自尊感情尺度が

よく知られ，日本人の自尊感情は他国のそれより低いといわれる。その理由は
さまざま考えられるが，それによって引き起こされる事態については，注視し
ていく必要がある。自尊感情が低いことが過剰に働くと，自己を著しく低く評
価し，自信がもてず，自分を否定するなど成長過程で2次的な弊害，マイナ
ス影響を与えることも生じる。では低いのが問題なら逆に，高ければよいのか。
自尊感情が高ければ成長過程にプラスに影響するのだろうか。

　自尊感情が高いことは，たしかに積極的に数多くの機会にチャレンジしてい
くことや，自信をもってチャレンジするなど，体験する機会，賞賛される機会
が多くなることが予想される。よって，自尊感情が高いことで，高い評価を受
けること，プラスに影響することは多いだろう。しかし，自尊感情が高いこと
が必ずプラスに働くばかりではない。自尊感情が高すぎることによる弊害も実
は報告されている。自尊感情が高いことは，体験しチャレンジする機会が多く
なるが，その状態を維持することは必ずしも楽ではない。目標が高く設定され
ることで，緊張状態が長く続く，過度なストレスを感じ続けることで，無理も
生じがちである。

　一方，自己評価や自尊感情に関連する調査として，年齢に応じて変化すると
いう報告もある。海外の研究では，思春期から青年期の自尊感情は低いという。
高校生は大学生より自尊感情が低く，その後成人期にかけて上昇していく。60
歳前後がピークとなるというのである。さらに，小学校低学年・中学年は自分
の力を客観的に判断せずに自信をもってやりたいように，自分の思うままに行
動することが多いが，高学年になると，客観的に自分の出来や位置を理解し，
自信がもてなくなってくるという報告もある。自尊感情も思うように高くはな
く，自信のなさを見せるようになっていく。客観的自己の諸側面としては身体
的自己，行動的自己，社会的自己，心理的自己がある。

　次の調査結果を見てみよう（図8-1）。小学生・中学生・高校生を対象に，自
分に自慢できることについて尋ねている。男女ともに小学校1，2年生から高
校生にかけて年齢が上がるほど，自慢できることがあまりないと感じる割合が
高くなっていく。

　さらに，国別比較を示した調査結果も示す。

　図8-2は日本，米国，中国，韓国の4か国比較での高校生の自己評価に関す

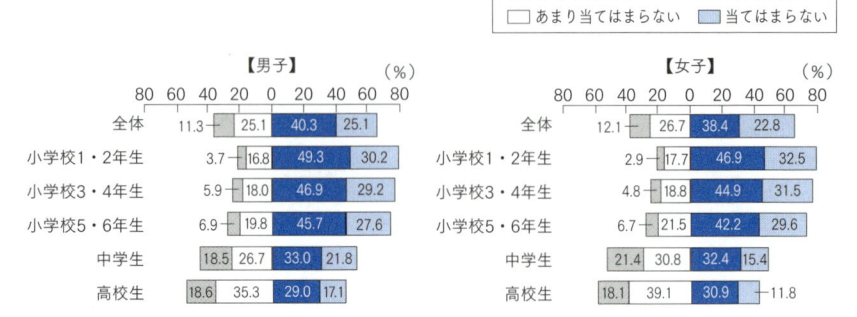

**図 8-1　小中高校生の自分には自慢できることがあまりないと感じている割合**
（日本学校保健会，2018）

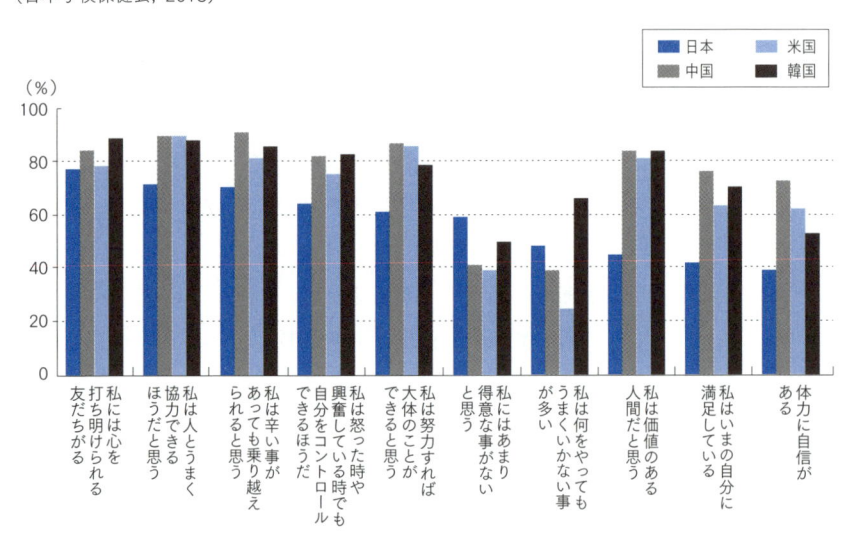

**図 8-2　高校生の自己評価（４か国比較）**（国立青少年教育振興機構，2018）

る結果である。いずれも日本の高校生は他の３か国に比べ自己評価が低い結果を示している。なぜだろうか。要因は何だろうか。目標設定が高いので，その到達できなさが評価を低くしているのだろうか。一つひとつ評価の仕方が厳しいのだろうか。価値観，思考，文化，置かれた環境など自分に対する評価の仕方の要因になるものは一つではない。

# 2節　乳幼児期の自己

## 自分の身体の知覚

　乳児が自分の目の前の身体を自分のものだとわかることは簡単なことではない。誕生間もない時期は原始反射として，口唇探索反射，モロー反射，把握反射，吸啜反射など，刺激に対する反応が見られるが，数か月の間に消失し，目的のある随意的な運動をするようになる。また自分の手を見て，はじめからそれが自分の手とわかるわけではない。生後3か月ごろ，自分の手を確かめるかのように目の前で眺め動かしたりする様子を観察すること

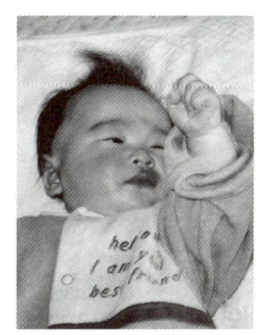

写真8-4　自分の手をながめ動かすハンドリガード

ができるが，ハンドリガード（写真8-4）といわれる。子どもが自分の手を「発見する姿」とされ，徐々に外界や他者と自分の区別が明確になっていくきっかけになる。子どもが周囲のものに関心を示し，積極的に関わる際には自分の手を介することが多い。自分の手を発見した後は積極的に手を使い，外界を知り成長していく。

　さらに，鏡映像の自己認知実験は，身体的自己に対する認識を見ることができる実験として知られている。具体的には，ルージュ課題という乳幼児の鼻の頭に口紅をつけて，鏡の前でその反応を見るものである。自分の鼻の頭のほうを触れば，自分の像が鏡に映っているのだとわかっていると判断するものである。子どもが手を伸ばして鏡に映る自分の顔の鼻についているルージュを触るなら，「わかっていない」と判断するなど，多くの実験が報告されてきた。鏡に映る目の前の自分の鏡映像を自分だとはわからず，遊び相手であるかのように，微笑みかけて声を出したり，近づこうとしたりする姿も見られる（写真8-5）。

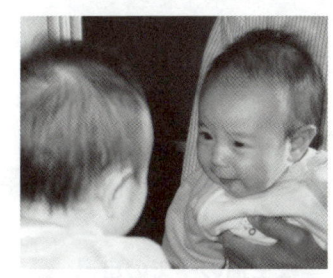

写真8-5　鏡映像に向かって微笑み，声を出す

　ところで，幼児が「自分の名前を理解し使

い始める」のはいつ頃だろうか。「自分の名前を呼ばれて返事をする」「自分の写真を見て自分だとわかる」のは2歳頃，「自分の名前を言う」「自分の持ち物がわかる」のは3歳頃，など幼児が自分という存在を認識していくさまざまな様子は発達の過程として，発達指標としてスクリーニングテストにも用いられている。徐々に，かつ確実に自分に対する認識が深まっていくことがわかる。

### 自分のことを語る

　成長とともに，生活の中でさまざまなことを経験し，その中で自分がどんな人かに直面することで，自分に関する知識をもつようになるが，その経験や知識を概念的自己という。幼児に自分のことについてインタビューしてみると，その語りからその発達過程が見えてくる（本章扉エピソードを参照）。

　幼児に対して，幼児自身のことについて尋ねた研究はいろいろ行われている。親子の日常会話の中から自分自身のことを語る会話に着目した研究のほか，

写真8-6　「ほらこんなことできるの」

いくつかの質問の投げかけに対して子どもが回答することばの内容から，理解の仕方の特徴などを知る研究もある。自分を紹介する際に，どんな表現のしかたをするかは年齢によって特徴の違いを見ることができる。幼児は「スイミング習っているよ」「走るの速いんだ」「ピアノひけるよ」など，「〜できる」というできる自分を表現する（写真8-6）。ほかにも年齢が上がるとともに背が高い，足が大きいという身体的特徴や「〜もっているよ」と自分のお気に入りの所有物を示すなど，全体としてやや誇張した表現で自分の特徴，存在を捉え，「自分はこういうものだ」と自分で思う自己概念を形成していく。

## 3節　学童期・青年期の自己

### 学校生活の中での自己

　学童期初めごろまでは，子どもは自分を行動の中心として考えるが，10歳ご

表 8-1　エリクソンの発達段階と各発達課題 （外山・外山, 2010 をもとに作成）

| | 1 | 2 | 3 | 4 | 5 | 6 | 7 | 8 |
|---|---|---|---|---|---|---|---|---|
| 成熟期 | | | | | | | | 自我の統合<br>対<br>絶望 |
| 成人期 | | | | | | | 世代性<br>対<br>停滞 | |
| 若い<br>成人期 | | | | | | 親密性<br>対<br>孤独 | | |
| 青年期 | 時間の展望<br>対<br>時間拡散 | 自己確信<br>対<br>自意識過剰 | 役割実験<br>対<br>役割 | 達成の期待<br>対<br>労働麻痺 | アイデン<br>ティティ<br>対<br>役割混乱 | 性的同一性<br>対<br>両性的拡散 | 指導性と服<br>従性<br>対<br>権威の拡散 | イデオロ<br>ギーへの<br>対<br>理想の拡散 |
| 潜伏期 | | | | 勤勉<br>対<br>劣等感 | | | | |
| 運動性<br>器期 | | | 自発性<br>対<br>罪悪感 | | | | | |
| 筋肉<br>肛門期 | | 自律<br>対<br>恥と疑惑 | | | | | | |
| 口腔<br>感覚期 | 基本的信頼<br>対<br>不信 | | | | | | | |

ろには，他者からはどのように見えるか，見られ方を意識するようになる。エリクソン（Erikson, E. H.）が自我（アイデンティティ）とは自分は何者なのかという主体の意識であるとし，青年期の心理社会的発達の課題とした（表8-1）。自我は，自分が不変なものであり，かつ連続性をもつ者であることを基礎にした感覚であるとする。

　学童期，青年期はいずれも学校生活が生活の重要部分を占め，そこでの友人関係の影響を大きく受ける。他者から自分がどう見えるか，学校でのさまざまな場面や状況において他者のまなざしも意識し，自分の中の矛盾についても考えるようになる。

## 社会化と自己

　子どもが社会化を遂げるために学校は大きな役割を果たすことが求められている。

　社会化とは社会の一員として成長していく際に，社会集団における価値規範や知識，生活様式等を身につけていくことをいう。以前は家族の中で，また地域で果たされてきた社会化の過程が最近では弱体化している一方で，学校で友

人と関わることが社会化に大きな影響を与えるといわれる。幼児期から児童期前期ごろを第一次社会化といい，児童期後期ごろから成熟期を第二次社会化の時期という。児童期後期，いわゆる小学校高学年ごろになると，家族よりも友人関係による影響を受けるようになり，それを通して社会化を果たすようになっていく。学校内外での友人，メディア，学校などが家族の社会化に影響を与えているということになる。

## 青年期特有の自己

　私たちが他者と場を共有する際，他者は自分にとって比較の対象であり，時に憧れの相手であり，時に競争相手でもあり，つねに意識する対象である。

　一緒にいる相手との関係によって変化する自己を関係的自己という。特定の状況や関係性に結びついて把握されるので，人間関係に応じて変化する。相手によって変化させることで不安定な状態と捉えられたり，適応的と捉えられたりする。他者と比較して自分の特徴を捉え，また他者の能力を意識し，自分の能力を認知しながら成長し，青年期は自己概念も複雑に分化してくる。自分が抱く理想と現実のずれに悩み，自己評価が過度に低くなりがちである。

◀　読書案内　▶

● 独立行政法人 産業技術研究所デジタルヒューマン工学研究センター（企画・監修）『子どものからだ図鑑——キッズデザイン実践のためのデータブック』ワークスコーポレーション　2013
キッズデザインということばから，子ども用品のデザインのことと思われるかもしれない。が，子どもと接触する可能性のあるものすべてに関係する概念である。子どもが成長とともにどのような動きをし，どのようなケガ，事故が起こりうるのか，子どもの全身寸法集や子どもの手足の寸法が示され，まさに子どもの身体特性，行動特性をデータからも理解し環境の開発，改善につなげることを目指したデータブックである。

● 岸井勇雄・無藤隆・湯川秀樹（監修）『発達の理解と保育の課題 第3版』同文書院　2023
昨今の保育実践の動向や現代的課題についても触れながら，発達と保育のつながりについて学ぶことができ，保育者，教員養成の参考書として役に立つ良書である。

## COLUMN **8**　ダイバーシティとインクルージョン

　近年，「ダイバーシティ」や「インクルージョン」ということばをよく聞くようになった。たとえば，職場という環境の中には，男性，女性，若者，高齢者，LGBTQ+，外国人，障害者など，多様な人びとが存在している。このように，ある集団の中に多様な人びとが存在している状態のことを「ダイバーシティ」とよぶ。一方，このような多様な人びとが，集団の中から排除されることなく包摂されている状態を指すことばが「インクルージョン」である。「ダイバーシティ」な状態は，ある集団の中に多様な人びとを受け入れることで達成することができるが，それだけでは「インクルージョン」を達成したことにはならない。多様な人びとを差別や偏見なく，集団の一員として本当に受け入れられている状態が「インクルージョン」なのである。日本経済団体連合会（2017）は，ダイバーシティとインクルージョンこそが現代の企業における組織活性化，イノベーションの促進，競争力の向上に向けて必要であることを指摘し，それぞれの職場では，あらゆる人材を組織に迎え入れる「ダイバーシティ」を実現したうえで，あらゆる人材がその能力を最大限発揮でき，やりがいを感じられるようにする「インクルージョン」を達成することが重要であると述べている。

　実際に，インクルージョンなきダイバーシティは集団や個人に何ら有益な効果をもたらさないことがいくつかの研究によって示されている。たとえば，ニシイ（Nishii, 2013）は，職場におけるダイバーシティ（性別の多様性）の高さは，インクルージョンの風土が高いときにのみ，人間関係上の葛藤を低減させる効果をもつことを明らかにしている。また，アクゥアヴィタら（Acquavita et al., 2009）は，自分が白人かどうかや職場内にどれだけ多様な人びとがいるかは職務満足感とは関連しないものの，職場にインクルージョンがあると感じているほど，職務満足感は高くなることを明らかにした。これらのことから，ダイバーシティな状態が達成できたとしても，マジョリティの人びとがマイノリティの人びとを排除したり，無理にマジョリティに適合させようとしたりしてしまうと，ダイバーシティの好ましい効果は認められなくなる可能性がある。場合によっては，差別や偏見などが蔓延してしまうことにより，集団や個人の機能が大幅に低下してしまう危険性もある。インクルージョンを達成するには，集団の成員一人ひとりが他者の個性を尊重し，誰もが自分らしく存在することができるように配慮しあうことが重要なのである。

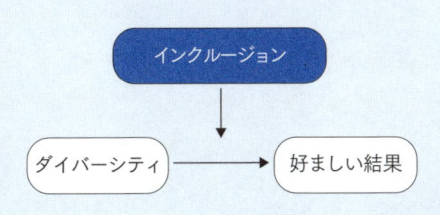

図　ダイバーシティとインクルージョンの関係

# 第9章　発達の障害

エピソード

　タロウは小学1年生のとき，授業中に歩き回ったり，ふざけすぎて友だちにケガをさせたりした。忘れ物も多かった。スクールカウンセラーの提案を受けて受診した児童精神科で ADHD と診断され，投薬を受けて落ち着いた。小学3年生になると細かいことに妙にこだわり，暗黙のルールを理解できないためからかわれるようになった。児童精神科医に「自閉症スペクトラム障害の特徴がはっきりしてきた」と言われグループ療育をすすめられた。行動が落ち着き，対人関係も改善したため母親は安心していたが，ある日，タロウが複雑な漢字をうまく書けないことに気づいた。児童精神科医に相談したところ「学習障害の傾向も少しある」と言われ，母親はタロウの診断についてすっかり混乱してしまった。

解説

　周囲が子どもの発達の偏りや遅れに気づくのは，本人に何らかの不適応が生じた場合が多い。そうした偏りや遅れがもともと複数あっても，その時々に生じる問題によって，見えてくる発達特性が違ってくる。タロウは落ち着きのなさや，やりたいことをすぐやる傾向から ADHD と診断された。行動に表れる特性は早く気づかれやすいが，それ以外の特性は後になって発見されることもある。年齢が上がり子ども同士の関係が複雑化すると，自閉症スペクトラム障害の特性があると友人関係にスムーズに入っていく際に不利となる。こうした行動上の問題や対人関係の問題が一段落すると，親は初めて学習上の困難に気づき驚くことがある。

近年，「発達障害」は誰もが口にする日常語となり，マスメディアでは特集が頻繁に組まれ，インターネット上で取り上げられるのはごく当たり前のことになっている。だがこのことばは医師による正式な診断名として用いられる病名・障害名ではなく，研究に用いられる専門用語・学術用語でもない。よく言えば幅広い対象を含む包括的なことばだが，漠然としていて何を指しているのかわかりにくい曖昧なことばでもある。

歴史的に見ると1980年代から，知的な障害をともなわないか，あっても軽微でありながら，認知・学習・情緒・行動等の領域で困難をかかえる子どもたちに注目が集まり始めた。以後，「学習障害」「多動児」「高機能自閉症」「アスペルガー症候群」「軽度発達障害」などのことばに次々にスポットライトが当たった。診断基準・評価基準が徐々に整備され，子どもだけではなくおとなにもあることがしだいに知られるようになった。彼らをサポートするためにさまざまな法律が整備され（表9-1），支援のための組織や機関が形づくられていった。

こうして発達障害児・者を支援するシステムが整備されるにつれ，児童精神科や発達障害を専門とする成人精神科の外来受診を希望する人は急増している。だが，対応できる医療機関の数に限りがあるため，受診できるまで長期間待機しなければならないという状況が続いている。

**表9-1　発達障害に関わる法律の制定と改正**

| | |
|---|---|
| 発達障害者支援法（2005） | 発達障害者理解の促進，援助の促進，支援機関の整備を求めた。 |
| 学校教育法改正（2007） | 特別支援教育を学校教育法に位置付けた。 |
| 障害者基本法改正 (2011) | 発達障害者も「障害者」として認知された。 |
| 障害者差別解消法（2016） | 障害者への不当な差別的取り扱いを禁止し，合理的配慮の提供を行政や事業所に対して求めた。 |
| 障害者雇用促進法改正 (2016) | 発達障害者も雇用促進の対象となった。 |

## 1節　発達障害とは何か

### 神経発達の障害

国際的に広く用いられている診断基準であるDSM-5（American Psychiatric Association, 2013/2014）では，発達の偏りや遅れを生じる障害をまとめて「神

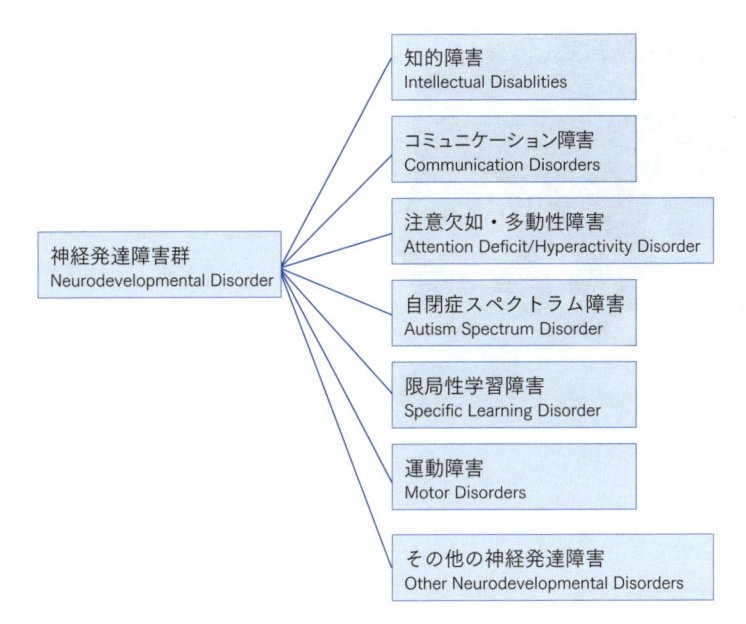

図9-1　神経発達障害群（APA, 2013/2014）

経発達障害群」（図9-1）とよび，その症状が脳神経系の発達における障害に起因していることを明確に打ち出している。わが国の法体系においても「脳機能の障害であってその症状は通常低年齢において発現するものとして政令で定めるもの」（発達障害者支援法）と定義しており，同様の立場をとっている。発達障害の概念を狭くとる立場もあれば広くとる立場もあるが，生物学的な基盤を有するという点については大方の同意が得られている。

　神経発達の障害によって生じる症状は，手指の巧緻性などの微細運動の領域，衝動統制などの行動制御の領域，相手への気遣いや暗黙のルールの理解などの対人関係の領域と，多岐にわたることが特徴である。その表れ方が定型発達児と比較すると過少である場合もあれば，逆に過剰である場合もある。また，一人の中に複数の症状が併存することもある。なかには時間の経過に従って症状が軽快・消退する場合もある。

## 発達特性と診断

　神経系の障害によって生じうる症状をここでは「発達特性」とまとめてよぶ

**図9-2　診断は星座を探すことに似ています**

こととする。たとえば目の前に8歳の男児がいるとする。著しい発達の偏りと遅れがあり，目と手の協応が困難で字がうまく書けない，眼球をスムーズに動かすことができず本の同じ行を何度も読んでしまう，後先考えずに行動するためケガが多い，相手の気持ちや考えを想像して自分の行動を決めるのが難しい，などの問題があるとする。これらはすべて発達特性である。

　だが，より詳細に本人を見ていけば，さまざまな強弱の発達特性をもっとたくさん見出すことができるだろう。子どもの評価を行う場合，当面問題となっている事柄に関係するものだけでなく，隠された発達特性をできるだけ多く拾っていく作業が求められる。神経系の障害の結果として起こっているかもしれない症状を探すために，大きく視野を広げていくイメージである。

　一方，診断という行為はそれとは逆の方向を目指している。さまざまある中から特定の発達特性に焦点を絞って探していく。それは満天の星空から星座を見つける作業に似ている。ある子どもの発達特性すべてを天空に広がる星々と考えると，診断とはその中から特性Aと特性Bと特性Cを見つけ，3つの星を線で結んで「○○座だ」と言っていることに等しい（図9-2）。別の角度から見ると，特性Aと特性Bと特性Cにのみ注目しているにすぎない（ここでは障害の診断に必要な発達特性を「障害特性」とよぶこととする）。

　したがって特定の障害であると診断が下されたとしても，そのことが本人についてすべてを語っていることにはならない。本人の中にはほかにもさまざまな発達特性があるかもしれない。逆に診断がつかなかったとしても特性Aがなかったということにはならない。特性Aと特性Bはあっても特性Cが見つからなかったので星座を構成できなかった，つまり診断できなかったということかもしれない。そもそもほかに「××座」がまだ見つからずにあるのかもしれない。

　もちろん厳密に診断することには意味がある。薬物療法を実施する場合，特定の薬剤は決まった障害以外には使えないため厳密な診断は必須であるし，発達の偏りや遅れのある子どもを対象にした臨床研究の場合も対象集団を診断によってきちんと定義する必要がある。

　障害を診断する医学的な基準としては，先述したアメリカ精神医学会が作成したDSM-5や世界保健機構によるICD-11が用いられることが多い。また特定の障害特性を評価するための基準や個々の発達特性を評価するための基準が数多く開発されている。

## スペクトラムとグレーゾーン

　特定の発達障害が「ある／ない」と二分法で考えるのではなく，それぞれの発達特性は人によってさまざまな強さで分布している，スペクトラム（連続体）をなしているという考え方がある。つまり，色にたとえると発達特性がレッドやダークピンクくらい濃い人もいれば，ライトピンク程度の人もいる。なかにはほぼホワイトに近いが薄くピンクがかっている人もいる，というイメージである（図9-3）。医学的に厳密に診断しようとするとそこからこぼれ落ちてしまうが，明らかに発達特性のために苦労している人を評価するには有用な概念であろう。

　昨今，発達の偏りや遅れがあるが医学的な診断基準を満たさないケースについて「グレーゾーン」ということばを使う人がいるが，上記の事態を反映しているのだろう。もともと教育・福祉領域では医療に比べて「発達障害」をより広くとる傾向があるが，グレーゾーンは上記のスペクトラム概念とも近縁の考

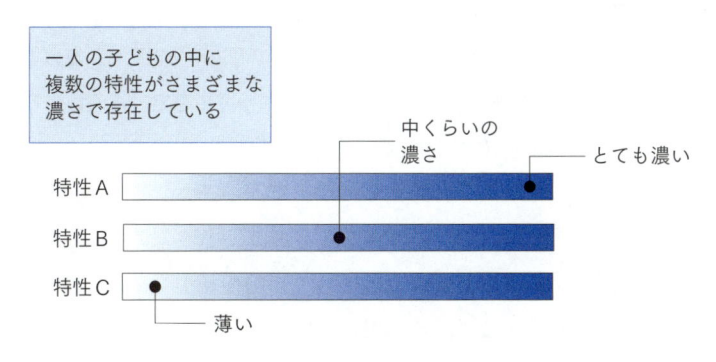

**図9-3　スペクトラムとしての発達特性**

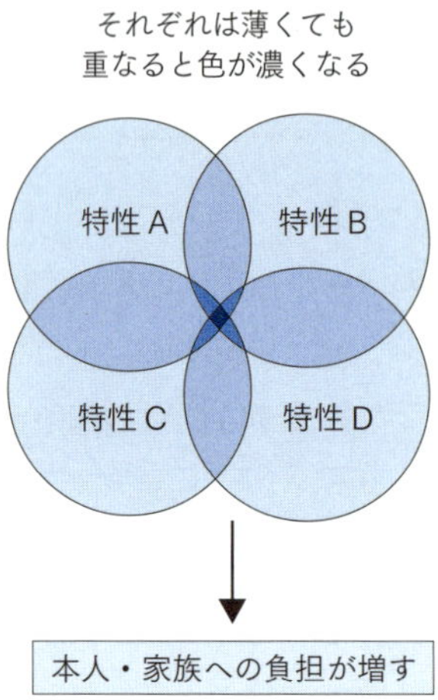

それぞれは薄くても
重なると色が濃くなる

特性A　特性B

特性C　特性D

↓

本人・家族への負担が増す

**図9-4　発達特性の重複（イメージ）**

え方と思われる（鈴村, 2020）。ただし厳密な定義はないため，ちょっと気になる子どもを安易に「グレーゾーン」とよぶことで，いたずらに親の不安を惹起するなど弊害も認められる。

　臨床場面では，複数の障害特性がありながら，どれもが診断基準を満たすほど重篤ではないため医学的な診断にはいたらないというケースに遭遇することがある。ここで少し，あそこで少しという具合で，個々では大したことがないように見えて，それが一つにまとまると本人と家族に多大な苦労を強いることもある。薄く彩色したガラス1枚なら十分透明で向こう側が見えたとしても，それが何枚も重なると色が濃くな

り見えなくなってしまう，というイメージである（図9-4）。

　個々の障害や発達特性を探すという視点ではなく，「生きづらさ」を抱えた個人を援助するという視点から開発された尺度として「発達障害の特性別評価表（MSPA）」がある（船曳, 2018）。これは不適応を惹起しやすい発達領域を取り出し，評価の対象となる個人がそれぞれの領域でどの程度援助が必要かをチャートとして視覚化することにより，具体的な援助につながる包括的な評価を可能にしたものである。

## 発達の偏りと遅れ，本人の自覚

　発達特性は，発達の偏り（通常どの年齢層であっても定型発達児には認められない認知・情緒・行動上の特徴）と発達の遅れ（成長が不十分で特定の領域に関して数歳下の水準にしか達していない）に分けて考えることができる。

　前者は「どうしてそんなふうに考えるのか／感じるのか／ふるまうのかわからない」と理解が得られにくい。このため不思議がられて敬遠されたり，いじめられたりする恐れがある。後者は周囲から「自分も小さいころはそんな感じだった」と了解してもらえるが，それだけに「なんで子どもみたいにふるまうのか」「親が甘やかすからこの子は成長しない」と誤解されやすい。

　またこうした発達特性については本人になかなか自覚が生まれない。そもそも発達に偏りや遅れがない場合でも「自分はこういう性格」「自分はこんなときこんなふうにふるまう」という自覚は中学生年齢になって漸く身につき始めるが，発達障害児の場合それがもっと遅れがちで，不適応が生じた際に原因を自分以外に求めるため，周囲に対して他罰的・被害的になることがある。

## 2節　代表的な発達障害

　本節では神経発達障害群（DSM-5）のうち，代表的な障害である，自閉症スペクトラム障害，注意欠如多動性障害と限局性学習障害を取り上げて解説する（知的障害は知能の障害，コミュニケーション障害の一部と運動障害は随意・不随意運動の障害であり上記の3障害に併存することがある）。

### 自閉症スペクトラム障害（Autism Spectrum Disorder）

　自閉症スペクトラム障害（以下，ASD）は，従来自閉症，広汎性発達障害，アスペルガー障害（症候群）などとよばれてきたさまざまな障害を含む包括的な診断名と考えてよい。「社会性コミュニケーション，対人的な相互反応における持続的な困難」と「限定された，反復的な行動様式」を主徴とするが，どちらもやや了解しにくい特性である。DSM-5に準拠してASDの特徴を表9-2

**表 9-2　ASD の主徴**

| 症状 | 内容 |
| --- | --- |
| 社会性コミュニケーション，対人的な相互反応における持続的な困難 | ①人とほどよい距離を保って相互的に関わり，相手と感情や興味を共有することが難しい。<br>②ことばを用いないコミュニケーション（身振りや表情）の使用や読み取りが難しい。<br>③人に興味をもち関係を維持・発展させることが難しい。 |
| 限定された，反復的な行動様式 | ①いつも同じやり方で，くり返し体を動かしたり，物を扱ったり，話したりする。<br>②変化を嫌い，いつも変わらないことに対して固執し，儀式的にふるまうことがある。<br>③合理的な理由がないにもかかわらず，特定の対象に強く執着する。<br>④感覚刺激に対して極端に敏感あるいは鈍感である。 |

に提示した。

　上記症状の背後には，①心の理論メカニズムの障害（他者の視点に立って物事を見るのが難しいこと，社会性・社会的コミュニケーションの障害と関連：第7章参照），②メンタライゼーション機能の問題（他者の心のありようを想像するのが難しいこと，社会性・社会的コミュニケーションの障害と関連：第7章参照）③中枢性統合の弱さ（部分を全体との関連の中で理解する力が乏しいこと，イマジネーションの障害と関連）などが影響すると考えられている。障害特性の評価尺度として，ADI-R日本語版，ADOS-2日本語版，CARS 2日本語版，親面接式自閉スペクトラム症評定尺度テキスト改定版（PARS-TR），SCQ日本語版などがある。

## 注意欠如・多動性障害（Attention Deficit/Hyperactivity Disorder）

　注意欠如・多動性障害（以下，ADHD）は不注意・多動・衝動性を主徴とする障害で男子に多く，有病率は5%前後と考えられている。多動と衝動性は併存することが多く，DSM-5では混合型，不注意優勢型，多動・衝動性優勢型の3型に分類している。不注意優勢型のADHDは女性に多いと考えられている。

　不注意・多動・衝動性はASDと異なり，どれも比較的了解しやすい特性である。DSM-5に準拠してADHDの特徴を表9-3に提示した。

表9-3　ADHDの主徴

| 症状 | 内容 |
| --- | --- |
| 不注意 | 日常語の「不注意」よりも広い概念で，①ある対象に一定時間注意を向け続けることが難しい，②ある対象の細部にいたるまで注意を払うことが難しい，③何かに集中していると別の対象に注意を向け変えるのが難しい，④一度に複数の対象に注意を振り分けるのが難しい，⑤将来の目的に向けて今後予定される複数の課題に注意を払って目標を達成するのが難しい，といった傾向として表れる。 |
| 多動 | 身体の一部あるいは全体を無目的に動かし続ける傾向を指す。特に理由なく教室や家の中を歩き回る，授業中椅子をいつもがたがたさせている，座ってはいても手先で何かしていないと気がすまない，といった行動に表れる。特に手持無沙汰でやることがないときに顕著になりやすい。「体の中にモーターかエンジンが入っているような」と表現されることがある。 |
| 衝動性 | 自分がやりたいことを今すぐこの場でやろうとする傾向を指す。衝動性が高いと後先考えずに「やりたい」という理由のみで危険なことや相手が嫌がることをやってしまう。将来の目的のために現在の欲求を我慢すること，欲求を満たすのを先延ばしにすることが苦手である。逆に自分のやりたくないことは後回しにしがちで，できればやらずにすませようとする。 |

　上記の3主徴には，①実行機能障害（不注意に関連：第7章参照），②ワーキングメモリの障害（不注意に関連：第2章参照），③報酬系の障害（報酬の遅延に耐える力が弱い傾向，衝動性に関連）などが影響すると考えられている。障害特性の評価尺度として，ADHD RS-IV，Conners3 日本語版などがある。

### 限局性学習障害（Specific Learning Disorder）

　知的障害をともなわないが学習の諸領域において困難が見出される障害である。苦手な領域ごとに①書字障害，②読字障害，③算数障害などと分類される。了解しにくい特性であるため周囲からは「やる気がないからだ」「知能の問題だ」と誤解を受けやすい。「学習障害」の概念はわが国ではまず教育界から広まっており，教育関係者は医師よりも広くこの概念を捉えている。ディスレクシア（第4章参照），発達性読み書き障害ということばもよく使われる。子どもの具体的な学習上の困難，たとえば「黒板の字をうまく写せない」という問題一つとっても，その背後には知能，視力，眼球運動，視覚的記憶，多動・衝動性，不注意，感覚統合，手指の巧緻性，目と手の協応などさまざまな要因が関わっている可能性がある。したがって学習上の困難に関して子どもを援助するためにはより広く定義するほうが現実に即している。

## 3節　発達障害児と家族の援助

### 療育・トレーニング

　発達障害児がより適切な行動を学習するためには療育が効果的である。対人関係を学ぶソーシャルスキル・トレーニング（SST），怒りのコントロールを学ぶアンガーマネジメント・プログラム，などがある。通常は集団で実施し，複数のファシリテーターが5〜10人前後の発達障害児を対象にグループワークを行う。このほか，感覚や運動の問題に対する感覚統合療法や自閉症スペクトラム障害に特化した TEACCH（Treatment and education of autistic and related communication-handicapped children；ショプラー〔Schopler, E.〕の提唱した自閉症スペクトラム障害児と家族を対象とする包括的援助プログラム）の考え方を取り入れ

た療育も実施されている。発達障害児を養育する親へのアプローチとしてペアレント・トレーニングも有効である（本章コラム参照）。

## 薬物療法

　現在，ADHD 治療のための 4 種類，ASD 治療のための 2 種類の薬物が認可されている（表9-4）。ADHD 治療薬のうち，メチルフェニデート塩酸塩とリスデキサンフェタミンメシル酸塩を処方する場合，服用する患者，処方する医師，調剤する薬剤師，保管する薬局についてすべてデータベースへの登録が求められ，処方日数も上限が定められている。

　ADHD 治療薬，ASD 治療薬を問わず，効果があるのは服用した患者の 6 〜7 割であり，薬効の程度についても個人差が大きい。どの薬もそれぞれ特有の副作用が生じる可能性があり，メリットとデメリットをはかりにかけて使うかどうか決める必要がある。通常，子どもの成長にともない症状が軽快するため，処方量を少しずつ減らし，長くても数年で薬物治療を中止することが多い。

　発達障害児の年齢が上がると自らの不適応に気づき，結果としてうつや不安が二次的に生じることがあり，そのために抗うつ薬や抗不安薬を用いることがある。発達障害児・者の情緒的および行動の問題に対して一部の漢方薬に効果が認められることがある。ADHD の治療にあたっては，SST と薬物療法の併用が効果的であると考えられている。

**表 9-4　発達障害に投与可能な薬剤一覧**

| 症状 | 内容 | 商品名 | 標的症状 |
|---|---|---|---|
| ADHD | メチルフェニデート塩酸塩[*] | コンサータ | 多動・衝動性・不注意 |
| | アトモキセチン塩酸塩 | ストラテラ等[**] | |
| | グアンファシン塩酸塩 | インチュニブ | |
| | リスデキサンフェタミンメシル酸塩[*] | ビバンセ | |
| ASD | リスペリドン | リスパダール等[**] | 易刺激性 |
| | アリピプラゾール | エビリファイ等[**] | |

[*]　依存性のリスクあり・流通規制あり
[**]　先発品のみ記載

## 家族が経験する心理的ストレス

　発達障害児を養育する親は，定型発達児を養育する親より大きな心理的困難を経験することはよく知られている。認知・情緒・行動・学習面でさまざまな偏りをもつ発達障害児は，家庭生活・学校生活で不適応を起こしやすく，そのため親による助言・指導，情緒的サポートが必須である。

　特に問題行動が頻繁に認められる場合，親は発達障害児の言い分を代弁したり，子どもの障害特性について学校側に説明したりと苦労が絶えない。わが国では母親が主たる養育者である家庭が多いと思われるが，パートナー側に障害への理解や支持が乏しいことも多く，そのストレスを倍加させている。

　また発達障害児のきょうだいもさまざまな苦労を経験している。親代わりの役割を求められたり，親に過剰に期待されたりすることで心理的困難が増すことがある。また，発達障害児の問題行動が激しい場合，きょうだいが不適切な言動や行動の対象となることがある（鈴村・安藤，2014）。親が発達障害児に時間と手間をとられてきょうだいが寂しい思いをすることもある。

　医療，教育や福祉の援助対象はまずは発達障害児になってしまうため，親が子どもについてではなく自分自身の子育てについて相談したり，きょうだいがストレスを発散したりすることができる場が求められている。

## 4節　おわりに

　発達障害と一口に言っても，内容的にはかなり不均一な集団であり，一本の筋で統一的に理解することは難しい。また障害の背後にある生物学的なメカニズムについてもまだまだわからないことが多い。発達障害の診断自体に振り回されることなく，子ども一人ひとりの発達特性をきめ細かく把握し評価したうえで，サポートする方法を考えていくことが求められている。その際，発達障害児本人のみならず，きょうだいを含む家族全体の精神的な健康に留意する必要があろう。

- **本田秀夫（著）『発達障害——生きづらさを抱える少数派の「種族」たち』SB 新書 2018 年**
児童精神科医である著者が，発達障害児・者の行動パターンと背後にある発達特性について，特に発達特性の重複に焦点を当てて解説している。平易なことばで書かれているため読みやすい。発達障害の全体像をつかむためによい本。

- **岡田俊（著）『発達障害のある子と家族のためのサポート BOOK』ナツメ社　2012 年**
幼児編と小学生編がある。児童精神科医である著者が，発達障害児を養育する親に対して発達障害の基礎知識を提供し，子育てする際のコツについて具体的に解説している。家族自身のケアについても 1 章が割かれている。発達障害児とその家族の援助を志す人におすすめしたい。

- **青木省三（著）『ぼくらの中の発達障害』ちくまプリマー新書　2012 年**
成人精神科医である著者が，主に広汎性発達障害（自閉症スペクトラム障害とほぼ同義）について，自らの臨床経験から具体例をあげながら説明している。当事者や周囲の人たちへのアドバイスも豊富。

# COLUMN **9**　発達障害児の家族支援

　発達障害をもつ子どもの家族への支援は，その特性や偏りについて理解してもらうこと，そのうえで家族自身が子どもに合わせて具体的に対応していけることが最大の目標である。

　家族は，特性や発達の偏りの理解の過程で，それらを理解して認めたい気持ちと認めたくない気持ちの中で揺れ動くことがある。そして，母親に比べて父親のほうが，子どもの発達の偏りについて受け入れるのに時間がかかるということもいわれている。母親は一緒に過ごす時間が長く，集団生活の様子を見聞きする機会も多いため子どもに違和感をもつ時期が早いようである。親自身に「子どもなんてみんなこんなもの」「自分の子どものころも似たようなものだった」という思いがあると，受け入れることにさらに時間が必要になることがある。しかし，家族と支援者が話す中で，家や学校での困りごとについての対応の糸口が見つかったり，少しの成長を認め喜べるようになることで，だんだん子どもの特性や偏りに向きあっていくことができるようになる。

　筆者が勤務する病院が取り入れている家族支援の一つとして，「ペアレント・トレーニング」がある。ペアレント・トレーニングとは，家族や養育者，最近では保育園や幼稚園の先生や学校の先生たちを対象に，行動理論の技法の学習，ロールプレイ，ホームワークといったプログラムを通して，保護者や養育者への具体的な助言・指導と心理的なストレスの改善，子どもの発達促進や不適切な行動の改善をめざす支援である。6〜7名のグループで全10回を基本のセッションとして，各回に「子どもの行動を3種類に分ける」「肯定的注目（ほめる）を与える」「効果的な指示の出し方」などテーマが設定されていて順番に進めていくことが基本になる。あわただしく毎日を過ごす親にとっては，子どもの「行動」に焦点を当てて観察し記録をすることが，ふだんは見過ごしてしまう子どもの行動を客観的に眺めここまで頑張って育てた成長を振り返るよい機会になる。父親に対しては「社内での人間関係や営業でも使えるテクニックですよ」などと伝えると，積極的に参加してくれることもある。トレーニングの中で，スタッフや参加者から認められたりねぎらわれたりする経験を通して「これを子どもにすればいいのか」と感じてもらうこともねらいの一つである。

　受講者の終了時の感想で「子育ての芯というか基準のようなものができた気がする」「迷ったらいつでもここに戻ってくればいいと思えた」と語られた方がいた。参加家族にだんだんと笑顔が多くなり「困ったことはまだまだあるけれど」と言いつつも，生き生きとお子さんのことを語るようになる様子を目の当たりにすると，支援者としても，一緒に時間を過ごしサポートできたことを嬉しく思う。家族にとってこのトレーニングに参加する過程が，子どもについての理解を深め自信をもって対応できるようになるための一助となっている。

# 第10章 家族の発達

**エピソード●**

　小学校1年生のユウタは，自営業のお父さんとお母さん，5歳の妹カナコの4人家族。夕飯時にはお父さんも店から戻り，お母さんの作ったおいしい料理をそろって食べます。週末は家族でお出かけ。ユウタは家族のことが大好きです。——さて特別に，この家族を時間の流れを速めて追いかけてみましょう。5年後。ユウタは11歳です。夕飯はおいしく，週末のお出かけも楽しそう。変わりなく大好きな家族です。10年後。高校生になったユウタ。部活で遅れがちですが，夕飯をそろって食べる日課は欠かせません。15年後。ユウタ21歳。家族そろって夕飯を毎日食べる習慣は健在です。変わらず仲のよい家族のように見えますが……大学生になったユウタの生活に不自由はないのでしょうか？

**解説●**

　ある個人が誕生してから死ぬまでの間，成長・発達し続ける存在であることはこれまでの章でも紹介されてきたことでしょう。その中で，変わらずあり続けるものもあれば，個人の成長発達とともに変わっていく必要のあるものもあります。家族みんなでそろって夕飯を食べることは，ある時期までは家族の好ましいあり方を示すかもしれません。しかし成人になった子どもをもつ家族では，状況に応じた柔軟な変化が必要でしょう。「家族」は一つの生命体というわけでもなく，はっきりと目に見えるものでもありません。しかし家族はまるで一人の人間のように，成長し，時宜を得た変化をしていく存在なのです。本章では，個人と家族が相互作用しながら発達していく様子を追いつつ，多様な家族のあり方に関する知見を概観します。

# 1節 「家族」とは何か

　本書ではこれまで，脳神経，言語，知的機能，社会性，感情，パーソナリティ，自己意識など，個人内の発達についてさまざまな側面から見てきた。個人内の発達であっても，他者や環境，社会など，外部との相互作用のうえで成り立つことがあわせて指摘されていた。人は他者との交流の中で育っていく。なかでも，家族は，多くの人の育ちにとって，最も身近な存在であろう。たとえばボウルビィ（Bowlby, J.）のアタッチメント理論（第7章参照）やエリクソン（Erikson, E. H.）の心理社会的発達段階論などが説明する通り，個人の育ちにとって，養育者や家族のあり方やその関わりは，さまざまな影響を与える。養育者あるいは家族は，その時期の育ちに必要なものを提供したり，あえて控えて子ども自身の取り組みを見守ったりする。乳児期には着替えも食事もすべて養育者の世話によって成り立っていたが，しだいに自分でできるようにと，親が手を添えて世話する場面は減っていく。また，子どものほうも，必要なものがもらえるように周囲に働きかけたり，不要なものは拒否したりする。痛いときには声をあげて泣くし，自分で決めたいときには養育者の手助けを拒む。そのような相互作用の中で人は育っていくのである。

　個人の育ちと親や家族が相互作用をなすならば，当然，個人の育ちとともに養育者や家族も育っていく。家族も育つのである。しかも，単に家族メンバー一人ひとりの発達の足し算ではなく，家族自身があたかも一つのまとまりをもった存在であるかのように育っていく。一つ例をあげてみよう。夫婦がそろって20歳はじめに結婚して，すぐに子どもを授かった家族と，夫婦が40歳代で結婚して，やがて子どもが生まれた家族があるとしよう。家族成員一人ひとりをみれば，それぞれの年齢には差があり，心理社会的発達段階や出会う発達課題には差があるだろう。しかし，家族全体としてみれば，どちらも「子育て期の家族」として，特有の発達課題に直面することになる。まとまりとしての家族が出会う特有の発達段階があり，課題があるのだ。もちろん，後述する通り，個人と家族の発達は緊密に相互作用をなすのだが，本章では，「家族」という一つのまとまりをもったシステムの発達について考えてみよう。

## 家族をシステムとして捉える

　では，「家族」を一つのまとまりとして捉える，とはどんなことだろうか。ここで一度，「自分の家族」について考えてみてほしい。自分にとって，「家族」と「家族でない人」というのは，かなりはっきりとした差や境があるだろう。ある人にとっては両親ときょうだいが家族だと言うだろうし，ある人は同居の祖父母やおじおばも含めて家族と見なすだろう。また別の人はペットも家族の範疇に入れるかもしれない。「私の家族」を構成する要素は，人によって差はあるものの，家族と家族でないものの間には，明らかな差があるものである。そして，単に家族メンバー一人ひとりを足しただけの存在ではなく，「家族」全体があたかも一つのまとまりとして生きているような印象があるのではないだろうか。

　このように，いくつかのもの（要素）が集まって，一つのまとまりをなしているものの全体をシステムとよぶ。システムと聞けば，コンピューターシステムや冷暖房システムなど，機械の集まりを想像する人もいるかもしれない。あるいは選抜システムや制御システムのように，何かの手順に関連するのかと思いついたり，情報システムや天気予報システムといったように，複雑な事柄をまとめて処理する体系を想像したりする人もいるだろう。けれども本来，システムは「あるまとまりをもった全体のことを指す」という単純な定義をもつ。要素同士が相互作用を起こしながら，意味のある全体を構成するものならば，すべてシステムなのである。だから，「ぜんまい仕掛けの単純なおもちゃから国家・宇宙といった複雑で広大なものまで，無生物・生物・精神過程・社会過程の無数をシステムととらえることができる」（中釜，2019b）のである。

　このシステムという考え方は，もともと理論生物学者のベルタランフィ（von Bertalanffy, 1968/1973）が「一般システム理論」として発表した考え方に端を発する。それまでの科学が目指していた，要素に還元し，物事の原因を究明することを重視する立場を超え，システム論は，物事の全体を捉えることによって，各学問分野に統一的な理解が可能としたのである。

　この一般システム理論を家族理解に応用したのが家族システム論である。家族もシステムであり，家族メンバー一人ひとりの集まりを超えた，全体としてのあり方をもっている。システムには，機械などの無生物体システムと，時間

の経過に応じて生死や発達が生じる生物体システムがあるとされるが，家族は生物体システムの一種であり，学校，コミュニティ，会社なども同様である。家族も個人と同様，ある時点で生まれ，時間の経過とともに発達し，まるで生命体のように「死にいたる」存在なのである。

このシステムという考え方には複数の特徴があるとされている。ここでは，家族理解に役立つものとして，円環的因果律と境界という概念を紹介しよう。

**a　円環的因果律**　人間は，「何か」が起きたときにその理由を考えるものである。時計が止まったら，電池が切れたのだろうか，ネジが緩んだのだろうかと検討する。頭痛がすれば，風邪だろうか，筋緊張だろうか，あるいはストレスが原因かと考えるだろう。そしてその原因に対して何らかの働きかけをして，解決を試みる。多くの場合，電池を変えれば時計は動くし，風邪や肩凝りが治れば頭痛も解消するだろう。このような対応は，ある主たる原因があって，それを解消すれば問題もなくなる，という考え方を土台としている。これを直線的因果律とよぶ。原因と結果が一対一で対応しているからである。

このような考え方は日常生活のいろいろな場面で見られる。子どもが登校を渋ったとしよう。勉強がわからないのだろうか，友だちとケンカをしたのだろうか，あるいは体調が悪いのだろうか。母親が仕事を始めたのがよくなかったのだろうか，父親が厳しく叱りすぎたのが原因か，と思いをめぐらせる。しかし実際には，何か一つの原因で子どもの登校渋りが起きているわけではないことが多い。複数の事柄が相互に関連して，問題を生み出している。父親が厳しいから，ストレスが高じて友だちとケンカし，そのために授業に集中できずに勉強がわからなくなり，余計に父親に叱られるが，それまでは話を聞いてくれていた母親は仕事のために不在で……とまるで循環をなすように問題が高じていく。このような問題と結果の見方を円環的因果律とよぶ。実際の家族に生じる問題は，このような円環的な見方のほうが現実を反映していることも多い。一見，子どもの不登校とは直接関係なさそうな事柄が家族全体のあり方に影響を及ぼしていることもある。

この考え方の特徴は，母親の就労や父親の養育態度といった，何か一つの事柄に原因を帰する，原因探しや悪者探しをしないことにある。システムは全体としてのまとまりなのだから，どこに働きかけても別の部分にすべからく変化

が生じる。この作用関係を生かして，どこか余裕のありそうなところに働きか
け，その変化が全体に波及していくようなイメージで，問題解決を試みること
ができるといった方法をとれることが円環的因果律の利点である。

　**b　境界とサブシステム**　先ほど，ある個人にとって，家族と家族でないも
のの間には，はっきりとした差があると記した。この境は境界（border）とよ
ばれる。家族と家族外の境界なので，家族内外の境界あるいは家族間境界とよ
ばれる。家族には，ほかにも境界がある。それは家族内の境界であり，親と子
を分けていたり，男女を分けていたりする。前者は特に世代間境界とよばれる。
家族システムの中には，親／子，男／女のように何らかの同じ特徴を有してい
るグループが複数あり，それらはサブシステム（下位システム）とよばれてお
り，サブシステムもまた境界によって分けられている。このように，家族に関
する境界には，家族内外の境界と世代間境界に代表される家族内の境界という，
大きく分けてこの 2 タイプがあるとまずは押さえておこう。

　家族療法の大家であるミニューチン（Minuchin, 1974/1984）によれば，この
境界のあり方は家族の健康さと関連する。境界のあり方には 3 種類あり，曖昧
－明解－硬直の順に固くなっていく。一番健康なのは，明解な境界である。明
解な境界は，そのときに必要なものを通し，不必要なものを拒否する。情報で
あれ，ルールであれ，行動であれ，家族に影響する刺激の通過をコントロール
するわけである。このような境界を家族内外に，あるいは世代間にもつ家族は，
自立的で適切な関係をもつことができる。たとえば，独立して家庭をもった夫
婦に対して，祖父母世代から，子育てのあり方について，しばしば意見が届く
ことがあるとしよう。これは家族内外の境界への刺激の一例である。家族内外
に明解な境界がある家族では，適切な意見は取り入れるし，過剰な，もしくは
不適切な干渉は拒否できる。あるいは，孫を想う祖父母の気持ちは大事に受け
取り，実際の決めごとは両親で行う，という選択ができる。このようにして，
家族は子育てに関する自律性を保つことが可能になる。硬直した境界は，あら
ゆる刺激を拒絶する。先ほどの例でいえば，祖父母世代からの意見は何であれ，
すべて取り入れられず，さらに高じると，孫と会うことまで拒否するにいたる
かもしれない。子どもからすれば，親とは別に，おとなとの近しい関係を築け
るはずだった祖父母との交流を失ってしまうことにつながる。逆に曖昧な境界

をもつ家族は，あらゆる刺激にさらされる。祖父母の意見は，両親の子育て観と一致しようがしまいが，すべて取り入れられてしまう。親は子どもに注ぎたい自分の思いが叶わずに葛藤する。子どもの生活に関するルールや方針などが一貫せず，子どもの生活も，場当たり的な対応が続いて混乱する。やがては子どもの情緒的安定も損なわれることにつながりかねない状態である。

　次に家族内の境界の例をあげてみよう。その代表である，世代間境界のあり方も，家族の心理的健康さ，特に子ども世代の健康さに大きな影響を与えるとされる。今週末，どこに遊びに行こうかと考えている両親が，小学生の子どもに希望を聞くのは，特に問題がない。しかし，「親戚から借金を申し込まれたのだけれど，どうしたらいいだろう」と子どもに相談するのは不適切である。外出の希望と借金の相談は，問いかけの内容が大きく異なるので，聞かれた子どもの心理的負担も差があるだろう。子ども世代に相談してよい事柄もあるが，親世代でとどめておくべき相談や情報もある。明解な世代間境界では，それらの区別がきちんとついており，それによって子ども世代は年齢に不相応な刺激から守られている。もし子ども世代が成長し，成人期に達したならば，心底困った親世代がお金にまつわる相談をしても，不適切ではないこともあるだう。そのときどきに応じた情報やルールや刺激の通過のあり方を適度に柔軟に調整できるのが，健康な状態である。

　しかし，借金の判断はともかく，外出の希望も，ささやかな日常生活の営みに関する好みや意思も，すべて親世代で決定するのならば，それは硬直した境界である。子どもの意見は家族の決定に反映されず，子どもは自分の生活にまつわる事柄の決定や選択に，主体的に関与することが難しくなる。そのような家族の中では，子どもたちは，自分の意思のもとに何かをなす，という感覚が育たないかもしれない。また，あらゆる相談が子ども世代へと流出すれば，曖昧な境界の状態である。親戚からの借金の相談を受けた小さな子どもは，それでも一生懸命に，年齢不相応に大きな判断をしたり，つらそうな親を慰める役割を担ったりすることがあるが，これは早すぎる心の成長を強いられることにつながるかもしれない。このような子どものあり方は「親役割代行（parentification）」とよばれ，子どもの心理的健康さに負荷をかけるとされる（Boszormenyi-Nagy & Spark, 1973）。

　以上のように，境界のあり方は家族の日常生活のさまざまな部分に影響を与え，家族メンバーの心理的健康さに関わると考えられているが，この考え方の特徴は，境界のあり方という家族の構造に，生じている問題の背景を認める点にある。このような考え方に基づけば，問題解消のために，個人がかかえる何か特定の要因，たとえば親や子どもの性格や気質や言動などに，生じている問題の背景を帰し，誰か一人に変化を迫るという態度は生じない。家族システム全体のありようを再調整し直すことで，課題を解消することをめざすという認識が生み出されるのである。

## 家族ライフサイクルとは

　家族ライフサイクル論では，家族も，個人と同様，生まれてから「死ぬ」まで，発達しながら成長していくものだと考える。マクゴールドリックら（McGoldrick et al., 2011）によれば，表10-1の通り，その発達は7つの段階に分けられており，エリクソン（Erikson, 1968/2017）の個人ライフサイクルと呼応しながら進んでいく。

**表10-1　個人・家族のライフサイクルと発達課題**（中釜, 2019a より一部抜粋）

| 個人のライフサイクルと発達課題 | 家族のライフサイクルと発達課題 |
|---|---|
| Erikson 1968 ／ 2017 | McGoldrick, Carter, & Garcia-Preto, 2011 |
| 1. 乳児期<br>　基本的信頼　vs　不信 | |
| 2. 幼児期初期<br>　自律性　vs　恥・疑惑 | |
| 3. 遊戯期<br>　自律性　vs　罪悪感 | |
| 4. 学童期<br>　勤勉性　vs　劣等感 | |
| 5. 青年期<br>　同一性確立　vs　拡散 | |
| 6. 成人前期<br>　親密性　vs　孤立 | I. 家族からの出立：情緒的・経済的責任受容<br>　a. 原家族からの自己分化<br>　b. 親密な仲間関係の発達<br>　c. 経済的・職業的自己確立<br>　d. コミュニティと社会の自己確立<br>　e. スピリチュアリティ？ |

| | |
|---|---|
| 7. 成人期<br>世代性 vs 沈滞 | II. 結婚／結合による家族形成：新システムへの関与<br>  a. パートナー・システムの形成<br>  b. 新たなパートナーを包含するために，拡大家族，友人，コミュニティ，社会システムとの関係の再編成 |
| | III. 幼い子どものいる家族：システムの新メンバー受容<br>  a. 子どもを包含するカップル・システムの編成<br>  b. 子育て，家計，家事の協働<br>  c. 親と祖父母の子育て役割を含む拡大家族との関係の再構築<br>  d. 新たな家族構造と関係を包含するためにコミュニティと社会システムとの関係の再編成 |
| | IV. 青年のいる家族：子どもの自立と祖父母のもろさを許容する家族境界の柔軟性<br>  a. システムの出入りを青年に許容する親／子関係への移行<br>  b. 中年期カップルとキャリア問題への再焦点化<br>  c. 老年世代のケア<br>  d. 新たな関係パターンの形成に移行していく青年と親を包含するためにコミュニティと社会システムとの関係の編成 |
| | V. 子どもの出立と中年期の課題の継続：システムの多くの出入りの受容<br>  a. 二人カップル・システムの再編成<br>  b. 両親と成人した子どもの大人同士の関係の発達<br>  c. 血縁や孫を含む関係の再構成<br>  d. 家族関係の新たな構造と付置を包含するためにコミュニティと社会システムとの関係の編成<br>  e. 育児責任からの解放による新たな関心／キャリアの探索<br>  f. 両親（祖父母）のケア，障害，死への対応 |
| 8. 老年期<br>統合 vs 絶望 | VI. 中年後期の家族：世代役割移行の受容<br>  a. 身体の衰えに直面し，自分自身と／あるいはカップルの機能と関心の維持－新たな家族役割，社会的役割の選択肢の探索<br>  b. 中年世代のより中心的役割取得の支持<br>  c. この段階の家族関係パターンの変化をコミュニティと社会システムが受けとめられるようシステムを再編成<br>  d. システム内に長老の知恵と経験を包含する場の形成<br>  e. 過剰機能しないで老年世代を支持 |
| 9. 老年的超越<br>前進 vs 諦め | VII. 人生の終末を迎える家族：限界と死の現実の受容と人生の一つのサイクルの完結<br>  a. 配偶者，子ども，仲間の喪失への対応<br>  b. 死と継承への準備<br>  c. 中年と老年世代間の養護における予備的役割の調整<br>  d. 変化するライフサイクルの関係を受けとめるようコミュニティと社会システムとの関係の再編成 |

## 2節　家族をつくる準備とは——独身の若い成人期から結婚による家族の形成期

　ここからは，家族の発達段階に沿って，特に家族の形成の準備期から養育の時期までを中心に見ていこう。

　家族発達段階の特徴の一つは，家族が生まれる前の段階である，成人期前期の「Ⅰ. 家族からの出立」から始まることにある。家族をつくるには準備段階が必要だと考えられているのである。この準備として必要なのが，キャリアの方向性の決定と，親密性をはじめとする他者との自立的な関わり方である。ここでは親密性について中心的に述べてみよう。

### 親密性とは——人とつながりながら自立する

　「親密性」と聞くと，みなさんは何を思い浮かべるだろうか。親友・友だち・恋人・妻・夫・親・きょうだい・家族……自分にとって大切で，近しい人との仲がよい関係が思い起こされるかもしれない。「親密性」は日常的にもよく使われることばだが，特に家族心理学では，単に「仲がよい」「親しい」ということを指すのではなく，別の定義がある。「関係の中で自分を犠牲にしたり裏切ったりせず，相手を変えたり説得しようという要求を抱かずに，相手のその人らしさを承認しあうこと」というものである (Lerner, 1990)。個人としては心理社会的に自立をしつつ，一方で，必要に応じて，相手に頼ったり依存したりできる，という力を指す。

　大学生などの青年期や独身の若い成人期には「親密性」が心理的な課題になるといわれている。この後の発達段階としては，比較的多くの人が結婚をし，家族をつくる時期がやってくる。夫婦・家族づくりには，親密な関係をつくれるようになることが第一歩なのだとされる。

　**a　6つの恐怖**　しかし，親密性の構築はそれほど簡単なことではない。なぜなら，人間には「親密さへの恐怖」があるとされるからである (Weeks & Treat, 2001)。相手（パートナー）と親密になりたいと確かに思っているのに，同時に恐怖を感じる。この恐怖は自覚されている場合もあれば，無意識に抱えられている場合もあるが，親密さへの恐怖には6つの種類があるとされる（表 10-2）。

表 10-2　親密さへの恐怖（野末, 2019a をもとに作成）

①**依存への恐怖**　パートナーに依存することができない人がもつ恐怖。依存する人は弱い人だと見なしていたり，依存することでパートナーの重荷になることも恐れている。同時にパートナーの依存を受けとめることも難しいため，2 人の心理的距離を縮めることは難しくなる。

②**感情に対する恐怖**　感情を表現すること，感情をパートナーと共有することを恐れること。親密さには，明るく楽しい感情のみならず，悲しさやつらさ，弱音も共有されることが必要だが，たとえば論理性や合理性が重視され，負の感情が否認されることもある。

③**怒りに対する恐怖**　怒りを表現することで相手を傷つけてしまうことを恐れて，正当な自己主張ができなくなったり，相手から怒りを向けられることを過度に恐れるために適切な自己主張ができないこと。自らを服従的な立場に追いやってしまいかねない。

④**コントロールを失うこと，あるいはコントロールをされることへの恐怖**　パートナーと親密になることによって，自由が奪われたり，束縛・干渉されるという不安を感じている。自分がパートナーにのみこまれて，自分自身がなくなってしまうような深い不安を抱いている場合もある。そのため，なるべく距離をとって関わろうとしてしまう。

⑤**自分をさらけ出すことへの恐怖**　自分のことを相手により深く知られることを恐れる心理。自分のことを相手に知られると，相手からの評価が否定的なものに変化するのではないかと恐れている。したがってパートナーに自己開示することが難しく，信頼関係が深まらない。

⑥**見捨てられること，拒絶されることへの恐怖**　パートナーがいつか自分を見捨てるのではないか，拒絶するのではないかということを恐れる心理。そのために「この人はどうせ自分を見捨てるから」とつねに否定的な結果を予測して距離を置くか，相手の愛情をつねに確認しようとしがみつくという行動をとる。

　　**b　恐怖を超えて**　「親密さへの恐怖」は，多くの場合，小さいころからの育ちや体験，親や家族との関係の中で培われる。青年期の誰もが多かれ少なかれもっているもので，恐怖をもっていること自体は問題ではない。試行錯誤したりときには傷ついたりしながら，友人や恋人との関係を深めたり，家族との関係の見直しをすることを通して，こうした自分自身の心理を理解し，少しずつ変えていくことができるものだとされる。親密性は，恋愛関係のみに関連するものではない。家族づくりの前に，恋愛においても，友人関係・源家族との関係などにおいても，親密な対人関係を築ける力をつけること，すなわち，他者との関係の中で守ったり守られたりしながら，自立性を保てるようになることが大事なのである。

## 家族の形成──「結婚後 5 年間の危機」を越えるために

　家族ライフサイクルにおける次の段階は，「Ⅱ.結婚／結合による家族形成」

である。多くの童話においては，「結婚して幸せに暮らしました」と，結婚が
ゴールであるかのように描かれるが，現実には，結婚は新しい家族の始まりで
ある。

　結婚をめぐる現在のわが国の状況については，2015 年に実施された全国調
査（国立社会保障・人口問題研究所，2017）に基づいて，野末（2019b）が概観して
いる。いずれは結婚しようと考える未婚者の割合は，男性，女性とも 9 割近
くの高い水準にあるが，平均初婚年齢を見ると，夫・妻とも 30 歳前後である。
約 30 年前の 1987 年の同調査では，夫が 28.2 歳，妻が 25.3 歳であったから，
晩婚化が進んでいるといえる。結婚相手に初めて出会った年齢は，夫が 26.3
歳，妻が 24.8 歳である。1987 年調査では，夫が 25.7 歳，妻が 22.7 歳だったの
で，女性が結婚相手に出会う年齢が特に上昇している。出会ってから結婚まで
の交際期間も長くなっており，1987 年調査では 2.5 年であったものが，2015 年
調査では 4.3 年となっている。夫婦が生涯にもつ子どもの数（夫婦の完結出生児
数）は，2010 年の調査以降 2 人を下回り，今回調査では 1.94 人となった。ま
とめてみると，結婚への願望は高いものの，将来の結婚相手に出会う年齢は上
昇し，交際期間が長くなって，結婚年齢も上昇し，子どもの数は減少している，
というのが現在のおおまかな家族像であるとされる。

　さらに，2000 年代に入り，離婚率の上昇も特徴としてあげられるように
なった。図 10-1 の同居期間別離婚件数の年次推移のグラフを見てわかるのは，
過去 40 数年のデータのどの時期であっても，最も離婚件数が多いのは結婚 5
年未満である。結婚 5 年未満とは，これまで源家族との関係の中で育ち，成人
してからは自分一人で自分の人生を支えるという生活パターンが確立していた
時期から，結婚を経て新婚生活に移行し，新しいカップルの関係を構築する時
期である。そして比較的多くのカップルが家族ライフサイクルの 3 段階目であ
る，子どもをもつかどうかを考える時期であり，そして幼い子どもの養育に関
わる時期でもある。この時期の離婚率の高さは，源家族からの自立，夫婦関係
の構築，そして子育てへの取り組みといった，カップルに大きなストレスが重
なっていることを示しているといえる。

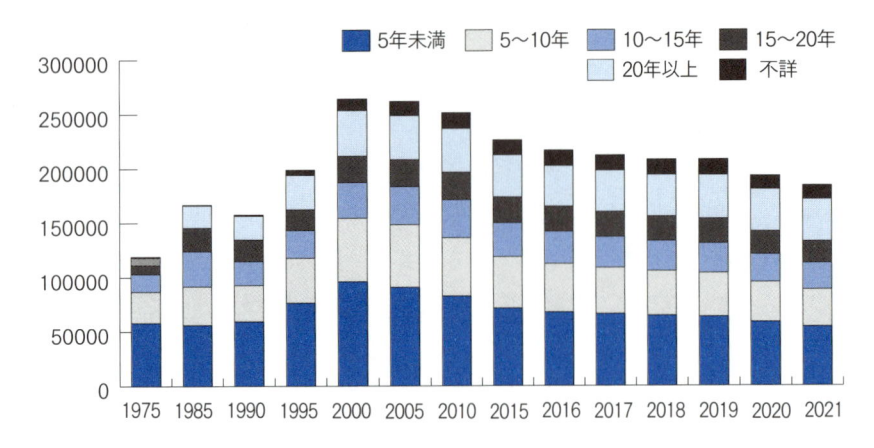

**図 10-1　同居期間別離婚件数の年次推移**（国立社会保障・人口問題研究所，2017 をもとに作成）

## よりよいパートナー関係をつくるには

　いったんカップルとなったからには，できるだけ仲よく長い関係を続けたいと誰もが願うことだろう。では，結婚 5 年目までの危機を乗り越えて，カップル関係を長続きさせるコツは何だろうか。なんでも話しあうカップルだろうか。ケンカをしないカップルだろうか。あるいは問題を抱えていないカップルだろうか。

　アメリカの心理学者ゴッドマン（Gottman）はカップル研究の第一人者である。ゴッドマンはカップルの会話を 15 分聞けば，そのカップルの関係が継続するかどうかを実に 90% の確率で判別できると言った。この結婚とカップルに関する有名な研究をここで概観してみよう。

　ゴッドマンはまず，関係が続くカップルも続かないカップルもケンカはするものだということを発見した。カップルの実に 69% は，これといった解決法のないまま何年も抱えている問題があるという。ところが，関係が長く続くカップルは，ケンカを始めても，ポジティブなことばかけとネガティブなことばかけが増えたり減ったりしながら，やがてはポジティブなことばかけが増えていくことを見出した。一方，関係が続かないカップルは，ケンカが始まると，一直線にネガティブなことばかけが増えていく。一方が相手に何かを要求し，もう一方はそれを回避しようとし，それに立腹してまた追及して，さらに避け

る，という悪循環でケンカが悪化していく「追及 – 回避型」パターンが代表例である。特に，結婚の破綻を予測するリスク要因は，ゴッドマンによって「黙示録の4騎士（four horsemen of the apocalypse）」とよばれた。批判（Criticism），軽蔑（contempt），防衛（defensiveness），無反応（stonewalling）という4つの要素が会話の中に出てくると，関係の破綻は予測され，5年後の離婚リスクが高まるとされた。しかし，これらが起こるとただちに悪い結末になるというわけではない。ユーモアや会話の流れを変えるようなことばかけといった「修復努力」がなされると，関係の破綻は免れる——ゴッドマンらは3000組以上のカップルを最長20年間追跡した縦断研究の成果をこのようにまとめている（Gottman, 1994）。

## 3節　子育て期の家族とその後

### 子どもの誕生・幼い子どものいる家族

　カップルに子どもが誕生すると，家族ライフサイクルは次のステージへと進む。ここからは，親個人としての発達，家族としての発達に加えて，誕生した子どものライフサイクルがそれぞれに相互作用しながら成長していく時期となる。子どもにとっては，そして親子関係にとっては，ボウルビィのアタッチメント（attachment）や，エリクソンの基本的信頼感（basic trust）等に代表されるような，人生の心理社会的発達の土台となる心理的基盤が育つ段階である。親にとってもまた，重大な方向転換の時期である。養育は，エリクソンの心理社会的発達段階論において，世代性という成人期の発達課題としてあげられている（表10-2）。世代性とは generativity の訳語であり，ほかにも，生殖性，世代継承性，世代生産性，といったさまざまな訳出がされてきた（西平, 2019）。次世代を生きる子どもを育てること（養育）は，世代性の課題の中心であるが，それに限らず，生み出されつつあるもの，生産されつつあるもの，創造されつつあるものを「世話」することが成人期の仕事であるとされる（Erikson et al., 1986/1990）。それまでの発達段階では，基本的信頼感にせよ，アイデンティティにせよ，自分を成り立たせることを中心に費やされてきた力であったが，

養育には，自分の時間，エネルギーや主体性を相当部分子どもに明け渡して寄り添うという変化が必要であり，鯨岡（2002）はこの育てられる者から育てる者への移行を，人生における生き方の一大転換であると指摘する。西平（2019）は，現代社会にとっての世代を超えたケアの課題を，他者をケアすることによって自分自身の時間が奪われてしまうこと，つまり，自分自身のケアと他者のケアを両立することの困難さ，と評している。育てられる者から育てる者への移行や，他者と自分のケアの両立の困難さは，本章でも後述する通り，児童虐待が発生する一因となりうるとも見なされている（田附, 2020）。

　養育という営みは，おとなが次世代を育てようとする力と，子どもが他者を能動的に求める力との相互作用によって成り立っているが（滝川, 2017），親子の関係性を取り巻く多層にわたる関係性も見逃せない。子どもが生まれたことによって，源家族（祖父母）との関係にはさらなる調整が必要となる。祖父母が子育てをした時代とは異なる社会情勢のもとでの養育となるので，価値観の違いが軋轢を生むこともある。親が子どもと向きあうことによって，自らの幼少期の経験を思い出して，つらい思いをすることもある。地域の子育て関連の機関と関係を築き，子育てを通して出会う新たな地域の人びととの関係も模索しなければならない。また共働きの親世代に代わって，再び養育を中心的に担うことになった祖父母世代のストレスも現代的な課題である。子どもを迎えることによって，家族はまたそのあり方を再編成する必要があるのだ。子どもは心理社会的基礎を築き，親は自分のそれまでのあり方の一大転換を求められ，家族にとっては多世代やコミュニティといった多層な関係性の調整が求められる——幼い子どものいる家族はそのような大きな複数の課題に挑戦している家族であるといえる。

## 家族ライフサイクルから見た子育ての困難と回復

　養育をめぐって親や家族が求められる一大転換には，現代人の誰もが苦戦すると指摘されるが（西平, 2019），養育困難や児童虐待が生じている家族は，その困難な挑戦の最中にあるといえる（田附, 2020）。本節では現代の養育の課題の中でも，大きな社会的問題となっている児童虐待について考えてみよう。

　わが国において児童虐待には，表 10-3 の通り，4 種類があると定義されてい

**表 10-3　児童虐待の定義**（厚生労働省, 2019 をもとに作成）

| | |
|---|---|
| 身体的虐待 | 殴る，蹴る，投げ落とす，激しく揺さぶる，やけどを負わせる，溺れさせる，首を絞める，縄などにより一室に拘束する　など |
| 性的虐待 | 子どもへの性的行為，性的行為を見せる，性器を触るまたは触らせる，ポルノグラフィの被写体にする　など |
| ネグレクト | 家に閉じ込める，食事を与えない，ひどく不潔にする，自動車の中に放置する，重い病気になっても病院に連れて行かない　など |
| 心理的虐待 | ことばによる脅し，無視，きょうだい間での差別的扱い，子どもの目の前で家族に対して暴力をふるう（DV：ドメスティック・バイオレンス）　など |

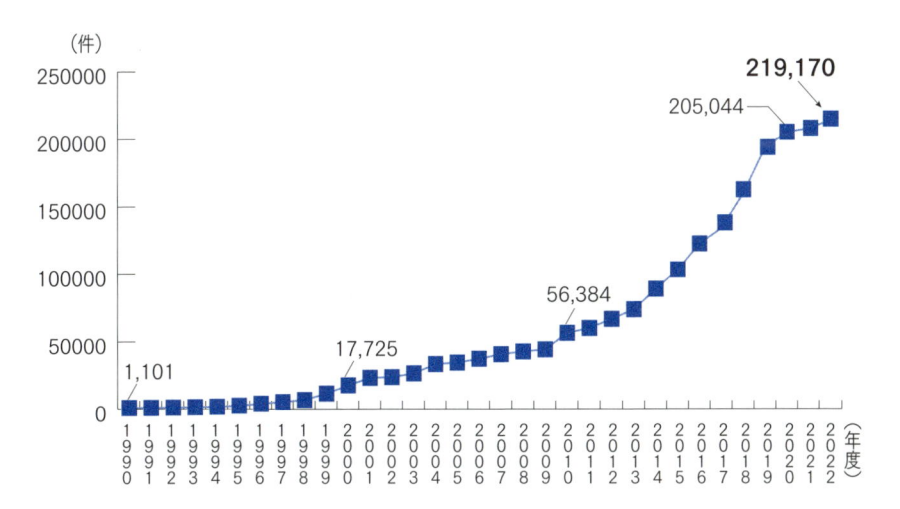

**図 10-2　児童虐待相談対応件数の推移**（子ども家庭庁, 2023 をもとに作成）

る。児童相談所が対応する虐待に関する相談対応件数は年々増加の一途をたどっているが，2020 年には 20 万件を上まわっている。2000 年の値と比べると 10 倍を超える値である（図 10-2）。

　児童虐待が生じる背景とはどのようなものが考えられるだろうか。スミスら（Stith et al., 2009）は，児童虐待が生じるリスク要因に関する 155 の研究をメタ分析し，身体的虐待が生じる可能性が高まるのは，親の怒りと過反応性，家族内葛藤，家族の凝集性の 3 要因が関連すると報告した。またネグレクト（養育放棄）が生じる要因は，親の自尊感情やストレスの課題といった親個人の生きていく能力（competency）やレジリエンスなど，親の個人的傾向と強く関係しているとしている。わが国においては，健やか親子 21 検討会報告書（厚生

労働省, 2000) で, ①多くの親は子ども時代におとなから愛情を受けていなかったこと, ②生活にストレス（経済不安や夫婦不和や育児負担など）が積み重なって危機的状況にあること, ③社会的に孤立化し, 援助者がいないこと, ④親にとって意に沿わない子（望まぬ妊娠・愛着形成阻害・育てにくい子など）であること, の4点が, 虐待発生の背景として指摘されている。児童虐待の背景が, 孤立と貧困といった社会経済的要素が大きいことはよく知られており（東京都保健福祉局, 2001）, 児童虐待の発生は, 攻撃性や衝動性, 社会的適応といった親個人の性格に原因を帰属しても支援の道筋はみえてこない。家族システム全体, そして世代を超えた家族のあり方に関するアセスメントが必要なのである。

　次に, 幼少期に児童虐待等の逆境的な環境で育った子どもはどのように育っていくのかについて触れてみたい。海外では, ある時期に生まれた子ども（出生コホート）を数十年追跡調査し, どのような発達を遂げるのかを前方視的に検討する縦断研究がいくつも行われている。最も古典的な縦断研究の一つである, ハワイのカウアイ島で行われた研究（Werner, 1989, 1993 ; Werner & Smith, 1992）によれば, 2歳の段階で「ハイリスク」と判断された子どものうち, 3分の2は成長過程で不適応状態を呈したが, 3分の1の子どもは健康な発達を遂げ, 人を愛し, よく働いてよく遊ぶ, 健康な青年に成長したとされた。このように, 逆境的環境で育っても健常な発達を遂げる可能性があることは, 多くの縦断研究で見出されており, 子どものレジリエンス（回復力・弾力性）を示すものとして注目されている。

　では, この可能性を育てるための最良の保護要因は何だろうか。種々の多様な研究が一致して指摘しているのが, 「有能で親身になってくれる身内や地域のおとなとのつながり」（Masten, 2001）である。逆境から回復し, 心身ともに健康的な生活を送っている, レジリアントであった人びとは, 特定の治療技法や専門家との出会いなど, 決して特別なサポートを受けたのではなく, 「当たり前の愛情を与え, 信頼関係をつくり, 子どもの能力を伸ばそうとする周囲の人びとがいただけ」（松嶋, 2016）だとされる。困難な養育環境にある子どもの育ちを保護する最大要因は, 常識・良識および温かい感情をもって一貫した関わりを子どもに対して施してくれるおとなの存在なのである（遠藤, 2018）。

## 子どもの成長と家族の再構成

　さて，家族ライフサイクルの話に戻ろう。子どもが思春期から青年期へと成長するにつれて，子どもの成長にとっての家族の役割は変化していく。表10-4 は子どもの発達とともに，重要な他者が変化していく様子をエリクソンら（Erikson & Erikson, 1997/2001）がまとめたものである。学童期より前は，家族が重要な他者であるが，それ以降は学校や仲間関係が重要となり，人間関係が広がりを見せることがわかる。家族システムの観点からいえば，p.143 で述べた「境界」が柔軟であることが何より求められる時期となる。冒頭で述べたユウタの例でいえば，小学生のときに家族みんなで夕飯を食べることが習慣だった家族も，ユウタが大学生になれば，「夕飯のいらないときは連絡してね」といった自由度の高いものに変わることが多い。家族で遊びに出かけるのが定番だった週末の予定は，部活・サークルや友だちとの約束が優先されるようになる。このような変化に柔軟に対応し，子どもにとって，家族が必要なときにはあたたかく受け入れ，家族外の世界に子どもがいたとしても，家族は家族としてあり続けられることが求められる。

　子どもが成長し，家族外での交流が増すとともに，親たちもまた別の課題に出会う。中年期のカップルの問題が悪化する背景として，中釜（2005）は，カップルの形成期に生じて未解決になっている傷つきの問題と，長い子育て期を夫は仕事，妻は家庭の切り盛りという性別役割分業体制で乗り切った副産物として生まれた夫婦の交流の欠如の問題をあげている。発達段階のより以前で生じた課題が未解消のまま積み残されていると，この段階にいたって表面化す

**表 10-4　心理社会的発達理論における発達課題に取り組むための各段階の重要他者**
（Erikson & Erikson, 1997/2001 をもとに作成）

| | |
|---|---|
| 乳児期 | ：母親的人物 |
| 幼児期初期 | ：親的人物 |
| 遊戯期 | ：基本家族 |
| 学童期 | ：「近隣」，学校 |
| 青年期 | ：仲間集団と外集団 |
| 前成人期 | ：友情，性愛，競争，協力の関係におけるパートナー |
| 成人期 | ：（分担する）労働と（共有する）家庭 |
| 老年期 | ：「人類」，「私の種族」 |

ることも多々ある。20年以上の婚姻期間を経た後の離婚の増加（図10-1）といった現代的な問題につながることもあるだろう。この時期以降の家族にとっては，祖父母世代の介護の問題や，自身や周囲の人びととの病気や死の問題も現実味を増す。第14章で詳細に論じられるが，中高年にとっての家族のあり方は，今後ますます知見の蓄積の必要性と支援の重要性が増す分野であろう。

## 4節　おわりに――いろいろな家族とライフサイクル，その支援

　本章では，家族も生まれてから，絶えず発達成長していく存在であることを発達段階に沿って見てきたが，現代の生き方は多様性に富んでいる。ここまである種の前提としてきたような発達段階，すなわち，結婚して，時宜を見て子どもを授かり，子育てをして，というようないわゆる伝統的な生き方が一般的であるとは，まったく限らない。「家族」にしても同様である。表10-1では，両親がいて子どもがいる家族の発達がまとめられているが，現代では，ひとり親の家庭もあれば，再婚家庭もあり，夫婦のみの家庭や，法的には婚姻関係のない事実婚のカップル，同性カップルなどもいる。家族ライフサイクルをまとめたマクゴールドリックとカーターらは，離婚のプロセスと発達段階や再婚家庭の形成プロセスについてもまとめており（McGoldrick et al., 2015），わが国においても，離婚や再婚を経験した家庭に関する研究や支援もますますニーズが高まっていくだろう。また養育をめぐっても，本章で取り上げた児童虐待の問題に加えて，父親の育児参加，障害児の子育て，不妊治療，介護と養育の両立，など多様な課題が見られ，実践的な視点を踏まえた研究の必要性が増す領域だろう。

◀　読書案内　▶

●平木典子・中釜洋子・藤田博康・野末武義（著）『家族の心理 第 2 版——家族への
　理解を深めるために』サイエンス社　2019 年
家族とは何か，家族の健康さとは何か，といった基礎的事項から，家族への臨床心
理学的支援に関する知見まで，豊富なデータを踏まえて幅広く解説している。学部
生が家族心理学を学ぶ際の定番書の一冊。

●団士郎（著）『対人援助職のための家族理解入門——家族の構造理論を活かす』中
　央法規出版　2013 年
児童相談所の元心理司として長年の経験をもつ家族療法家であり，漫画家でもある
筆者が体験してきた豊富な事例を漫画で提示している。多様な家族の物語に心動か
されながら，心理的援助の基本を学べる入門書。

●中釜洋子・野末武義・布柴靖枝・無藤清子（編）『家族心理学——家族システムの
　発達と臨床的援助 第 2 版』有斐閣ブックス　2019 年
家族システム理論の基礎とともに，家族の発達段階に沿った課題や特徴が各段階の
専門家によって詳細に論じられている。後半は臨床的課題を抱える家族への家族療
法的アプローチも提示された発展的内容を含む。

# COLUMN 10　子どもが経験する親の離婚

　日本では，離婚件数が 2004 年に 29 万件とピークとなり，その後は年間約 18 万件で推移し，年間約 16 万人の子どもが親の離婚を経験している（厚生労働省, 2024）。しかし，日本と欧米の離婚率や離婚に対する意識調査の国際比較などから，日本では，まだまだ欧米と比べて離婚が一般的な経験とはいえないことがうかがわれる（内閣府, 2006）。

　アメリカでは，1960 年代後半から離婚率が急増し，ウォーラースタイン（Wallerstein, J. S.）らの縦断研究を皮切りに，離婚した家族に関する膨大な研究が蓄積されてきた。研究でわかってきたことは，親の離婚によって子どもは必ずしも不幸になるわけではなく，長期的な適応においては大きな差がないこと，むしろ離婚後も続く父母の葛藤のほうが子どもに悪影響を与えること，離れて暮らす親と子どもが定期的，継続的に会ったり，電話や手紙などの方法で交流すること（面会交流／親子交流）が子どもにとって望ましいということである（Amato & Gilbreth, 1999；Kelly & Emery, 2003；Schaffer, 1998/2001）。日本でも，親が離婚した子どもを対象とした研究で，離婚後の父母の葛藤や面会交流が，子どもの心理的な適応と関連が認められることが明らかになりつつある（直原ら, 2021）。

　海外では，子どものいる夫婦が離婚するときには，面会交流や養育費等を取り決めた養育計画書の作成や教育プログラムの受講が離婚の条件とされるようになっている（二宮, 2017）。日本では義務化されていないものの，家庭裁判所における親ガイダンスプログラム（香川ら, 2020），Families In Transition（FAIT）プログラム（福丸ら, 2012），オンラインによる離婚と親教育プログラム（小田切・青木, 2019），地方自治体での離婚後養育講座（日本加除出版, 2024）などが実践されている。

　また，子どもの理解や支援にあたっては，子どもの発達段階によって父母の別居や，父母の葛藤による影響が異なることを考慮に入れる必要がある。たとえば，幼児期後半から学童期前半の子どもは，親の別居や離婚が自分の責任であると感じがちであるため，子どもの責任ではないことを年齢に応じてわかりやすく説明することが重要である。学童期後半になると，子どもの現実認識が高まり父母の別居や離婚について理解できるようになって親との心理的な距離ができるが，現実場面では親に依存しているため，父母の葛藤に巻きこまれやすく，一緒に暮らす親の味方をして離れて暮らす親に対して敵意を示すことがあることを考慮する必要がある（小澤, 2009）。

　このように，日本では，海外の知見を参考にしながら研究や実践が積み重ねられているが，法制度や文化的背景が異なる海外の知見がどこまで当てはまるかについて慎重に検討する必要がある。日本独自の研究や実践の発展を期待したい。

# 第11章　学童期の発達

エピソード

　アニメ「ドラえもん」では，のび太は学校のテストで0点ばかりです。ママに怒られないように0点の答案を隠しています。宿題を忘れて先生から叱られることもしばしばです。でも，射撃の腕はピカイチで，他の人が思いつかないアイデアを出すのも得意です。あるお話しではペットをつくるためのひみつ道具を応用して使い，ペガサスやドラゴンなどの空想上の動物を生み出しました。ジャイアン，スネ夫，しずかという仲のいい友だちはいますが，スネ夫から仲間外れにされたり，ジャイアンに無理やり野球に参加するように言われたりしては，「ドラえもん〜なんか道具出してよ〜」と助けを求めます。

解説

　学童期は小学校での学習や友人関係の中で何かを達成したり，他者からの承認を得ることを通して，うまくできたことに有能さを感じる一方で，人と比較して劣等感を感じることもある時期です。友人関係は小学校の生活の重要な要素ですが，その中でいじめの被害にあって，学校に行くのが嫌になってしまうこともあります。そんなときにはドラえもんのようにはいかなくても，何らかの方法で子どもを支援する存在が必要になります。

　本章では，こうした学童期における発達課題について，子どもたちを取り巻く生活環境，学習動機づけ，人間関係，適応と不適応という観点から整理していきます。

# 1節　学童期とはどんな時期か

　学童期はおおむね6歳から12歳の小学校に通っている時期のことを示す。学童期は小学校での生活を中心にさまざまな生活環境によって成り立っているといえる。まず，本節では学童期を生きる子どもたちの生活環境を整理し，子どもたちの発達課題について考えていこう。

## 学童期を生きる子どもの生活環境

　子どもたちは朝起きて，小学校に登校し，授業を受けたり，教室や校庭で友だちと遊んだりする中でさまざまなことを学んでいく。放課後も公園で友だちと遊んだり，学童保育に行ったり，塾に行ったりする場合もあるだろう。帰宅してからは，その日の出来事について保護者と話をしたり，宿題をしたり，あるいはゲームをやったりして過ごす。このような子どもたちの生活環境について考えてみよう。

　ブロンフェンブレンナー（Bronfenbrenner, 1979/1996）の生態学的システムモデルを参考に学童期の子どもたちが生きる4つの生活環境を整理したのが図11-1である。

　マイクロシステムとは，子どもが直接関わりをもつ生活環境のことであり，家族，友人，教師といった人たちにより成り立っている。メゾシステムは，2つ以上の生活環境の相互作用からなる関係のことである。たとえば，学校と塾の教師の教え方の違いといったような子どもの学習の仕方に影響を与えうる相互作用のことである（梅崎, 2007）。エクソシステムは，子どもが関係しているマイクロシステムやメゾシステムに影響を与えている生活環境である。たとえば，保護者の勤務先，あるいは保護者の地域での友人関係があげられる。マクロシステムは，社会のあり方やその社会の価値観など，最も上位の生活環境を示す。たとえば，少子高齢化やICT（Information and Communication Technology：情報通信技術）の進歩といった社会のあり方があげられる。

　以上のようなシステムが相互に影響しあって，子どもの生活のあり方に影響を与えている。ここでは，マクロシステムがマイクロシステムに与える影響を

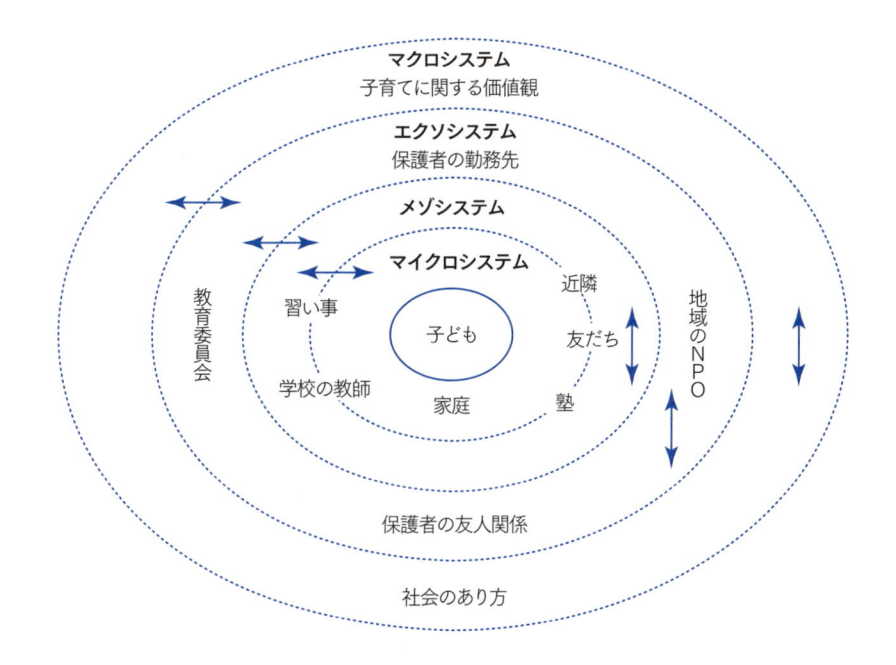

**図 11-1　子どもを取り巻く生活環境**（Bronfenbrenner, 1979；梅崎, 2007；大川, 2010 から作成）

考えてみよう。たとえば，ICT の進歩という観点から考えると，学童期においてもスマートフォンを利用する機会が増えている。2020 年時点での満 10 歳以上の小学生のスマートフォンの利用率は 64.0% で，利用時間の平均は約 3 時間 34 分であった（内閣府, 2019）。

　こうした変化は，たとえば，オンラインゲームなど，子ども同士の遊びにICT 機器が使われるようになったことや，子どもの外遊びの時間の減少といったマイクロシステムにおける変化につながると考えることができる。実際，子どもが外で遊ぶ時間は年々減少し，1995 年には 1 日約 40 分（日本学術会議, 2013）だったのが，小学校 5, 6 年生に限定した結果だが，2013 年には 1 日 11 分となっている（ベネッセ教育研究所, 2015）。

　このように子どもの生きる生活環境を考える際には，子どもを取り巻くシステム間の相互の影響を考慮することが必要であるといえる。なお，近年ではクロノシステム（時間的な変化・時代）を加えて 5 つのシステムから発達への影響を考える視点も提供されている。

## 学童期の発達課題

　先に整理した生活環境の中で子どもたちは，読み書きや計算など学習に関する能力を身につけたり，友人・仲間との関わり方を学んでいく。こうしたことは，学童期において，身につける必要のある特有の知識やスキルである。このような特定の発達段階において対処すべき課題のことを発達課題という。発達心理学において，学童期の発達課題がどのように論じられてきたのか，代表的な理論から見てみよう。

　**a　ハヴィガーストの発達課題**　ハヴィガースト（Havighurst, R. J.）は，人生をいくつかの段階に分け，それぞれの段階で獲得すべき課題を整理した。ハヴィガースト（1972）では，表 11-1 のように学童期には 9 つの発達課題があげられている。

　**b　エリクソンの心理社会的発達段階（ライフサイクル論）**　エリクソン（Erikson, 1963/1977）のライフサイクル論では，人の生涯発達を成長と停滞の両側面から捉えており，学童期における成長は勤勉性，停滞は劣等感として位置づけられる（勤勉性 対 劣等感）。

　音読や計算，抽象的な思考能力や学校の学習に必要な道具の使い方，技術を学ぶことを通して，周りの人びとからの承認を得ることを学び，勤勉さを身につけていくことが学童期の発達課題である。そうして身につけた勤勉性は子どもたちが属する社会で適応的に生きていけるという有能感（適格さの感覚）につながっていく。しかし，学習する能力や道具・技術の獲得といった能力に対して，自分が有能さを発揮できないと感じ，望みを失ってしまうと，劣等感を

**表 11-1　学童期における発達課題**（Havigurst, 1972 から作成）

| 発達の領域 | 学童期における発達の特徴 |
| --- | --- |
| 学童期の生活全般における発達課題 | ①投げる，蹴るなどの運動に関するスキルを学ぶこと<br>②生活や安全などの身体のケアに関する習慣を身につけること<br>③仲間との関わりや友人関係の形成<br>④その社会における適切な性役割を学ぶこと<br>⑤読み書き，計算に関する基本的な力をつけること<br>⑥日常生活に必要な概念やマナーを学ぶこと<br>⑦道徳心，良心，価値観を身につけること<br>⑧個人としての独立を達成すること<br>⑨民主的な社会的態度を発達させること |

抱き，社会に対する希望も失ってしまうとされている。

**c　学童期の発達課題は獲得に関する課題**　以上の発達課題に関する考え方は，何らかの能力やスキルを獲得することが学童期の発達課題であることを意味している。つまり，学童期においては，読み書きや現代的にいえば，プログラミング的思考（プログラミングが身の回りの生活の中にどのように生かされているか，物事の解決には必要な手順があるといったことを理解すること）など，学習に必要な能力，仲間との関わり方などの対人関係を形成していくスキルなどを獲得し，「自分は何とかやっていけそうだ」という感覚を身につけていくことが必要とされているのである。

　次節以降では，「獲得する」という学童期の発達課題に対処していくために必要な要素を見ていこう。

## 2 節　発達課題に対処する原動力としての動機づけ

　1 節では，さまざまな能力やスキルを獲得していくことが発達課題の一つであると指摘した。しかし，「どうせぼくは頭が悪いから」とか，「こんな難しい問題できっこないよ」と思っていては，必要な能力の獲得は達成されないことになる。子どもたちが必要な知識やスキルを獲得していくためには，動機づけが必要になるのである。そこで，本節では，子どもたちの動機づけについて見ていこう。

### 動機づけを説明する理論

　動機づけは「なぜ行動が生じるのか」「どうしたら行動が維持されるのか」といったことを説明するための枠組みである。子どもたちの動機づけを理解していくために，「なぜ行動が生じ，維持されるのか」について体系化した 4 つの理論を見ていこう。

　**a　原因帰属理論**　たとえば，テストの結果が悪かったとき，私たちは，そのことに対してさまざまな理由づけをしている。「今日は体調がよくなかった」とか「問題が難しすぎた」とか，「自分には能力がないんだ」という場合もあ

るかもしれない。こうした理由づけを原因帰属として概念化したのがワイナー（Weiner, B.）である。

ワイナーの原因帰属理論（Weiner, 1985）では，ある結果が起きた原因として帰属される要因を3つの次元から整理している。一つ目の次元は，原因の位置であり，結果の原因が自分にあるのか（内的），それとも自分以外にあるのか（外的）という側面である。2つ目の次元は，統制可能性であり，その結果の原因となることは，自分や他者が変えることができるのか（統制可能），それともできないのか（統制不可能）という側面である。3つ目の次元は安定性であり，その結果の原因は変化しやすいのか，変化しにくいのかという側面である。

たとえば，「能力」は内的で統制不可能で，かつ変化しにくい要因であり，「運」は，外的で統制不可能で，かつ変化しやすい要因として位置づけられる。

ワイナー（Weiner, 1985）は，ある結果に対する原因帰属は生起する感情と次の行動を予測すると考えた。たとえば，「テストの結果が悪かった」ことを能力に帰属した場合，恥の感情が生じ，自尊感情も低下する。そして，勉強しても次のテストの結果も変わらないという予測が生じるため，テスト勉強をしなくなると考えることができる。

**b 自己効力** たとえば，「勉強をすれば，算数ができるようになって楽しいだろうな」と思っていても，「算数の勉強をすることなんてぼくには無理だよ」と思っていては，勉強するにはいたらないかもしれない。バンデューラ（Bandura, 1977）は，前者を「ある行動を行うことが特定の結果に結びついているという期待（結果期待）」として整理し，後者を「ある結果を得ることにつながる行動を行うことができるという信念（効力期待）」とした。特に各個人の有している効力期待のことを自己効力とよんだ。

バンデューラ（Bandura, 1977）は自己効力の形成に役立つ要因を4つに分類している。一つ目は，その行動を実際に達成することであり，特に影響がある情報源であるとされる。2つ目は，他者の行動を観察するといった代理的な体験である。3つ目は，言語的な説得であり，達成できると他者から励まされることを示す。たとえば，「きみならできる」と声をかけてもらうことがそれにあたる。4つ目は，生理的・感情的に高められている状態である。たとえば，自分にとって脅威となる状況において，ストレスを感じれば，自己効力は低下

し，逆に肯定的な感情が生起すれば，自己効力は向上するだろう。

　実際に，フランスの小学校3年生を対象とした研究では，達成行動と言語的説得は算数とフランス語の両方の自己効力を予測していた（Joët et al., 2011）。それゆえ，実際にうまくいく体験をしたり，教師など周囲のおとなが「できるよ」と励ましたりすることが子どもの自己効力を高めるのに役立つといえる。

　**c　学習性無力感**　もし，何度練習しても，縄跳びができなかったり，逆上がりができなかったとしたら，その子は，一輪車など他のこともできるまで練習せずに途中であきらめてしまうかもしれない。セリグマン（Seligman, M. E. P.）が概念化した学習性無力感は，このような，人が行動しなくなる条件に焦点を当てている。学習性無力感とは，ただの悪い出来事ではなく，自分ではコントロールできない事態に何度も直面することによって，その後に自分が事態をコントロール可能になったとしても，自分の行動と望ましい結果にはつながりがないという非随伴性の認知が不適切な受動性を生み，その結果，あきらめてしまい行動しなくなる現象のことである（Peterson et al., 1993/2000）。

　学業不振はこの学習性無力感が適切に当てはまる例として紹介されている（Peterson et al., 1993/2000）。つまり，勉強すれば成績の向上につながる可能性があるのに，「勉強しても全然できるようにならないから勉強したって無駄」と思ってしまい，勉強をまったくしない状態になってしまっているのである。こうした学習性無力感による学業不振を克服するために，ドゥエック（Dweck, 1975）は，学業面での失敗に対して無力感を示す8〜13歳の子どもに対してパズルのような課題に取り組んでもらい，成功と失敗を経験させ，失敗の際には「努力」の不足を強調する教示を行う再帰属訓練を行った。その結果，この子どもたちは失敗を努力不足に帰属するようになり，正答にいたる時間も早くなった。つまり，自分の行動と結果の随伴性を獲得し，無気力が軽減したといえる。

　**d　内発的−外発的動機づけ**　以上に紹介したように「テストでいい点がとれたのは努力のおかげ」という体験をしたり，「この勉強は自分にもできそうだぞ」という期待をもち，「自分が頑張れば，きっとできるようになる」と思えれば，勉強が楽しくなるし，意味のあるものと感じられるようになり，勉強するという行動が持続されるだろう。内発的−外発的動機づけとは，「楽しい

| | | 低い　　　　　　　　自己決定の程度　　　　　　　　高い | | | | |

| 動機づけ | 非動機づけ | 外発的動機づけ | | | | 内発的動機づけ |
|---|---|---|---|---|---|---|
| 調整段階 | 調整なし | 外的調整 | 取り入れ的調整 | 同一視的調整 | 統合的調整 | 内発的調整 |
| 状態 | 行動する意図はない。ただやっている状態 | 外的な報酬などによってやらされている状態 | 義務感や不安など自分の内部の強制力によってやらされている状態 | ある行動の価値を自分のものとして内面化している状態 | ある行動が自分の生活の一部になっている状態 | ある行動をすること自体が報酬になっている状態 |
| 具体例 | なぜ勉強しているかわからない | 親から勉強しろと言われるから | 勉強ができないと恥ずかしい思いをするから | 勉強することは自分にとって価値のあることだから | 勉強することは自分の生活の一部だから | 勉強すること自体が楽しいから |

図 11-2　自己決定の度合いの違いから見た動機づけの特徴（Ryan & Deci, 2000 から作成）

から」とか「自分にとって意味があるから」といったような，ある行動を行うことの動機，意味づけに着目している枠組みである。

　内発的動機づけとは，「勉強をやること自体が楽しい」など，その行動を行うこと自体が報酬となっている状態を示す。一方の外発的動機づけは，「勉強しないと親に怒られるから」など，ある行動が他の報酬を得たり，罰を回避することにつながるといったような手段となっている状態を示す。

　デシ（Deci, E. L.）とライアン（Ryan, R. M.）は，図 11-2 のように内発的－外発的動機づけを自己決定性（自律性）の観点から 6 つの調整段階に分類する自己決定理論という枠組みを提供している（Ryan & Deci, 2000）。この理論では，内発的動機づけだけではなく，自己決定的な外発的動機づけを含む，自律的動機づけに基づく学習が深い理解や記憶の定着と関連することが指摘されている（Grolnick & Ryan, 1987）。

## 3 節　学童期における人間関係の形成

　現代の小学生は，1 日約 7 時間を小学校で過ごしており（ベネッセ教育総合研究所, 2015），1 日の約 3 分の 1 を教師や学校の友人と過ごしている。子どもたちにとって，教師や友人との関係を形成することも発達課題の一つである。本

節では，学童期の人間関係と人間関係が日常生活に及ぼす影響について考えていこう。

## 学童期の友人関係の特徴と日常生活との関連

　小学校ではクラスで隣の席になったり，家が近かったりして，関係を深めていくことがあるだろう。そのようなきっかけを通して，友人関係がつくられ，「友だちの友だち」がさらに友だちになったりして，友人関係が広がっていく。そのうち，数人のグループが形成され，放課後や休みの日に公園でサッカーをしたり，集まってゲームをしたりするようになる。このような学童期の友人関係の特徴と子どもたちの日常生活との関連について見ていこう。

　**a 学童期の友人関係の特徴**　一般に，小学校高学年のころから形成される同性の集団のことをギャング・グループとよぶ。ギャング・グループでは，その集団でのみ適応されるルールをつくって行動している。

　もちろん，グループの中で遊ぶ経験は子どもにとっては楽しいものであるが，たとえば，「みんなが帰るまで帰らない」という暗黙のルールがあると，途中で帰ろうとする子は「なんだよ。お前帰るのかよ」と他の子どもから言われて，帰りづらくなるということがある。このような集団の類似性を保つための圧力のことをピア・プレッシャーとよぶ（一前, 2011）。

　ベネッセ教育総合研究所（2009）によれば，「仲間はずれにされないように話を合わせる」「友だちと話が合わないと不安に感じる」という項目に対して，「とてもそう」「まあそう」と答えた小学生が 5 割程度存在していた。親密さや一緒にいる楽しさといった要因以外にも，こうしたピア・プレッシャーが友人関係を維持する一つの要因になっているのだろう。

　**b　友人関係と学校生活の関連**　先に示したように，「仲間はずれにされていないか」心配したり，「話が合わないと不安に感じる」ことがあると，「友だちからどう思われているか」が気になってくる。これを評価懸念というが，臼倉・濱口（2015）は，小学校 5, 6 年生と中学生を対象とした調査において，評価懸念が抑うつ，摂食障害傾向などの不適応に関連していることを報告している。

　一方，友人関係が良好で，クラスで人気があったりすると，勉強のことを聞

かれたり，一緒のグループになりたいと他の子から思われたりするだろう。中谷（2002）は，小学校5，6年生を対象とした調査において，友人から指名を受けるかどうかということが学業達成に与える影響を検討している。中谷（2002）では，「当番や班の仕事をきちんとする人」「こまっている人を手助けしてあげる人」などの社会的責任行動がとれる友人，一緒にグループになりたいと思う友人としてクラスメイトから指名されることが，教科学習への意欲（担任の評価）を媒介して学業達成（担任の評価）に関連することが示された。

以上のように友人関係は子どもたちの日常生活における適応や学業達成に関連する要因の一つとなっているといえる。

## 学童期における教師との人間関係

子どもは1日の大半の時間を学校で過ごしているため，教師は保護者を除けば，子どもと最も多くの時間を過ごすおとなである。「先生に自分の作品をほめられた」「困ったときに助けてもらった」など，教師との関わりがその後の人生を左右する経験をした人もいるだろう。教師は学校の先生というだけではなく，子どもにとって人生観や職業観を形成するきっかけとなる存在なのである（西口，2007）。それゆえ，教師が子どもにとって信頼できるおとなであるかどうかは，子どもの学校生活に関連する大きな要因であるといえる。

実際，教師との関係が良好であったり，子どもが教師から支援を受けていると感じることは，子どものポジティブな学校生活につながっていることが報告されている。たとえば，江村・大久保（2012）は，クラスのタイプごとに多少結果は異なるものの，教師との関係が居心地のよさの感覚，被信頼・受容感，充実感といった要素で構成される学校適応感に関連することを報告している。

教師が子どもと，どのような関わり方をしているかによって，子どもの適応感が左右されることを示唆する研究もある。河村ら（2016）は，クラス担任のユーモアと子どものスクール・モラール（学校生活への意欲）の関連について検討し，担任教師の「楽しさ喚起ユーモア（単純で面白いことを言うなど）」「元気づけユーモア（励ますために笑わせるなど）」が子どものスクール・モラールに正の相関を示したことを報告している。岡田（2018）は，教師が子どもの選択を支援したり，子どもの立場に立った発言をするといった自律性支援的な関わり

と子どもの適応感について，メタアナリシス（複数の研究成果を統合する研究方法）によって検討したところ，自律性支援的な関わりは，満足感やポジティブ感情との関連があることを報告している。

　以上のように教師と子どもの人間関係は，子どもの学校生活を豊かにする要因の一つであるといえる。

# 4節　学校における適応の問題とその支援

　3節では，友人や教師との関係が学校生活の適応を支えていることを指摘した。しかし，学校生活を送る中で，「なんかクラスに入りづらいな」など，人間関係に悩むこともあるだろう。人間関係の悩みの背景にはいじめの被害があるかもしれないし，人間関係の悩みは，学校に行きづらくなることにつながるかもしれない。そのようなときには，子どもに対して適切な支援を提供する必要が生じる。4節では，小学校におけるいじめと不登校の現状について整理し，どのような支援を提供すればいいか考えていこう。

## 小学校におけるいじめの現状と影響

　**a　小学校におけるいじめの現状**　文部科学省（2018）の調査では，2017（平成29）年度中の小学校におけるいじめの認知件数は 31 万 7121 件であった。いじめの認知件数は，2013（平成25）年から増加傾向にあり，いじめは近年の小学校において，全国的な課題であるといえる（図11-3）。

　このような背景から，2013（平成25）年にいじめ防止対策推進法が施行された。この法律の第2条では，いじめは，「児童等に対して，当該児童等が在籍する学校に在籍している等，当該児童等と一定の人的関係にある他の児童等が行う心理的又は物理的な影響を与える行為（インターネットを通じて行われるものを含む）であって，当該行為の対象となった児童等が心身の苦痛を感じているものをいう。」と定義されている。この定義では，インターネットを通じて行われるものも含まれており，ICT 機器の普及によって小学生でもこうしたネットいじめの被害を受ける可能性があることを考慮しておく必要がある。

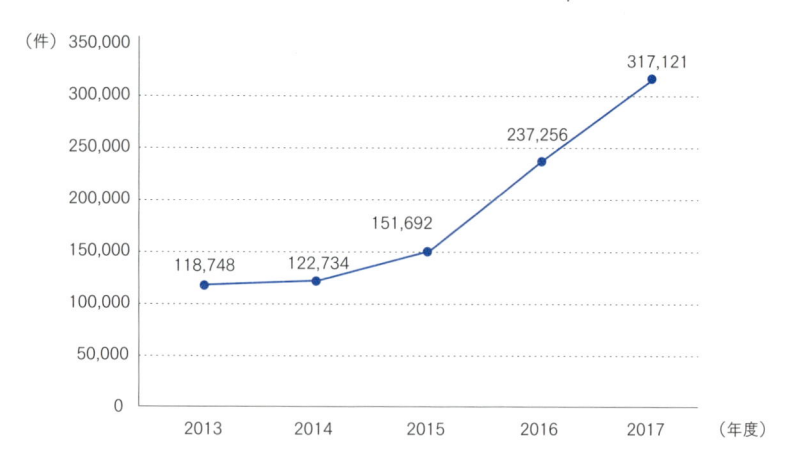

**図11-3　小学校におけるいじめの認知件数の推移**（文部科学省, 2018 から作成）

**b　いじめの影響**　いじめの被害を受けると，学校に行きたくなくなったり，自分が否定されたような気持ちになって，自信がなくなったりすることがあるだろう。実際に，伊藤（2017）は，いじめの被害を受けていることは，登校を避けたいという思いや自尊感情の低さに関連することを報告している。

　加えて，いじめの被害が不安やうつなど，子どものメンタルヘルスに否定的な影響を与える可能性についても明らかにされており（Moore et al., 2017），いじめの被害は子どもの発達に後々まで影響を及ぼす可能性が示唆される。

## 小学校における不登校の現状とその形成要因

**a　小学校における不登校の現状**　文部科学省（2018）によれば，不登校とは，「年度間に連続又は断続して30日以上欠席した児童生徒のうち，何らかの心理的，情緒的，身体的，あるいは社会的要因・背景により，児童生徒が登校しないあるいはしたくともできない状況にある者（病気と経済的要因を除く）。」として定義されている。2017（平成29）年度中に不登校状態にあった小学生は3万5032名となっており，多くの小学生が学校に登校したくてもできない状態に苦しんでいることがうかがえる。

**b　不登校の形成要因**　小林（2008）は，不登校の主なきっかけを友人関係の問題，教師との関係の問題，学業上の問題の3つに整理し，不登校のきっか

けの多くは学校環境の中にあり，それを避けるために不登校が起きることを指摘している。しかし，なぜ不登校になったのかと問われても，子ども本人はその理由を語れないことが多いし（小林, 2008），不登校が長期化すると，登校したときの周囲の反応が気になって，登校しにくくなるなど，当初のきっかけだけではなく，複数の要因が影響して不登校が継続することもある。それゆえ，原因を追及しすぎず，本人が過ごしやすい環境を整えていくことが本人の回復にとって必要なことだといえる。

## いじめの被害を受けた子どもや不登校の子どもへの支援

いじめの被害を防いだり，不登校状態にある子どもに対して適切な支援を行うことは，子どもの学校生活だけではなく，その後の発達を支援するために重要なことである。

いじめについては，アンケートなどの学校における取り組みが発覚の契機となっており（文部科学省, 2018），学校の適切な対応がいじめの防止や早期発見に重要な役割を果たしている。発見したいじめに対しては，担任や学年の教員，養護教諭などの教員，そしてスクールカウンセラー，スクールソーシャルワーカーなどの教員以外の専門職が協働し，チーム学校として解決を試みていく必要がある。

不登校への対応においても，学校はチーム学校として，各種の専門職が連携・協働して取り組むことが重要視されている（文部科学省, 2017）。ただし，不登校は文字通り学校に来ていない状態であるため，学校からの支援が届きにくい状況にあるといえる。それゆえ，適応指導教室，フリースクール，教育相談センターなどの学校外の教育に関する専門機関，児童相談所や子ども家庭センターなど，福祉に関する専門機関との連携も考慮する必要があるといえる。

子どもの学校生活への適応，そして，彼らの発達を促していくためには，学校内外の多機関多職種連携による支援が重要になる。

◀　読書案内　▶

●伊藤亜矢子（編著）『エピソードでつかむ 児童心理学』ミネルヴァ書房　2011年
学童期の子どもたちの生きる環境，心身の成長，子どものメンタルヘルスなど，学童期のさまざまな心理学的な課題についてエピソードと研究知見のつながりから理解できる。

●E. L. デシ・R. フラスト（著）桜井茂男（監訳）『人を伸ばす力——内発と自律のすすめ』新曜社　1999年
「なぜ子どもは成長するにしたがって，自ら学ぼうとする意欲を失ってしまうのか」。素朴な疑問から始まったデシの内発的動機づけ研究の数十年にわたる展開がわかりやすく解説されている。動機づけ研究の入門書として最適な書である。

●中谷素之（編著）『学ぶ意欲を育てる人間関係づくり——動機づけの教育心理学』金子書房　2007年
教師と子ども，子ども同士といった人間関係に焦点を当てて，学ぶ意欲についての研究知見を紹介している。学校場面における児童生徒の学ぶ意欲やそれを支える環境について理解できる。

# COLUMN 11　児童虐待への対応

　児童虐待とは，保護者が現に養育（監護）している子どもに対して，子どもの人格形成や成長にとって有害で，かつ子どもの権利を侵害する行為を行うことである。

　児童虐待の通告件数は年々増加しており，子どもが死亡する重大事例も毎年のように発生している。こうした状況を受けて，児童福祉法，児童虐待の防止などに関する法律（児童虐待防止法）が改正され，その一部が 2020 年 4 月に施行された。この改正においては，親権者による体罰の禁止，児童相談所の体制強化，児童相談所や関係機関との連携の強化が明記された。さらに 2022 年 6 月にも市町村における子育て世代への包括的な支援体制の強化（例：子ども家庭センターの設置）などを盛り込んだ法改正が行われ，2024 年 4 月から施行されている。

　ここでは，実際に児童虐待に対してどのような対応が行われているのかについて，児童相談所の対応例から整理してみたい。

　地域の住民，警察，あるいは保育園・学校などから，児童虐待の通告を受け付けた後，児童相談所は，その通告を児童虐待として受理するための会議を行う（受理会議）。受理会議においては，通告を受けた時点でわかっている虐待の状況や虐待の重症度などをアセスメントして，その子どもや保護者に対して，必要な対応を検討する（援助方針の検討）。

　通告の時点で，外傷をともなう身体的虐待，医療放棄などのネグレクトが認められ，緊急対応が必要と判断される場合は，児童相談所は，一時保護所などで子どもを一時保護し，子どものいのち，安全を確保する。

　子どもや保護者への援助方針を定めるために，受理会議時点でわかっている以上の情報が必要な場合は，原則，通告後 48 時間以内に行う必要がある子どもの安全確認を行い，同時に援助方針を定めるための調査を継続する。具体的には，家庭訪問を行ったり，学校や保育園などの関係機関に調査を行ったりして，子どもや保護者の状況を確認する。その世帯が生活保護や児童扶養手当などを受給している場合には，担当の市区町村から家庭の状況を確認することもある。こうした調査を通して，援助方針を定めるために必要な情報を集めていくことになる。

　以上のような調査を行った後，児童相談所は援助方針を検討するための会議を行う（判定会議・援助方針会議）。調査によって明らかになった子どもや保護者の状況，虐待の重症度などの情報を総合して，その子どもや保護者への援助方針を決めていく。

　子どもの泣き声とおとなのどなる声がするという通告があった家庭に児童相談所の職員が家庭訪問による調査を行った場面を考えてみよう。児童相談所の家庭訪問は，保護者に

とっては，自分が虐待していると思わせるものであるから，訪問に拒否的な反応を示す保護者もいるだろう。それでも，児童相談所は，家庭訪問を通して，子どもの安全を確認し，保護者の子育ての状況について話を聞いたり，支援のニーズを確認して，支援方針を検討していく。

このような調査を通して，泣き声とどなり声の背景には，子どものミルクの飲みが悪いなどの理由で子育てへの負担感が生じているが，ひとり親世帯で，転居してきたばかりで周囲に相談できる人がいないという状況があるとわかったとする。その場合は保護者の子育てへの負担感を軽減することを目的とした支援を提供することが必要になる。

具体的には，市区町村の保健師をつなぎ，児童相談所とともに継続的に家庭訪問や電話相談によってフォローする方法，児童家庭支援センター（児童福祉に関する専門的な相談に応じる相談機関。乳児院や児童養護施設を運営している法人が設置していることが多い）での継続的な相談につなげたり，子育て支援センター（子育てに関する相談を受けたり，保護者同士の交流の場や親子で参加できるイベントを行っている地域の子育て支援の拠点）の利用を促すという対応もありうる。児童相談所が行う児童虐待への対応は，多機関多職種連携のもと，行われていく。

# 第12章　思春期・青年期の発達

エピソード●
　中学校2年生のタカシは毎朝念入りに前髪を整えます。いつも遅刻ギリギリとなるためにお母さんに注意されますが「うるさい！」と言うのみで，素直にやめることはあまりありません。学校では，サッカー好きの仲間が集まり，サッカー選手や試合の話題で盛り上がります。寝る前には必ずSNSをチェックし，自分の書き込みに対するコメントを確認します。フォロワー数が増えるとうれしくなります。

　そんなタカシも大学生となりました。仲間関係も広がり，いろいろな人と交流することが楽しいと感じています。大学3年生になり，卒業後について考え始めるようになったころ，ふと「自分って何者なんだろう？　これからどう生きていくんだろう？」という問いが頭に浮かぶようになってきました。

解説●
　「子どもでもなければ，おとなでもない」という状況がまさにこの思春期・青年期の特徴の一つですが，これは言い換えれば「子どもからおとなになるための大切な過渡期」ということでもあります。思春期・青年期には実際に多くのことが変化していきます。第二次性徴の発現にともない，身体と心が著しく変化します。自意識が高まり，仲間関係も変化していきます。親からの自立やアイデンティティの確立という大きなテーマに取り組んでいくのもこの時期です。タカシの例には，自意識の高まりや，仲間関係の変化，そして，アイデンティティの確立に向けた問いなどが示されています。

　本章では，この思春期・青年期について理解を深めていきます。

青年期はいつなのだろうか。これに明確な回答を与えることは実は難しい。また，青年期はその前半と後半で主な特徴となる側面が異なっている。前半は生物学的な側面が強く，後半は心理社会的な側面が強い。

# 1節　青年期とはいつか

　「青年期（adolescence）」とはいったい「いつ」のことを指すのだろうか。大学1年生が「あなたの青年時代はいつ?」と問われれば，「まさに，今!」と目を輝かせて答えるかもしれない。また，その親世代であれば「ああ，あのころかな……」を懐かしく思い出すかもしれない。一般的に「青年」をイメージすることは難しくない。生涯発達という枠組みでみれば，青年期は児童期と成人期の間，つまり，子どもからおとなになるまでの過渡期ということになる。

　しかし，「青年期とはいつ始まり，いつ終わるのか?」という問いに，すぐさま具体的に答えられる人は少ないのではないだろうか。実際，これは難しい問いであり，特に「青年期はいつ終わるのか」という問いについては，研究者によっても答えが異なる。しかし，青年期が児童期と成人期の間であるということを踏まえると，中学生（もしくは小学校高学年）の年代から大学生（または若い社会人など）の年代までの期間をイメージするのが一般的であろう。10代前半から20代前半までの期間ということになる。

　ただし，通常，中学生の年代と大学生の年代は明らかに違う。中学生の年代は，第二次性徴の発現による生物学的な側面の影響が強い年代である。自分の意思とは無関係に生じ始める身体のさまざまな変化に，ときには悩み，ときには圧倒されることもある。一方，大学生の年代は，アイデンティティの確立や，卒業後の職業や生き方の選択などに向きあう時期である。つまり，「自分は何者であり，これからどう生きていくのか」という問いに取り組む時期であり，心理社会的な側面が特徴的な年代といえる。

　このように，同じ青年期といえども，その前半と後半では特徴となる側面が異なっているのである（表12-1）。したがって，青年期について述べる場合，生物学的側面の影響が強い前期と心理社会的側面が特徴的な後期を区別し，特

表 12-1　青年期の前期と後期の比較

|  | 特徴となる側面 | 主な内容 |
|---|---|---|
| 前期（思春期） | 生物学的側面 | 第二次性徴の発現など |
| 後期 | 心理社会的側面 | アイデンティティの確立など |

に前期を「思春期（puberty）」とすることが多い。

　青年期前期である思春期には，第二次性徴の発現によって身体が急激に変化する。この時期の変化は性的成熟をともなう変化であるため，これまでのように「やったー！　また身長が伸びた！」というように単純には喜べず，さまざまな戸惑いや悩みにつながることもある。また，そのような急激な身体の変化がきっかけとなり，自分への関心はしだいに高まっていく。

## 2 節　急激に進む身体の変化と高まる自分への関心

### 第二次性徴の発現と心のゆらぎ

　第二次性徴の発現によって始まる思春期は，さまざまな身体的変化をともなうものである。1 つ目は，成長ホルモンの分泌による身長の急激な伸び（成長スパート）である。この時期は，乳児期以降再び身長の急激な伸びが見られる時期である。この時期には身長が 10cm 近くも伸び，体格的にはいっきにおとなの身体に近づいていく。成長スパートの開始年齢には個人差があるが，男子は 13 歳ごろ，女子は 11 歳ごろにそのピークを迎える。つまり，男子は女子よりも 2 年ほど遅れて身長が急激に伸び始めるのである。小学校から中学校への移行期に男女で身長の高さが入れかわることがあるのはこのためである。

　2 つ目は，性ホルモンの分泌にともなう性的な成熟である。小学校中学年ごろから内分泌的な変動が始まり，男子は，男性ホルモン（アンドロゲン）であるテストステロンが精巣から分泌され，女子は，女性ホルモン（エストロゲン）であるエストラジオールが卵巣から分泌され，それぞれの生物的な性に応じてさまざまな身体的変化が現れてくる（表 12-2）。また，この性的成熟に連動して，恋愛や性的活動への関心も高まっていく。

表 12-2　性ホルモンの分泌にともなう身体的変化

| | 主な内容 |
|---|---|
| 女子 | 乳房の発達，陰毛や腋毛の発生，初潮，皮下脂肪の増大など |
| 男子 | 睾丸や陰茎の発達，陰毛や腋毛の発生，ひげの発生，精通，変声，筋肉の発達など |

　ホルモンバランスの影響によって思春期の心はゆらぎやすく，イライラした感じやもやもやした感じを抱きやすいとされている。しかし，実際には，ホルモンの影響だけではなく，他のさまざまな要因も関連していることがわかっている（Susman & Dorn, 2013）。特に男子においては，みなぎる身体的エネルギーや性的衝動を自由に発散できないもどかしさは，このようなイライラやもやもやを募らせる理由の一つとなるだろう。

　一般的に「成長」といえば，望ましくポジティブなものとして経験されることが多い。しかし，思春期における性的成熟をともなう身体的変化は，強い衝撃や驚きをともなって経験されることもあり，本人にとっては，必ずしも望ましいものとして受け入れられるとは限らない。大きな不安や戸惑いをともなうこともある。それは，第二次性徴にともなう身体の変化が，本人の意思や心の準備にかかわらず急激に起こってくるものだからである。そのため，その変化を自分にとって異質なものと感じたり，受け入れることが困難になってしまう場合がある。特に性別違和を感じている者にとっては，この状況はかなり深刻となりうる。また，その時期が周囲の者と比べて早かったり遅かったりする場合も本人にとっては大きな悩みとなりうる。しかし，性に関連した悩みであるために誰かに相談することも容易ではなく，一人で思い悩み続けることも少なくない。

## 自意識の高まり

　思春期には認知能力も向上し，抽象的な思考や仮説的な思考が可能となっていく（形式的操作期）。この認知能力の向上にともなって，より深く自分のことを考えることが可能となっていく。思春期には，身体の急激な成長によって否応なしに自分の身体への関心が高まっていくが，その高まりと，この認知能力の向上が合わさり，自分への関心はどんどん深まっていく。そして「自分は友

だちにどう思われているのだろうか，どんなふうに見えているのだろうか」と周囲の目を気にすることが多くなる。髪型や服装に気をつかい，鏡の前に立つ時間も長くなりがちだったりする。このような自分への関心を「自己中心性（egocentrism）」という。これは幼児期における自己中心性とは異なるものである。思春期には他者の視点から自分を捉えることも可能となってくるため，自分の目で見た自分だけではなく，他者の目から見た自分もあわせて重要となっていく。「自分で見た自分」は，鏡をのぞいてみればわかる。しかし，「他人から見た自分」は自分ではわからないため，「あの人に自分はどう思われているのか」という関心はどんどん広がっていく。

　このように「他人から見た自分」が気になる背景には，「自分は周囲に注目されている」という前提があるわけだが，エルカインド（Elkind, 1976）は，これを「想像上の観衆（imaginary audience）」とよんだ。つまり，自分はステージに立っており，周囲の者はその自分に興味関心をもつ観衆であるという思春期特有の思い込みである（図12-1）。たとえば，ちょっとした外出の際に，「誰も気にしていないから，早く準備しなさい！」と親が言っても子どもがまったく聞く耳をもたず熱心に着飾るのは，まさに想像上の観衆がいるからである。

　SNSが普及した現代，多くの若者がSNSを自ら活用しているが，その「フォロワー」はまさに想像上の観衆になりうる。つまり，SNSは，この思春期特有の「自分は周囲に注目されている」という信念にぴったりと対応する仕組みを提供するものといえる。多くの若者がSNSを利用する理由の一つはこの点にあるといえるだろう。

　自意識の高まりは，自分へ没頭している状態であり，周囲からすれば自意識過剰に見える状態でもあるが，思春期の発達としては正常なことである。しかし，こうした自己への関心がさまざまな悩みにつながっていくことも少なくない。身体が急激に変化する思春期においては，「自分は周囲からどう見られているのか」という関心は，そのまま「自分の容姿」についての関心に

**図 12-1　想像上の観衆**

つながりやすく，特に女子は，一部のマスメディアなどによってつくられた「理想の容姿（多くの場合，やせていることを理想とする）」と「現実の自分の容姿」との差に思い悩むことが多い。自分の容姿に対するイメージは自尊感情に大きく影響するといわれており（Harter, 2012），周囲のおとなに「見た目なんか気にしなくていい」などと言われても，本人にとっては簡単には解消しえない大きな悩みとなりうるのである。

　青年期の対人関係は変化していく。青年期前期である思春期には，趣味や興味などの共通の話題をもつことが仲間関係のポイントとなるが，思春期を過ぎると，そういった共通性よりも互いの異なる面に魅力を感じ，より多様な人との関わりを楽しむことができるようになってくる。仲間関係の進展にともない，親子関係においては自立欲求が高まる時期でもある。

## 3節　思春期・青年期の対人関係

### 仲間関係の変化

　思春期・青年期において仲間関係は重要である。それは，親子関係からは得ることのできないさまざまなことを得ることができるからである。仲間と関わることによって，自分を見つめ直すこともできる。仲間との比較をきっかけとして，自分の能力や適性について考えたりするようにもなる。仲間に刺激されて，自分の将来について考えるようになることもある。さまざまな喜び，苦しみ，葛藤，ときには秘密を共有し，必要なときには互いに支えあうこともできる。そして何より，ほかにはない楽しさが仲間関係にはある。

　この仲間関係は思春期・青年期を通して発達していく（表12-3）。児童期には遊びなど具体的な同一行動をともにすることによって維持される「ギャング・グループ（gang-group）」という仲間関係が中心であったが，思春期に入ると認知的発達も関連し，内的側面での結びつきも重要となってくる。行動をともにすることは思春期の仲間関係においても重要であるが，内的側面における共通性や連帯感も重要となっていくのである。趣味や興味，ときにはかかえる悩みなどさまざまなことについて「共通の話題」をもつことが重要となって

表 12-3　仲間関係の発達

| | 特徴 |
|---|---|
| ギャング | 小学生など児童期に見られるもので，遊びなど行動をともにすることで結びついた関係。仲間意識が高まり，しだいに親との関係よりも大切に思えてくる。 |
| チャム | 中学生など思春期に見られるもので，趣味や興味なあえることが重要となる。 |
| ピア | 高校生や大学生など青年期後期に見られるもので，互いの異なるところに魅力を感じることができる関係。各自の価値観や将来像について語り合い，互いにそこからいろいろな気づきを得ていく。 |

くる。価値観を共有し「自分たちはいつも一緒！」「自分たちはいつも同じ！」という連帯感をもてることが大切なのである。このような思春期の仲間関係を「チャム・グループ（chum-group）」といい，どちらかと言えば女子に特徴的といわれているが，内的側面における共通性や連帯感が重要という点では男子にも共通するものといえる。

　この時期は親と過ごす時間よりも仲間と過ごす時間のほうがはるかに楽しく，大切なものとなっていく。親の目には「友だちと遊んでばかりいて！」と映る状況であるが，仲間関係の発達としては一般的なものであり，親からの自立を後押しする大切なプロセスの一つでもある。また，この時期は性的成熟の影響もあり，恋愛に関する興味も高まっていく。かつて全面的に親に向けられていたアタッチメントはしだいに恋人に向けられるようになり，そのことがまた親からの自立を後押しすることにもなっていく。

　思春期を過ぎ，高校生や大学生の年ごろになると，仲間関係はさらに発達し，それまでのような同一行動や内面の共通性よりむしろ互いの異質性に魅力を感じ，また，そういった人との関係においても自分の居場所を見出せるようになっていく。人としての成熟も相まって「いろんな人がいるから面白い」「自分と異なるからこそ魅力を感じる」という発想をもつことができるようになっていく。各自の将来像について語りあうことも増えるが，さまざまな考え方に触れることによって，互いにいろいろな気づきを得ていくようになる。この時期の仲間関係は同性・同年代に限定されず，より幅広い層との関わりが増えていく。このように，互いの異なる点に魅力を感じ，尊重しあうことで維持されている仲間関係を「ピア・グループ（peer-group）」という。

また，この年代になると恋愛関係も一般的に見られるようになり，性的な関係も含めた親密な人間関係をもつ者も増えてくる。

## 親子間の葛藤と親からの自立

　思春期に入ると，子どもが抱く親のイメージは変化していく。児童期には全面的に万能な存在に見えていても，しだいに「親であっても普通の一人の人間。いつも正しいとは限らないし，ときには間違ったことも言う」と思えるようになってくる。このような親に対する脱理想化に連動して，しだいに親からの自立欲求も高まっていく。そのような中で，親に反抗することもしだいに多くなっていく。親の言うこと一つひとつに「うるさいな！　親には関係ないだろ！」と言い返し，なかなか言うことを聞かないような状況である。この時期を「第二反抗期」という。親側からすれば「難しい年ごろ」という時期でもある。

　青年期心理学の父と称されるホール（Hall, 1904）は，青年期を「疾風怒濤」の時期とした。つまり，青年期は，苦悩と葛藤をともなうストレスに満ちた不安定な動揺の時期であるという。これを「青年期危機説」という。この青年期危機説によれば，第二反抗期による親子間の葛藤は当然のことであり，イメージとしてもわかりやすいものだった。たとえば，ふだんから互いにわかりあえない親子が，ある日激しく口論（けんか）し，その勢いで発せられた親の「お前なんか出ていけ！」ということばに子どもが「こんな家，出ていってやる！」という売りことばに買いことばで反応し，子どもが家を出ていってしまうというストーリーは，青年期危機説に沿うものであり，青年期の親子関係の葛藤を描写したものとして，テレビドラマ等でもよく見られたものだった。

　しかし，近年，青年期危機説は実証的研究によって概ね否定されつつある。現在では，「疾風怒濤」といわれるほど激しい混乱や葛藤に満ちた青年期を送る者は一部の臨床事例でしかなく，それ以外の多くの者は周囲への適応も比較的良好で，落ち着いた生活を過ごしているとされている。これを青年期平穏説という。確かに，それまで親に従順であった子どもが，思春期に入り親に対して口答えをし，なかなか言うことを聞かなくなるという状況は珍しくはない。親のほうは「年ごろの子育ては難しい……」と思うこともあるだろう。しかし，現実の一般的な青年期の親子関係は，それほど激しい葛藤的なものではないこ

とが複数の研究で示されている。親子間で口論となることがあっても，たとえば，服装や休日の過ごし方など日常的な些細なことが発端でしかない場合が多いといわれている（Steinberg, 2017）。

青年期の子どもが親に対して抵抗するの理由の一つは，その問題に対する視点が互いに異なるためである。親は道徳あるいは習慣や慣例などから判断する問題と捉えるが，子どもは個人の選択の問題と捉える傾向がある（Martin et al., 2011）。「そんなの常識で許されるわけないでしょ！」というように親は社会的な視点から判断することが多いが，「常識って誰が決めたんだよ？　そんなの個人の自由だろ！」と子どもは個人の問題として反抗することが多い。これは，物事の判断，決定についての権限に対する認識の不一致の問題でもある（Steinberg, 2011）。自立に向かう一つのプロセスとして，しだいに自分の権限を拡大しようとする子どもと，それをまだ承認できない親との間で生じているものである。そのため，親子間の口論は，思春期に入るとしだいに増えるものの，青年期後期に入り，親が子どもを自立した存在として扱うようになってくれば，そのような口論はしだいに減っていくものである。

親からの自立についても，かつては，ホールの青年期危機説に基づく見方が一般的だったといえよう。すなわち，葛藤と混乱の中で，若者が親に反抗することが自立につながっていくという見方である。この見方では，上で述べた「お前なんか出ていけ！」「こんな家，出ていってやる！」という親子は，まさに子どもが自立に向かっていく典型例ということになる。

しかし，そのような見方は過去のものとされ，現在は異なる状況であることが指摘されている（Santrock, 2019）。現在の青年期における健全な自立とは，上の例の親子のように激しい葛藤や高いストレスの中で展開され，親からの離別という形で達成されるものではなく，むしろ，良好な親子関係の中で，情緒的なつながりを維持しつつ，その関係をより成熟したものにしていく中で展開されるものとされている。子どもが放棄するのは親との関係ではなく，それまでの親に対する幼児的な依存欲求である。健全な自立においては，親は分離の対象ではなく，自立に向かう子どもにとって重要なサポート役であり，愛着の対象であり続けるのである（Santrock, 2019）。

アイデンティティを確立することは，青年期における最も重要な発達課題の

一つである。さまざまな活動を通してさまざまなことを経験し，その中から自分に最も当てはまるものを見出していくことが，アイデンティティの確立につながっていく。

## 4節　成人期に向けて——アイデンティティの確立

　青年期において次の成人期に向けた大きな発達課題といえば，やはり，アイデンティティ（identity）を確立することであろう。一般的には，アイデンティティといえば「自分は何者であるのか？」という問いに対する答えとして理解されていることが多い。確かに，アイデンティティの意味するところは究極的にはこの短い一つの問いで表現できるかもしれない。しかし，実際に青年期の若者が取り組むべき発達課題としてのアイデンティティはもう少し複雑である。

　エリクソン（Erikson, 1959）によると，アイデンティティは「斉一性（sameness）」と「連続性（continuity）」という2つの側面から構成されている。斉一性とは，社会的側面におけるさまざまな場面において一貫した自分を維持していること，つまり，対人関係の中に埋没してしまうことのない明確な自分をもち，それがぶれないことである。連続性とは，過去から未来に続く時間の流れの中で自分が連続した存在であること，つまり，現在の自分が過去の自分から矛盾なくつながっており，かつ，現在の自分から将来の自分が見通せることである。この斉一性と連続性について，自分と周囲の認識が一致したときに生じる自信がアイデンティティの感覚なのである。アイデンティティの確立が不調になると，自分が何者であるかつかめず，これからどう生きていけばいいのかもわからない状態（アイデンティティ拡散）に陥ってしまう。

　青年期には，大学などで学びつつ，アルバイトやサークル，または，ボランティアなどのさまざまな活動に取り組むものである。また，就職する場合であっても，最初から一つの職業には固定せず，転職を何度かくり返して自分に本当にあった職業を見つけようとすることもあるだろう。エリクソンは，このようにさまざまな活動や行動を通して多くの役割を経験し，自分にあうものを探索することがアイデンティティの確立において重要であるとし，このような

探索活動を「役割実験（role experimentaion）」とよんだ。また，エリクソンは，そのためにさまざまなおとなとしての社会的義務を果たすことを一時的に免除されている期間があるとし，それを「心理社会的モラトリアム（psychosocial moratorium）」とよんだ。従来，これに相当する期間としては大学時代がよくイメージされてきたが，近年の大学生の就職活動状況や社会情勢などからこのモラトリアムが消失しつつあることが指摘されている。

　世襲制などにより職業選択の自由度が著しく低かったり，身分制度などによって生き方がほぼ決まってしまうような時代においては，アイデンティティの確立はそれほど大きなテーマとはなりえなかったと考えられる。しかし，現在は，職業選択は基本的に自由であり，多様な生き方が尊重される社会となりつつある。このような状況は，先に述べた心理社会的モラトリアムの消失と合わせて，現代の若者にとってアイデンティティの確立というテーマをより困難なものにしているといえるだろう。

◀　読書案内　▶

●E. H. エリクソン（著）西平直・中島由恵（訳）『アイデンティティとライフサイクル』誠信書房　2011 年
難解な文章を書くことで有名なエリクソンであるが，その文章をわかりやすく訳しており，また，巻末の解説等も充実している。青年期理解のためにエリクソンのアイデンティティを学ぶ者にとっては必読の書である。

●鑪幹八郎（著）『アイデンティティの心理学』講談社現代新書　1990 年
新書で初学者にもたいへん読みやすい。初版が 1990 年であり，用語など年代を感じさせる部分は若干あるものの内容はとても充実している。著者はエリクソンとの対談という貴重な経験の持ち主でもあるが，その著者だからこそ感じ取れるものがうかがえる良書である。

●服部祥子（著）『生涯人間発達論 第 2 版——人間への深い理解と愛情を育むために』医学書院　2010 年
青年期を深く理解するためには青年期だけを切り取るのではなく，生涯発達の中で理解することが重要である。本書はそのために最適である。各年代の事例なども含まれており，理解がしやすい。単なる理論の解説書ではなく，副題に沿った良書である。

# COLUMN **12**　　　勉強以外の学習塾の役割

　学習塾の役割は勉強を教えることである。しかし最近は，勉強以外のことでも生徒や保護者の悩みや相談に乗り，彼らに対して心理面でのサポートをする相談支援という塾の役割が注目されている。この相談支援の結果，生徒の心が安定し落ち着いて勉強に取り組むことで成績アップや，合格につながるときもある。このような点から，相談支援は学習指導と同様に重要と考える塾は多いようである。

　今井・大川（2020）の研究によれば，相談支援には3つの機能がある。1つ目は生徒に寄り添う機能である。塾の先生は，つねに生徒たち一人ひとりへさまざまな声かけをしている。塾に来たときには「よく来たね。今日も一緒に頑張ろう！」，帰るときには「お疲れ様。また明日待ってるね」と外まで一緒に出て見送る。塾にいる間も，たとえば生徒の好きな話題で雑談をしたり，リラックスできる環境づくりをする。つらい受験勉強を少しでも楽しくやれるようにという配慮がそこにはある。元気がなさそうなときは，悩みや不安を聴いて気持ちを立て直してあげたりもする。思春期には家や学校では言いにくいこともあるものだが，いつも勉強を見てくれる塾の先生に話を聴いてもらったことがあるという人もいるのではないだろうか。また積極的な声かけはせずとも，生徒を見守りその子が助けを求めてきたときは思い切り手厚くしてあげるよう心がけている先生もいる。

　2つ目は，親子関係がよりよくなるような調整をする機能である。日々の生活から将来の進路まで，親子は意見が異なることが結構ある。互いに言い分があるのだが，つい感情的になってしまうこともある。そんなとき，塾の先生は間に入ってそれぞれの思いを聴き，親や子どもの気持ちを代弁したり，こじれたところは整理して双方丸く収まるように働きかけたりする。

　3つ目は保護者を受容する機能である。保護者が言ってくることはどんなことでも否定をせず，まずは受け入れ話を聴く。たとえ塾の専門以外の内容であってもできる限り相談に乗る。保護者は大切な生徒の養育者であり，保護者をサポートすることが，生徒が安心して過ごせる環境をつくることにつながるからである。また塾はサービス業でもあり，月謝を出す保護者もまた塾にとって生徒同様に大切なお客様なのである。

　非定型発達・いじめ・不登校など，子どもに関わるさまざまな問題が世間で取り上げられるようになり，その結果それらの対応のための新しい法律ができ，学校に代わる居場所も認められるようになってきている。また学校では子どもへの新たなチーム支援も始まっている。このような教育環境の変化が学校外教育の場へも変化をもたらし，塾に求められる役割の変化へとつながってきているのかもしれない。

# 第13章　キャリアの発達

エピソード●

　「そもそもキャリアってなんだろう？」。来年40歳になるシゲオに，会社から突然，キャリア研修の案内メールが届きました。"職業人生の長期化や価値観の多様化が進む現代，節目の時期に自身のキャリアを考える時間をもってほしい"，人事部長からのメッセージも添えられていました。そういえば，わが社には近年キャリア相談室ができたこと，そこにはキャリアコンサルタントがいるらしいこと，アルバイト学生がエントリーシートの書き方に悩んでいたこと，定年間近の元上司がキャリア面談に行っていたこと，社内で起きていることを次々に思い出しました。近くの公民館でキャリアセミナーのチラシが貼られていたことも，ふっと頭に浮かびました。「キャリアってなんだろう？」。

解説●

　「キャリア」ということばは，近年は一般的なことばとして使われるようになってきました。経歴，専門的技能，職業経験などとやや狭い意味で使われることも多いことばですが，キャリアのもつ本質的な意味はもっと豊かで広いものです。生涯を通した生き方そのものを表すことばであると考えられています。学校生活を送る中で，社会人となり働く中で，地域との関わりの中で，日々の生活の中で，趣味や学びの中で，さまざまなキャリアが積み重なっていきます。

　本章では，キャリアに関する理解を深め，生涯にわたるキャリア発達について概説します。多くの働く人が組織に所属することを踏まえ，組織経験を通したキャリア発達と組織内でのキャリア発達に関する概念も紹介します。

# 1節　生涯にわたるキャリア発達

　最初に「キャリア」ということばに含まれている意味を説明する。その後，生涯を通したキャリア発達の全体像を理解するため，職業的発達段階とそれぞれの時期における発達課題を整理する。最後に，総合的なキャリア発達モデルを紹介する。

## キャリアとは

　そもそもキャリアとは，どのような意味を含んだことばだろうか。一般的には経歴，職歴，進路，専門性とイメージされることが多いが，本来は包括的なことばである。職業心理学者のスーパー（Super, D. E.）は，キャリアについて職業およびその他のさまざまな役割の連続であると説明し，生涯にわたって個人が追求していくことを強調した（Sper, 1976）。その後，理論家がそれぞれの立場で整理を試みているが，キャリアとは生涯を通した個人の職業やその他の役割を含んだ多面性のあることばであると理解されることが多い。多数の定義を分析した渡辺ら（2018）は，「人と環境との相互作用の結果」「時間的な流れ（連続的な過程である）」「空間的広がり（環境や場など具体的な空間が舞台となっている）」および「個別性」の意味が共通して内包されており，これらはキャリアの概念に不可欠な要素であると述べている。

　わが国の公的な定義としては，文部科学省（2004）による「個々人が生涯にわたって遂行するさまざまな立場や役割の連鎖及びその過程における自己と働くこととの関係づけや価値づけの累積」，厚生労働省（2002）による「一般に経歴，経験，発展さらには，関連した職務の連鎖等と表現され，時間的持続性ないし継続性を持った概念」がある。なお，キャリア支援に関する専門性を示す資格にキャリアコンサルタントがあり，2016年に国家資格化された。キャリアコンサルタントとはキャリアコンサルティングを行う者であるが，キャリアコンサルティングとは「労働者の職業の選択，職業生活設計又は職業能力の開発及び向上に関する相談に応じ，助言及び指導を行うこと」と法的に規定されている。キャリアコンサルタントは現在，企業，需給調整機関，教育機関な

ど幅広い分野で個人や組織を対象とした多様なキャリア支援を担っている。

## 生涯にわたるキャリア発達

　a　キャリア発達の諸段階と発達課題　　生涯を通したキャリア発達に関し，スーパーは発達心理学の視点を職業的選択と適応に応用し整理した（表13-1）。「成長・探索・確立・維持・解放」と名づけられた5段階ごとに，固有の特徴と下位段階，達成すべき課題が示されている。

　たとえば成長段階では，「自分がどのような人なのかの全体像を発達させる。仕事世界への志向性や働く意味の理解を発達させる」とあるように，自己理解

**表 13-1　キャリア発達の諸段階と発達課題**（Herr et al., 2004 から一部抜粋）

| 発達段階 | 特徴 | 下位段階 | 発達課題 |
| --- | --- | --- | --- |
| 成長段階<br>（誕生〜） | 自己概念が，学校・家庭における主要人物との同一視を通じて発達する。興味と能力は社会参加と現実吟味の増大にともない，より重要となる。自助，社会とのやりとり，勤勉，目標設定，粘り強さなどの行動を学ぶ。 | ・空想期（4〜10歳）欲求中心。空想の中での役割遂行が重要な意味をもつ。<br>・興味期（15〜12歳）好みが志望と活動の主たる決定因子となる。<br>・能力期（13〜14歳）能力により重点が置かれ，職務要件（訓練を含む）が考慮される。 | ・自分がどのような人なのかの全体像を発達させる。<br>・仕事世界への志向性や働く意味の理解を発達させる。 |
| 探索段階<br>（15歳〜） | 学校・余暇活動・パートタイム労働において，自己吟味・役割試行・職業探索が行われる。 | ・暫定期（15〜17歳）欲求・興味・能力・価値観・機会のすべてが考慮される。暫定的な選択がなされ，それが空想・討論・仕事などの中で試みられる。<br>・移行期（18〜21歳）労働市場や専門訓練に入り，そこで自己概念を満たそうと試みる過程で，現実への配慮が重視されるようになる。<br>・試行期（22〜24歳）表面上適切な職業が見つかり，その分野での初歩的な職務が与えられる。 | ・職業的好みが具体化される。<br><br>・職業的好みが特定化される。<br><br>・職業的好みを実行に移す。現実的な自己概念を発達させ，より多くの機会についていっそう学ぶ。 |

| | | | |
|---|---|---|---|
| 確立段階<br>（25 歳〜） | 適切な分野が見つけられ，その分野で永続的な地歩を築くための努力がなされる。その後は地位，職務，雇用者の変化は起こるが，職業は変わらない。 | ・試行期・安定期（25 〜 30 歳）選択した職業に落ち着き，永続的な場所を確保する。自分に適していると考えた分野が不満足なものだとわかる場合もあり，その結果，生涯の仕事を見出すまで，分野を 1 〜 2 回変えることがある。<br>・向上期（31 〜 44 歳）職業生活における安定と保障された場所を確保するための努力がなされる。多くの人にとって，創造的な時期である。 | ・希望する仕事をする機会を見つける。<br>・他者との関わり方を学ぶ。<br>・職業的地位の安定を築く。<br>・永続的な地位に落ちつく。 |
| 維持段階<br>（45 歳〜） | 職業の世界である地位をすでに築いているので，この段階での関心はそれを維持するところにある。新しい地盤が開拓されることはほとんどなく，すでに確立されたパターンの継続が見られる。向上期にある若手との競争から現在の地位を守ることに関心が寄せられる。 | なし | ・自らの限界を受容する。<br>・働き続けるうえでの新たな問題を明らかにする。<br>・新しいスキルを開発する。<br>・本質的な活動に焦点を当てる。<br>・獲得した地位や利益を保持する。 |
| 解放段階<br>（65 歳〜） | 身体的，精神的な力が下降するにつれて，仕事活動は変化し，そのうちに休止する。新しい役割が開発される必要がある。最初は気が向いたときだけの参加者，ついで傍観者としての役割をとるようになる。退職によって失ったものの代わりとなる満足源を見つけなければならない。 | ・減退期（65 〜 70 歳）仕事のペースは緩み，職責は変化し，下降した能力にあわせて仕事の性質が変わる。多くの人は，常勤の仕事の代わりに非常勤の仕事を見つける。<br>・引退期（71 歳〜）仕事の完全な休止や非常勤・ボランティア・余暇活動へのシフトは人によって違いがある。 | ・職業外の役割を開発する。<br>・よい退職地点を見出す。<br>・常々やりたいと思っていたことをやる。<br>・労働時間を減らす。 |

や現実吟味を深めていくことが課題として求められている。それを達成すれば次の段階への移行の準備が進む。ただし，キャリア発達は直線的な変化だけではなく，移行のたびに小さな「成長・探索・確立・維持・解放」のサイクルが動くこともあり，らせんを描くような変化であることを，スーパーは強調して

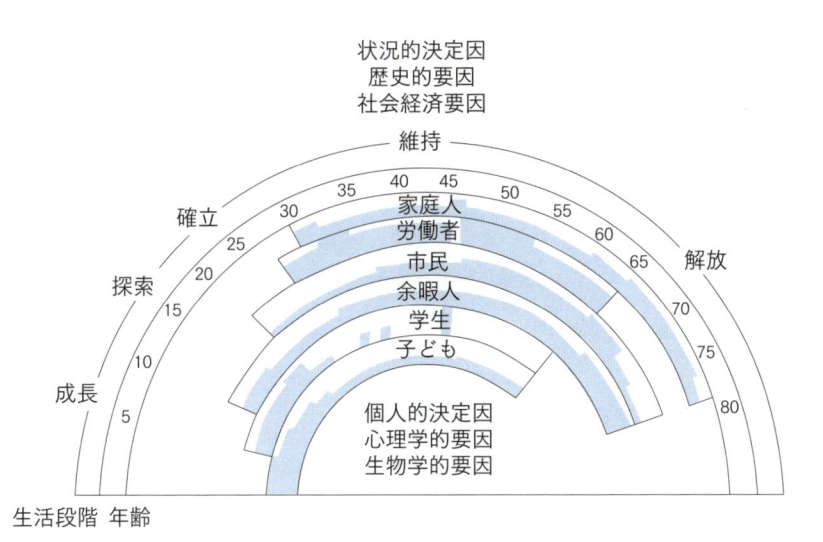

**図13-1 ライフ・キャリア・レインボー**（Super, 1984 をもとにした簡易図）

いる。

　**b　総合的なキャリア発達モデル**　スーパーは，人生の段階に加え人生のさまざまな環境・場における役割の視点を取り入れることで，総合的なキャリア発達のモデルを表した。ライフ・スパン（人生の長さ）とライフ・スペース（人生の空間）の概念を用いて整理された図は，「ライフ・キャリア・レインボー」とよばれている（図13-1）。ライフ・スパンとは前述の5つの段階（成長・探索・確立・維持・解放）のことであり，ライフ・スペースは家庭，学校，地域社会，職場など人生における多様な空間・舞台のことである。

　ライフ・キャリア・レインボーは，生涯の時間の流れの中で，子ども・学生・余暇を楽しむ人・市民・労働者（職業人）・家庭人など人生における役割の組みあわせが展開していくことを示している。さまざまな役割は時期や段階に応じて重なりあい相互に影響を及ぼすなど，多くの場合は複数の役割を同時に担っていく。人生の時間軸の中で自身の役割を選択し組みあわせていくことも固有性の表れであり，キャリア発達の視点として重要であると考えられる。

# 2節　児童期から青年期を通したキャリア発達

　前節では生涯を通したキャリア発達について述べたが，本節では児童期から青年期を通したキャリア発達をより具体的に説明する。また，児童期・青年期を通した教育現場でのキャリア発達支援，すなわち小学校・中学校・高校，および大学等におけるキャリア教育での取り組みを概観することで，キャリア発達についての示唆を得る。

## 児童期から青年期を通したキャリア発達

　教育学者のハヴィガースト（Havighurst, R. J.）は，乳幼児期から老年期までを6段階に分け，発達課題を「身体的成熟」「社会の文化的圧力（その人が帰属している文化・社会，職業活動の高度化〔技術化〕などからの要請）」，「個人的な動機や価値意識」の3つの視点から整理した（Havighurst, 1953）。発達課題とは「個人が健全な成長を遂げ，社会に適応するために期待されている課題」であるが，キャリア発達にもつながる視点として，児童期と青年期に関する発達課題をここでも確認する（表13-2）。

**表13-2　児童期と青年期の発達課題**

| 発達段階 | 発達課題 |
| --- | --- |
| 児童期<br>（6〜12歳） | ・遊びを通じて必要な身体技能を学習<br>・成長する生活体としての自己に対する健全な態度の形成<br>・仲間とつきあうことの学習　・読み書き計算の基礎的技能の発達<br>・日常生活に必要な概念の発達　・良心，道徳性，価値の尺度を発達させること<br>・親と自己を区別し独立した個人になること |
| 青年期<br>（12〜18歳） | ・社会的集団ならびに諸機関に対する態度を発達させること<br>・友人との交流および成熟した人間関係の構築<br>・社会的役割の学習，自己の身体構造を理解し有効に使う<br>・両親やほかの大人からの情緒的独立　・経済的独立に関する自信の確立<br>・職業選択と準備　・結婚と家庭生活の準備<br>・市民的資質に必要な知識技能と概念を発達させる<br>・社会的に責任ある行動を求め，かつ成し遂げること<br>・行動の指針としての価値や論理の体系の学習<br>・適切な科学的世界観と調和した良心的価値の確立 |

児童期の発達課題は、身体的な成熟が進むか日常生活に必要な態度や技能への学習が進み、仲間との交流が始まり、読み書き計算など基礎的技能の発達や価値尺度などの醸成等であることがわかる。自立的な人間形成を目指した段階であると理解できる。その後の青年期では、成熟した人間関係の構築や社会的な役割の学習が始まり、両親やおとなからの情緒的独立や経済的独立、および職業選択の準備などが進み、他者と調和しつつ自己の価値体系を確立するなど、学生から社会への移行の準備を目指した発達課題が整理されている。

## 教育現場におけるキャリア発達支援

**a　小学校・中学校・高等学校におけるキャリア教育**　児童期から青年期を通した教育現場では、どのようなキャリア発達支援が行われているのだろうか。文部科学省 (2004) は、キャリア教育を「児童生徒一人一人のキャリア発達を支援し、それぞれにふさわしいキャリアを形成していくために必要な意欲・態度や能力を育てる教育」と捉え、端的には「児童生徒一人一人の勤労観、職業観を育てる教育」とした。段階に応じたキャリア発達を整理されている (表13-3)。

小学校は「進路の探索・進路の探索」であり、児童が自分自身や将来に関心をもち、自分らしい生き方を実現していこうとする態度を育成することが、中学校は「現実的探索と暫定的選択の時期」であり、自分と社会との関わりを考え現実的な進路計画や暫定的な選択ができることが求められる。この段階で社会に出る選択をする者もいる。高等学校は「現実的探索・試

**表13-3　小学校・中学校・高等学校におけるキャリア発達**
(国立教育政策研究所生徒指導研究センター、2002 から一部抜粋)

| 小学校 | 中学校 | 高等学校 |
| --- | --- | --- |
| 進路の探索・選択にかかる基盤形成の時期 | 現実的探索と暫定的選択の時期 | 現実的探索・試行と社会的移行準備の時期 |
| ・自己及び他者への積極的関心の形成・発展<br>・身のまわりの仕事や環境への関心・意欲の向上<br>・夢や希望、憧れる自己イメージの獲得<br>・勤労を重んじ目標に向かって努力する態度の形成 | ・肯定的自己理解と自己有用感の獲得<br>・興味・関心等に基づく職業観・勤労観の形成<br>・進路計画の立案と暫定的選択<br>・生き方や進路に関する現実的探索 | ・自己理解の深化と自己受容<br>・選択基準としての勤労観、職業観の確立<br>・将来設計の立案と社会的移行の準備<br>・進路の現実吟味と試行的参加 |

行と社会的移行準備の時期」であり，自分の人生をどう生きていくか，就職や進路を控え具体的な選択が求められる。このように，段階ごとの特徴や発達課題を踏まえながら，体系的なキャリア教育を進めることが目指されている。

キャリア教育を通して育成すべき能力も整理されている。「基礎的・汎用的能力」である（表13-4）。段階に応じた授業や進路指導，課外活動，職場体験などさまざまな機会を活かし，社会で生きる力を育むことが期待されている。

**b　大学等におけるキャリア教育**　高等教育は大学・短大，高等専門学校，専門学校等多様な機関で行われている。近年は職業に必要な能力の高度化・複雑化，非正規雇用の増加等にともなう企業内人材育成の変化，若年無業者や早期離職者等社会・職業へ円滑に移行できない学生の問題などが顕在化し，高等教育機関では社会・職業との関連を重視した実践的な教育の充実を図ることが課題となっている（中央教育審議会, 2011）。高等教育を通して，産業構造等の変化に対応できる柔軟な専門性・創造性や生涯を通じた持続的な就業力を育成していくことや，豊かな人間形成と人生設計の構築をめざすことが求められている。

なお，大学等でのキャリア教育で指標の一つとして使われているものに，経済産業省が提唱する「社会人基礎力」がある（図13-2）。考え抜く力，前に踏

**表13-4　基礎的・汎用的能力**
（国立教育政策研究所生徒指導研究センター，2011 から一部抜粋）

| | |
|---|---|
| 人間関係形成・社会形成能力 | 多様な他者の考えや立場を理解し，相手の意見を聴いて自分の考えを正確に伝えることができるとともに，自分の置かれている状況を受け止め，役割を果たしつつ他者と協力・協働して社会に参画し，今後の社会を積極的に形成することができる力 |
| 自己理解・自己管理能力 | 自分が「できること」「意義を感じること」「したいこと」について，社会との相互関係を保ちつつ，今後の自分自身の可能性を含めた肯定的な理解に基づき主体的に行動すると同時に，自らの思考や感情を律し，かつ，今後の成長のために進んで学ぼうとする力 |
| 課題対応能力 | 仕事をするうえでのさまざまな課題を発見・分析し，適切な計画を立ててその課題を処理し，解決することができる力 |
| キャリアプランニング能力 | 「働くこと」を担う意義を理解し，自らが果たすべきさまざまな立場や役割との関連を踏まえて「働くこと」を位置づけ，多様な生き方に関するさまざまな情報を適切に取捨選択・活用しながら，自ら主体的に判断してキャリアを形成していく力 |

**図 13-2　社会人基礎力**（経済産業省 , 2020）

み出す力，チームで働く力の3領域で構成されている。現在は「人生100年時代の社会人基礎力」として「これまで以上に長くなる個人の企業・組織・社会との関わりの中で，ライフステージの各段階で活躍し続けるために求められる力」と定義されている。

# 3節　成人期のキャリア発達

　前節では児童期から青年期を通したキャリア発達を扱ったが，本節では学校から社会への移行後となる成人期のキャリア発達を説明する。働く人の多くは

組織の中でキャリアを形成していく。成人期のキャリア発達には組織との関係も影響していることを踏まえ，組織経験を通したキャリア発達にも言及する。「組織」について馬場（1983）は，①明確な目的がありその達成に向けて活動する，②共通目的達成のために持続性をもつ協働する人びとの集まり，③目的達成のため地位・役割の分化・権限階層などの構造をもつ，3要素として説明している。本節においてもこの考え方に準じ，働く場としての組織を前提として説明を続ける。

## 成人期のキャリア発達

　成人期の発達に焦点を当てたレビンソン（Levinson, D. J.）は，中年期男性へのライフヒストリー調査に基づき，成人前期と中年期のライフサイクルを整理した（Levinson, 1978/1992）。成人の発達には成人への過度期，人生半ばの過度期，老年への過度期という主に3つの過度期があることと，そうした過度期を経ながら成人前期（17～40歳）と中年期（40～60歳）に関するプロセスが進んでいくことを示している（図13-3）。

　青年期から成人前期への橋渡しとなるのは成人への過度期であるが，その後には「おとなの世界へ入る時期」があり，成人期最初の生活構造をつくり上げることが主要課題となる。この生活構造は「三十歳の過度期」に修正され，「一家を構える時期」には，成人期第二の生活構造を築く。その後，人生半ばの過度期が中年期との橋渡しとなり，「中年に入る時期」「五十歳の過度期」や「中年の最盛期」などを経て，「老年への過度期」につながっていく。

　レビンソンのモデルは過度期と安定的な時期が交互に現れていることが特徴的であるが，それぞれの時期に意味や発達課題があると述べている。過度期とはそれまでの生活構造（生活パターン）を根本から見直し必要ならば修正をしなければならない時期であり，自己および外界を変えるさまざまな可能性を模索することが課題となる。安定期には，いくつかの重要な選択を行い，それを中心に生活構造を築き自分の目標と価値観を追求することが課題となる。

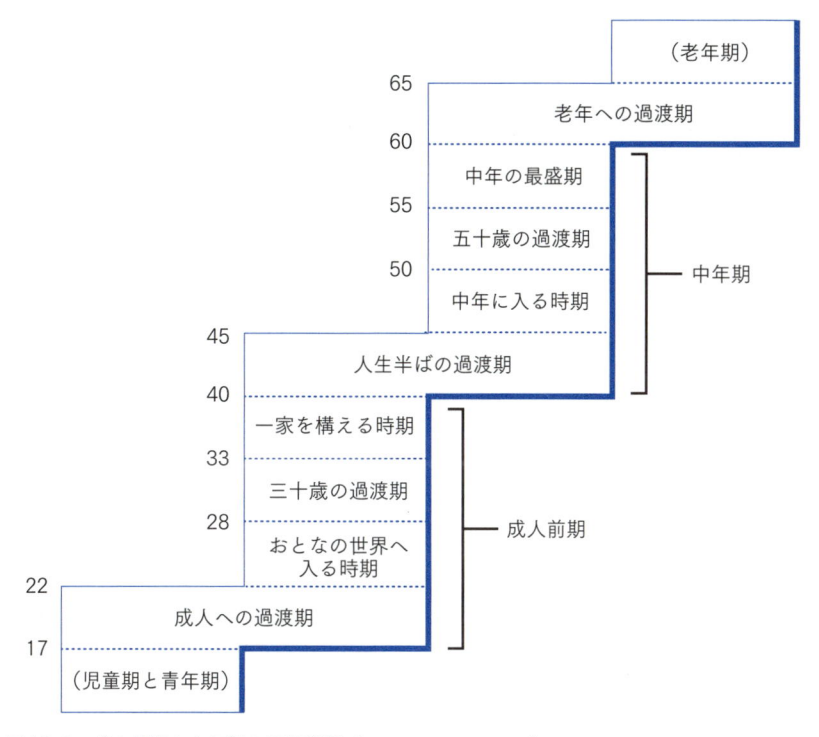

**図 13-3　成人前期と中年期の発達段階**（Levinson, 1978/1992）

## 組織経験を通したキャリア発達

　組織と個人がともに成長・発展する視点をもつことの重要性を説く考え方も
ある。ここでは，組織心理学者のシャイン（Shein, E. H.）による組織経験を通
したキャリア発達を説明する（Shein, 1978/1991）。シャインは，組織と個人の相
互作用を重視し，組織におけるキャリアの段階的発達を「キャリア・サイク
ル」としてまとめた（表 13-5）。シャインはキャリア行動の結果のうち客観的
な側面を外的キャリア（履歴書などに表される仕事の内容・実績・地位など），主観
的な側面を内的キャリア（仕事に対する動機や意味づけ，価値観など）と名づけた
が，これは内的キャリアの発達を整理したものと理解できる。

　キャリア・サイクルでは，仕事の世界にエントリーした後に，基礎訓練の時
期があり，キャリア初期・キャリア中期と緩やかに段階が進んでいる。組織経
験を通した問題や課題が細かく整理され，キャリア中期の危機後は分岐してい

**表 13-5　キャリア・サイクル** (Shein, 1978/1991 から一部抜粋)

| 段階 | 直面する一般的問題 | 特定の課題 |
|---|---|---|
| 成長，空想，探求<br>（0 〜 21 歳） | ・現実的な職業選択のための基礎を準備する<br>・適切な教育ないし訓練を受ける | ・自分自身の欲求と興味を開発し発見する<br>・自分自身の能力と才能を開発し発見する |
| 仕事の世界へのエントリー<br>（16 〜 25 歳） | ・労働市場に入る――キャリアの基礎となりうる初めての仕事につく | ・仕事の探し方，応募法，就職面接の受け方を学ぶ<br>・初めての仕事の現実的かつ妥当な選択を行う |
| 基礎訓練<br>（16 〜 25 歳） | ・仕事およびメンバーシップの現実を知って受けるショックに対処する<br>・できるだけ早く効果的なメンバーになる | ・未経験ゆえの不安を克服し，自信を持つようにする<br>・できるだけ早く，文化を解読し，「こつを知る」 |
| キャリア初期の正社員資格<br>（17 〜 30 歳） | ・昇進あるいは他分野への横断的キャリア成長の土台を築くため，特殊技術と専門知識を開発し示す | ・効果的に職務を遂行し，物事がどのように行われるかを学び，向上する |
| 正社員資格，キャリア中期<br>（25 歳以後） | ・専門を選び，それにどれだけかかわるようになるかを決める，あるいは，ジェネラリストまたは管理者となる方向に向かう | ・ある程度の独立を得る<br>・自分自身の業務基準を開発し，自分自身の意思決定に自信をもつようにする |
| キャリア中期の危機<br>（35 〜 45 歳） | ・自分の歩みの主要な再評価を行い，現状維持か，キャリアを変えるか，あるいは新しいより高度な手ごたえのある仕事に進むかを決める | ・自分の才能，動機，および価値（キャリア・アンカー）を知るようになる<br>・自分の将来にとっての自分のキャリア・アンカーの意味を現実的に評価する |
| 非指導者役もしくは指導者役にあるキャリア後期<br>（40 歳から引退まで） | ・（非指導者役）助言者になる，つまり，他者を動かし，導き，指図し，また彼らに対して責任を負うようになる<br>・（指導者役）組織の長期的繁栄に自分の技術と才能を役立てる | ・（非指導者役）どのようにして，技術的に有能であり続けるか<br>・（指導者役）どのようにして，自己は主にはかかわらず，組織の繁栄に一層責任をもつようになれるか |
| 衰えおよび離脱<br>（40 歳から引退まで） | ・能力とモチベーションの減退に基づく新しい役割を受け入れ，開発するようになる | ・趣味，家庭，社会および地域の活動，パートタイムの仕事などに新たな満足源をどのようにして見つけるか |
| 引退 | ・ライフサイクル，役割，生活水準におけるより劇的な変化に適応する | ・自分の知恵と経験をどのように生かすか |

る。特に，組織内のキャリアが指導者役に向かう方向と非指導者役（専門職やその他）に向かう方向との分岐として示されている点は，組織を通したキャリア発達の特徴的な側面になる。なお，現代においては生涯を通して複数の組織経験をもつ場合も増えている。そのため，キャリア・サイクルについても複数の組織経験を通しながら自身のキャリア発達を深めていくための示唆として，柔軟に理解することが望まれる。

## 組織内キャリア発達に関連する概念

　組織経験を通したキャリア発達をさらに掘り下げ，組織と個人の関係性を説明する代表的な概念を紹介する。

　**a　リアリティ・ショック**（**Reality Shock**）　たとえば新たな組織に参入したとき，新たな場所や仕事を与えられたとき，新たなプロジェクトが始まったとき，個人の内面ではどのような動きが生じるだろうか。事前にイメージしていたことと現実が異なり，とまどいや不安を感じ，自信をなくすこともあるのではないだろうか。入る前に推測・想像・期待をしていたことと，仕事・職場・組織・社会環境の中で直面する現実とのギャップを認識したときに起こる心の動きのことを「リアリティ・ショック」とよぶ。入社後に何らかのイメージギャップ（リアリティ・ショック）をかかえる社会人は76.6％に及ぶとの民間調査結果もある（パーソル総合研究所・CAMP, 2019）。

　もともとは，同様の意味でヒューズ（Hughes, 1958）が用いた表現であるとシャインは述べている。つまり，リアリティ・ショックは古くからある概念であり，時代にかかわらず普遍的な概念であると考えられる。どの発達段階においても起こることであり，リアリティ・ショックがあるからこそ現実の仕事の理解と成長，キャリア発達が進む側面も有していると考えられている。

　**b　組織コミットメント**（**Organizational Commitment**）　組織への参入後，組織と個人の関係性が深まっていくことが想定される。人によっては組織への帰属意識が高まり，組織内での一体感を感じることもあるのではないだろうか。

　そのような関係性を説明する概念が，「組織コミットメント」である。ポーター（Porter, L. W.）らは，①組織の一員として組織にとどまりたいという願望，

②組織の代理として高水準の努力をしようという意思，③組織の目標および価値観を受け入れる強い信念，と定義している（Porter et al., 1974）。この後，アレンとメイヤー（Allen & Meyer, 1990）は組織コミットメントを「情緒的コミットメント」「存続的コミットメント」「規範的コミットメント」の3要素として整理した。情緒的とは組織に対する感情的な愛着のこと，存続的とは辞める際のコスト，つまり辞めると失うものが多いために組織に残っているという意味を含む。規範的とは，組織にとどまり理屈ぬきにコミットすべきであるといった義務的な意味を含む。組織への参入後に，組織内での経験が積み重なり人間関係も深まり，組織コミットメントが高まっていくことが期待される。

**c　ワーク・エンゲイジメント（Work Engagement）**　働く中で，仕事そのものに没頭し，熱意をもって自主的に取り組んだ経験をもつ人も多いのではないだろうか。そのような状態を説明する概念が，「ワーク・エンゲイジメント」である。そもそもエンゲイジメントとは，日常的にビジネスシーンやコンサルティング業界で一般的な用語としても使われていた。

　シャウフェリ（Shaufeli, W. A.）らはワーク・エンゲイジメントを「ポジティブで，達成感に満ちた，仕事に関連のある心の状態である活力，熱意，没頭をその特徴とする」と定義した（Shaufeli et al., 2002）。活力とはエネルギッシュで困難に直面しても粘り強く取り組むことを特徴とし，熱意は自分の仕事に深く関わり，仕事に意義や熱意，誇り，挑戦の気持ちを感じることを意味する。没頭は自分の仕事に完全に集中し夢中になり，時間がいつの間にか過ぎてしまう等で特徴づけられる。バーンアウトの逆転概念であると考える理論家もいる。

　ワーク・エンゲイジメントをポジティブな要因と捉え，メンタルヘルス対策に応用する考え方も広がっている。

## 4節　キャリア支援の現在

　本章では，キャリアということばに含まれる意味や，生涯にわたるキャリア発達について理解を深めた。また，組織経験を通したキャリア発達に関する考え

方も整理した。キャリア発達とは,「社会の中で自分の役割を果たしながら,自分らしい生き方を実現していく過程」とも説明されているが（中央教育審議会, 2011）,個々人なりの働き方や生き方を検討することの重要性は増していると考えられる。たとえば,近年国内では労働人口の減少やそれにともなう生産性の向上が課題となり,リスキリングや労働移動の促進,個人の価値観や働き方の多様化,組織と個人の関係性の変化などが急速に進み,「キャリア自律」という考え方も広がっている。

　キャリア自律が実践できる人材は,自分の価値観をベースとしたキャリア開発の重要性を認識し,自分自身を継続的にモチベートし,自分の意志をベースに主体的に行動でき,チャンスを能動的に捉え,事態を切り開くことができると考えられている（花田, 2001）。こうした主体的なキャリア形成の意識を高めるためには,節目ごとに職務を含めた経験の棚卸しを行い,自身の価値観や判断基準を整理し,自身を取り巻く環境に関する理解を深め,必要な自己啓発を検討し,個々人なりに選択や調整・適応を進めていく姿勢が求められる。職業能力開発促進法の改正（2015 年）により,労働者が自発的に職業能力の開発および向上に努めることや事業者も必要に応じて措置を講ずることも明示された。キャリア自律の意識をもち行動に生かせる個人が増えるためにも,キャリア支援を提供する専門職者や上司・同僚・サポーターの存在が拡大していくことや,組織における制度等の整備が進むことなど,多様なキャリア支援が展開されることが期待される。

◀　**読書案内**　▶

●渡辺三枝子（編著）『新版キャリアの心理学 第 2 版──キャリア支援への発達的アプローチ』ナカニシヤ出版　2018 年
キャリア発達の基盤となるキャリア心理学に関する過去と現在の知見を網羅的に学べる。キャリア理論を学ぶ意味や実践への応用に関する視点も豊富であり,キャリアやキャリア発達について深く考えさせられる。

●杉山崇・馬場洋介・原恵子・松本祥太郎（著）『キャリア心理学ライフデザイン・ワークブック』ナカニシヤ出版　2018 年
キャリア心理学の理論に基づき,主体的なキャリア形成をしていくための考え方や

演習素材が整理されている。多様性の時代に生きる自身のキャリアを探索するための手がかりとなる。

- ●諸富祥彦・小澤康司・大野萌子（編著）『実践 職場で使えるカウンセリング——予防，解決からキャリア，コーチングまで』誠信書房　2020 年
さまざまな職場で使えるカウンセリングについて，全体像や諸技法，具体的な問題について論じている。仕事を通したキャリア発達や，そのキャリア発達を促進する取り組み・技法を具体的に理解できる。

# COLUMN 13　高校生・大学生のキャリア教育

　高校生，大学生の時期は，職業・社会への移行がより現実的になる時期であり，その重要な発達課題の一つとして「職業移行（School to Work）」があげられる。たとえば，文部科学省（2012）は高校生の段階を職業移行に向けた「現実的探索・試行と社会的移行準備の時期」と位置づけ，キャリア教育推進のポイントを，自己理解の深化と自己受容，選択基準としての勤労観，職業観の確立，将来設計の立案と社会的移行の準備，進路の現実的吟味と試行的参加としている。

　その一方で，高校生や大学生は「やりたいことが見つからない」と悩んでいることが少なくない。現実的な探索や試行に入る手前で，「何から手をつけてよいのかわからない」と感じている。

　そんなときは「やりたいこと」だけではなく「できること」や「するべきこと」に目を向けることが解決のヒントになる。職業を選ぶときには「やりたいこと（希望：Will）」に加えて，「できること（能力：Can）」，「するべきこと（義務：Must）」を考慮していくことが重要だからである。

　高校生や大学生にとって，その義務とはまず学業になる。さまざまな学業的課題をクリアしていくことで，能力やスキルが身についていく。そして，「さらにどんなことができるようになっていきたいか」と考えることが「やりたいこと」につながっていくのである。このような「義務」→「能力」→「希望」という順序があることをあらかじめ知っていると，やりたいことが見つからない場合に役に立つ。「自分には何ができるのか」という能力について考えることや「自分はまず何をするべきなのか」という義務（課題）へ意識を向けて取り組むうちに，やりたいことへの気づきにつながっていく可能性があるからである。このことは，前述したキャリア教育推進のポイントである「自己理解の深化と自己受容」にほかならない。また，能力を育むためには，目前の課題に取り組んでいく必要があることに気づく。その課題とは，学業的な課題かもしれないし，家庭や地域社会で期待される役割の場合もある。さらには，与えられるものばかりではなく，高校生や大学生が社会の中に自ら課題を見つけ，それらについて「自分がやるべきことである」という使命感が芽生えることもあるだろう。

　このように，キャリア教育で重要なことは，上記のような課題や役割に価値があることに気づかせ，その延長線上に自分の将来の可能性が広がっているという連続性に，彼らが気づいていけるように促していくことなのである。このことで，「職業移行（School to Work）」が断続的ではなく連続的なものと感じられるようになっていく。これこそが，この時期のキャリア教育の重要な使命なのである。

# 第14章　中年期・高齢期の発達

エピソード●

　これは，朝日新聞の「ひととき」に投稿された78歳の女性の声（『私の夢』）です。「2年前に始めた『けん玉』で，楽しいやら悔しいやらの日々である。中高年のおばさま10人ほどが月1回，公民館に集まってけん玉をしている。立派な先生がボランティアで指導に来てくださる。その日が待ち遠しくてならないのだが，そのときに受ける認定試験に泣かされることが多い。（中略）難しい技ばかりが並ぶ段位の取得は，私には無理だろうと思っているが，それでもいいのだ。今のメンバーでできるだけ長く，この教室を続けていきたい。そして，いつの日か，超高齢の私が高齢者や子どもたちにけん玉の楽しさを教えらたら，と夢見ている。」（朝日新聞2019年10月29日朝刊，西部本社）

解説●

　高齢になっても心身健康で生き生きと活動的に暮らしている人は珍しくない時代になりました。2017年にまとめられた日本老年学会・老年医学会による高齢者定義に関する報告書において，65〜74歳のいわゆる前期高齢者では健康で活発な社会活動の可能な人が大多数を占めることや，65歳以上＝高齢者とすることに否定的な意見が強いという意識調査などから，75歳以上を高齢者とする新しい定義が提案されました。今，高齢者像が大きく変わろうとしています。

　人生100年時代が間近に迫る今日，この長い人生をどのように最期まで歩んでいくのか，長期化した人生後半をいかに過ごすかを考えることは，今や誰にとっても身近なテーマといえます。本章では，これまでに明らかにされてきた人生の後半部にあたる中年期・高齢期の特徴や発達的変化について概観していきます。

# 1節　生涯発達から見た中高年期

　ある年齢の人が今後どのくらい生存するかを予想した年数を平均余命，そして 0 歳における平均余命を平均寿命という。日本人の平均寿命は 1965 年時点で，男性 67.74 年，女性 72.92 年であったが（厚生労働省, 2007），2021 年時点では男性 81.47 年，女性 87.57 年（厚生労働省, 2022）となり，この半世紀で 10 年以上延びている。一方，健康寿命は QOL（Quality of Life；生活の質）をより重視した指標で，日常生活に制限のない期間や自立している期間の平均などが用いられる。健康寿命の推定値 は 2018 年時点で男性 72.14 年，女性 74.79 年であり（厚生労働科学研究班, 2018），2010 年と比べて平均寿命よりも健康寿命の延びが上回っているという（内閣府, 2018）。こうしたデータは生き生きとした高齢者が増えている現実だけでなく，中高年期の延伸を裏づけている。

　バルテスら（Baltes et al.,1980）は生涯発達の観点から発達に影響する要因を 3 つに整理している。標準年齢的要因は，思春期などの生物的成熟，教育や職業，家族のライフサイクルといった年齢に関わりの深い要因であり，標準歴史的要因は，戦争や不況，災害や伝染病などの時代背景や社会経済との関わりが深い要因である。そしてこれらには含まれない個人差の大きい要因は非標準的要因とよばれ，結婚，転職，事故，死別といったライフイベントが含まれる。

これら 3 つの要因の影響力の生涯発達的変化を見ると，児童期は標準年齢的要因，青年期は標準歴史的要因，高齢期は非標準的要因の影響力がそれぞれ相対的に強く示されている（図 14-1）。このモデルが示すように，中高年期は個人差が大きくなってくると同時に，加

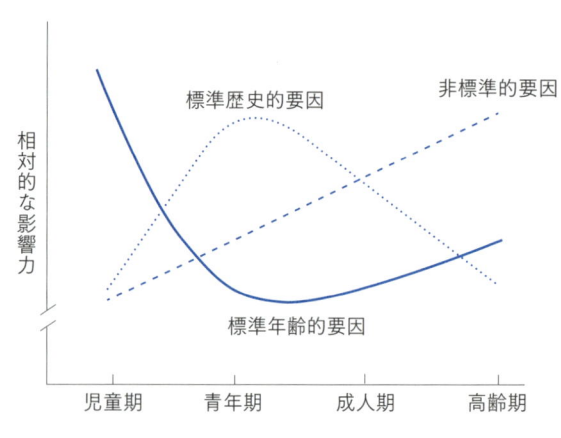

**図 14-1　各要因の影響力の生涯発達的変化**
（Baltes et al., 1980）

齢の影響が徐々に及び始める時期でもあるといえる。本章ではまず，中高年期について身体，社会，心理の観点から，発達的変化やそれに関わる諸理論について概観していく。

## 2 節　中年期の発達

### 身体的特徴

a　**生理的変化・身体機能の変化**　40 歳前後から徐々に生理的・身体機能の加齢変化が自覚され始める。薄毛や白髪，シミやしわ，中年太りといわれる体形などの外見上の変化に加え，45 ～ 50 歳ごろから水晶体の調節機能の低下が生じ，手元の文字が見えにくいといったいわゆる「老眼」が見られるようになる。疲れやすい，若いときのように無理がきかないといった体力や筋力の低下も徐々に意識され始めるが，これらは個人差が大きく，筋力低下などは，運動や生活習慣，トレーニングによっても，ある程度維持や抑制が可能となる。

b　**性ホルモンの低下と更年期障害**　40 歳後半ごろからホルモン活動，特に性ホルモンの活動の減退が始まる。女性は卵巣ホルモンやエストロゲンといった女性ホルモンの停滞によって 50 歳前後で閉経を迎える。閉経をはさんだ前後 5 年間を更年期とよび，この時期に出現する器質的変化によらない不定愁訴の総称を更年期症状という。更年期症状によって日常生活に支障をきたす場合は更年期障害となる。更年期症状には，のぼせ（ホットフラッシュ），発汗，動悸，息苦しさ，疲労感や頭痛，めまいなどの自律神経失調症状，イライラや気分の落ち込み，意欲や記憶力・集中力の低下などの精神症状，しびれ，関節痛などの運動器症状，かゆみなど皮膚粘膜の症状，食欲不振や吐気などの消化器系症状，排尿障害や頻尿などの頻尿・生殖器症状がある。男性の代表的な更年期症状には，身体症状，精神症状に加えて性欲低下などの性機能症状もある。更年期障害の程度や期間には個人差があるものの，QOL やメンタルヘルスと深く関わる問題でもあるため，これらの変化を把握しつつ，適切に対処・治療していくことが必要となる。

## 社会関係

**a　職業生活の変化**　中年期の大きな社会的役割の一つは職業役割である。仕事上のストレッサー調査では，労働者の58.0％が強いストレスを感じており，その内訳として仕事の質・量と回答した割合は，30歳代（56.5％）に比べて40〜50歳代（63.8％, 61.5％）のほうが高い（厚生労働省, 2018）。中年期は管理職への昇進など仕事のプレッシャーや負担度が高まる一方で，体力低下や能力の限界などを感じるようになり，さまざまな変化に適応することが求められる。職業生活の充実や満足感は自身の精神的健康やwell-beingだけでなく，家庭生活へも影響する。最近は共働きの夫婦世帯が増加しているが，職業役割の質が夫婦関係や配偶者役割に影響を及ぼすことが報告されている。伊藤ら（2006）が中年期夫婦を対象に職業生活と夫婦関係，心理的健康の関係について調査を行ったところ，男性の心理的健康には仕事満足度が大きな規定力をもっていたが，有職女性では自身の仕事満足度だけでなく夫婦関係満足度も影響を示していた。ストレスの多い中年期の職業生活や職業役割は，自身のメンタルヘルスだけでなく，夫婦関係をはじめ家族関係にも影響する要因となる。

**b　家族関係の変化**　さらに中年期は家族関係にも変化が生じやすい時期でもある。成人前期で子どもを産んだ親が中年期に差しかかるころ，子どもたちは思春期を迎え自立や独立に向かう準備に取りかかり始める。親たちは子どもの自立が進むにつれて，親役割の縮小や喪失への適応が求められていくことになる。子どもだけが生きがいであった親（多くの場合母親）にとって，子どもの自立は親としてのアイデンティティ喪失の危機ともなる。子どもが親離れし始めた後に主に母親に見られる抑うつ感情や空虚感などの心身の不調は空の巣症候群とよばれる。

家庭内では親役割（父親・母親役割）が縮小する一方で配偶者役割（夫・妻役割）が相対的に増してくる。中高年期夫婦を対象に夫婦の愛情について横断調査を行った結果では，夫婦の愛情は男女ともに中年期である40代が最も低く，その後高齢期にかけて緩やかな上昇を示していた（伊藤・相良, 2012）。中年期は夫婦間の葛藤や問題に直面するといった危機に陥りやすい時期でもあり，この時期に夫婦として再び向かいあい関係を継続させるのか，終わらせるのかという選択が迫られることも少なくない。

## 中年期危機と発達課題

　**a　中年期危機**　岡本（2002）は，中年期に経験しやすい内的・外的な変化と臨床的問題を「中年期危機」として図 14-2 のようにまとめている。中年期は身体，社会，心理と実に多くの次元でネガティブな経験に直面しやすい危機期と捉えることができる。

　**b　アイデンティティの再構築**　中年期に経験するさまざまなネガティブな変化は，自分の人生はこれでよかったのか，本当の自分とは何か，などそれまで確立してきたアイデンティティに揺らぎをもたらす。そして中年期は，その後の人生を歩むうえでそれまでとは異なる大きな転換を求められる時期ともいわれている。スイスの精神分析家のユング（Jung, C. G.）は，人生を個性化（あるいは自己実現）の過程としている。個性化とは，ふだん自分だと感じている意識の中心を「自我」，無意識を含めた心全体を「自己」としたうえで，それまで意識されてこなかった自己の部分を意識化し，自我に統合させ，内在する可能性を実現していく過程である。中年期はその内的な発達段階にあたり，

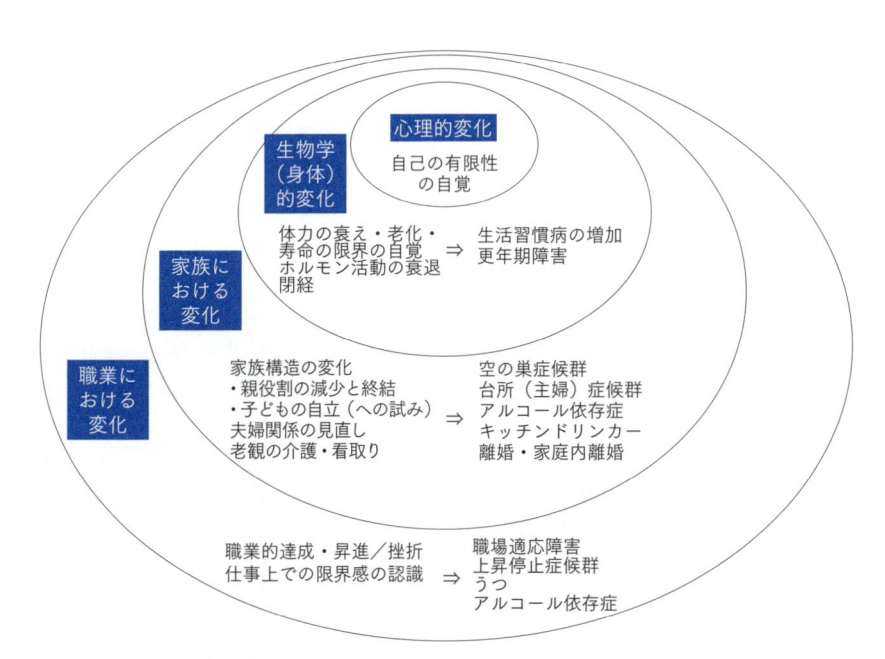

**図 14-2　中年期危機の構造**（岡本, 2002）

**表 14-1 アイデンティティの再体制化のプロセス**
(岡本, 2010)

| 段階 | 内容 |
|---|---|
| I | 身体感覚の変化にともなう危機期<br>・体力の衰え，体調の変化への気づき<br>・バイタリティの衰えの認識<br>⇩ |
| II | 自分の再吟味と再方向づけへの模索期<br>・自分の半生への問い直し<br>・将来への再方向づけの試み<br>⇩ |
| III | 軌道修正・軌道転換期<br>・将来へ向けての生活，価値観などの修正<br>・自分と対象との関係の変化<br>⇩ |
| IV | アイデンティティ再確立期<br>・自己安定感・肯定感の増大 |

人生の後半にいたるための転換期として重要な時期と考えられている（河合, 1967）。岡本（1985）は，中年期成人を対象に面接調査を行っている。そして40代の大病を契機に脱サラして独立したケースや子育て一筋であった女性が子どもの独立を機に再就職を果たすケースなど，危機を経てアイデンティティの再確立にいたったケースから，中年期のアイデンティティが危機の認知→模索→軌道修正・軌道転換→アイデンティティ再確立というプロセス（中年期のアイデンティティ再体制化のプロセス）を経ることを明らかにした（表14-1）。中年期では青年期でいったん確立したアイデンティティの問い直しが迫られるという危機に直面するものの，それまでの自己や生き方を見直し主体的に模索し危機を乗り越えることで新たなアイデンティティの構築につながっていくと考えられている（岡本, 2002）。このように中年期危機は，さまざまな臨床的リスクをはらむものではあるが，それを乗り越えることで新たな自己の深まりやさらなる発達がもたらされるのである。

　c ジェネラティビティ　社会との関わりという観点からエリクソン（Erikson, 1950）は中年期の心理社会的発達課題としてジェネラティビティ（生殖性や世代性などと訳される）を提唱している。ジェネラティビティは「次世代を確立させて導くことへの関心」であり，自分自身の子孫に対する養育行動だけでなく，次世代へ受け継がれるような製作物や技術，考えなどを生み出し育むことを意味する。心理社会的危機は「ジェネラティビティ 対 停滞」とされ，職場や家庭で生産的な生活を過ごすことにエネルギーを注ぎ，次の世代への関与と貢献を通じて「世話」という「徳」が生まれるが，それがうまくいかないと停滞感や人格的な豊かさが欠け，自分自身だけに関心がとどまることになる

(Erikson, 1950)。中年期で子どもがいない場合でも，ボランティア活動や市民活動といった世代性行動に従事することで世代性関心が高まりジェネラティビティが発達するという（福島・沼山, 2018）。また子どもをもたない中年女性も，夫婦の共同行動に加えて子どもや若い世代に教える，遊ぶ，相談にのるといった次世代育成のための関わりが主観的幸福感を規定しているという報告もある（福島・沼山, 2015）。中年期では，それまで身につけてきた知識や経験，スキルなどを他の次世代に継承する取り組みに従事することが心理的発達や幸福の鍵となる。

## 3 節　生涯発達から見た高齢期

### 身体的，認知的特徴

a　感覚運動機能の低下と ADL（Activities of Daily Living：日常生活動作）

視覚，聴覚，嗅覚などの五感に関わる感覚機能は加齢の影響を受ける。高齢になると，視覚情報の処理速度，明るさの感度，動体視力などの視覚機能の低下や，物体の空間位置の把握が困難になったり，視野の範囲も狭くなる。視覚機能の障害では，老人性白内障によって 60 歳代以降から視力の低下が見られる。そのため読字や細かな作業がおっくうになったり，事故にあいやすくなる。聴力も 60 歳以降になると低下が顕著になり，特に高い周波数ほど聞こえにくくなる。老人性難聴では，騒音下での会話やことば（特に子音）の弁別が困難となるが，60 歳以降に徐々に始まり，70 歳代以降ではおよそ半数に認められる。聴力の低下は危険察知の遅れやコミュニケーション意欲にも影響してくる。嗅覚機能の低下も 65 ～ 80 歳までで約半数，80 歳以上では約 7 割に存在するといわれており，ガス漏れや食品の腐敗臭などの悪臭によって判断される危険を察知することが難しくなる。こうした感覚機能の低下は社会生活や日常生活のさまざまな面に影響をもたらし，深刻になると QOL を低下させる要因ともなりうる。

　身体機能では，特に排泄や入浴，着衣や身だしなみ，移動といった ADL が低下すると，援助やケアが必要ないわゆる要介護状態に移行していく。要介護

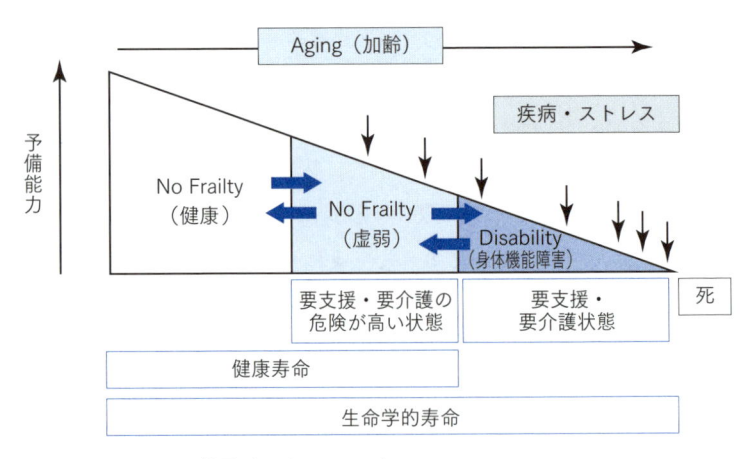

**図14-3　フレイルの位置づけ**（佐竹, 2014）

状態の前段階で要介護者状態や死亡などのリスクが高い状態をフレイル（虚弱）とよぶ（図14-3）。たとえばフリード（Fried et al., 2001）は①縮小（体重減少や筋力低下），②弱さ（握力や持久力の低下），③疲れやすさ，④遅さ（歩行速度の低下），⑤活動量の低さの5つのうち3つ以上を有する場合を「フレイル状態」と評価している。フレイルは，骨粗しょう症や加齢性筋肉減弱症（サルコペニア）などの身体面だけでなく，軽度認知機能障害や抑うつといった精神心理面，閉じこもりや貧困などの社会面を包含する広範な概念である（原田, 2015）。フレイルは，これまで老衰や虚弱とよばれた加齢にともなう衰えに対して，積極的な予防を推進する用語であり（佐竹・荒井, 2016），適切な介入や支援によりその機能の維持や向上が期待されている。日本でも介護予防の一環としてフレイル項目を活用して，要介護状態に陥るリスクの高い高齢者のスクリーニングが実施されている（荒井, 2014）。

　**b　認知機能の加齢変化**　人の名前やさっき言ったことが思い出せないなど，高齢になると認知機能が低下するとイメージする人は多いだろう。認知加齢については多くの実証研究が蓄積されている。20〜92歳を対象にした認知機能の加齢変化についての横断的検討では，処理速度，ワーキングメモリ，短期記憶，長期記憶（エピソード記憶）は加齢とともに低下するが，言語的知識（意味記憶）は高齢になっても維持されることが報告されている（Park et al., 2002；図

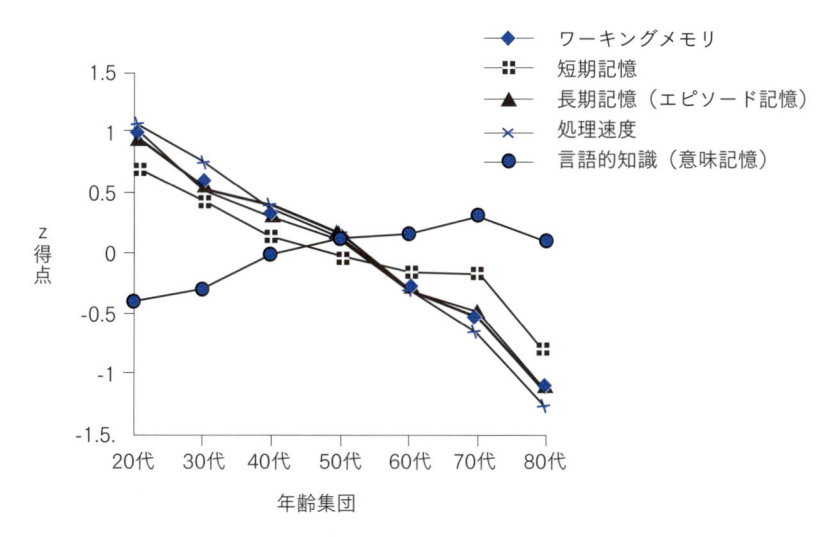

**図 14-4　横断データによる認知機能の加齢変化**（Park et al., 2002）

14-4）。レーンルンドら（Rönnlund et al., 2005）の 35 〜 80 歳の 5 年間の縦断的検討でも，エピソード記憶は 50 〜 60 歳以降で低下したが，意味記憶は 55 歳ごろまでは改善した後徐々に低下しており，意味記憶の低下の度合いは，エピソード記憶と比較して緩やかであったと報告されている。このようにかなり高齢まで維持される認知機能もあるといえる。

　では高齢期の認知機能にはどのような要因が影響するのであろうか。大規模な縦断研究として有名なロージアンバースコホート研究によると，高齢期の認知機能には幼少期の IQ や教育歴だけでなく，中年期の余暇活動の頻度（一泊旅行やグループ活動，スポーツやガーデニングなど）が関連し，さらに前期高齢期の高い身体活動（20 分以上の息が上がるような運動の日数）が認知機能の低下の少なさと関連を示していた（Gow et al., 2017）。日本で行われた横断研究では，認知機能低下の要因として，男女ともに社会参加活動，さらに女性では身体活動が関連することや，抑うつ状態との関連性も示唆されている（根本ら, 2017）。高齢期に備えて中年期から余暇活動に参加することや，高齢期に入っても活動を継続することは認知機能に望ましい影響をもたらすといえる。

　**c　認知症**　一度獲得された認知機能が後天的に低下し，それによって日常

生活に支障をきたす状態を認知症，さらに認知症の前段階で，正常な状態と認知症の中間の状態で物忘れなどの認知障害は認められるものの日常生活に支障がない状態を軽度認知障害（MCI：mild cognitive impairment）とよぶ。認知症の原因疾患は，神経変性疾患であるアルツハイマー病，レビー小体型病や，脳出血や脳梗塞などの脳血管性疾患などさまざまである。2012年時点で日本の認知症患者数は約462万人（65歳以上の有病率は15.0％）であり，なかでも67.6％をアルツハイマー病が占める（朝田, 2013）。認知症の症状には，記憶障害，見当識障害（時間や場所，人がわからなくなる），実行機能障害など脳の障害によって直接引き起こされる中核症状と，徘徊，攻撃的行動，拒否，興奮，幻覚や妄想，抑うつといった二次症状としての周辺症状に大別される。周辺症状は「認知症の行動・心理症状（BPSD：behavioral and psychological symptoms of dementia）」とよばれ，BPSDの出現や程度には，生活環境や人間関係などの環境要因，個人の生活歴，パーソナリティなどが影響を及ぼす。したがってBPSDの軽減や緩和には，薬物療法だけでなく，回想法や音楽療法などの非薬物療法，ケアや関わり方の工夫を含めた環境調整などのアプローチも有効とされる。

## 社会関係の特徴

　a　**高齢期の社会関係**　社会関係の有名なモデルにコンボイモデル（Kahn & Antonucci, 1980）がある。このモデルでは，人間は人生のさまざまな局面でコンボイ（護送船団）やそれらのネットワークに支えられ，守られながら人生という航海を切り抜けていくと考える。コンボイメンバーには中心部から近い順に，役割に依存的でない長期にわたって安定したメンバー（配偶者や子ども，親友），ある程度役割に依存するが時間とともに変化する可能性があるメンバー（家族親戚，職場の同僚や近隣の人，友人），役割に直接的に依存した最も変化しやすいメンバー（上司，同僚，医師などの専門職）の3つの水準が設定されている。高齢期では，親や配偶者，親友との死別などを経験しやすく，逆に病気や心身機能の低下によって最も中心部から遠いネットワークからのサポートへ移行していく傾向にある。社会との関わりやサポートは高齢者の心身の健康を規定する要因であることが明らかになっている。たとえばソーシャルサポートの欠如

や社会的孤立は，抑うつ症状，孤独感・精神的健康といった精神面との関連だけでなく，身体的・認知的健康や死亡率など，さまざまな健康指標との関連が指摘されている（Beller & Wagner, 2018）。高齢期に社会とのつながりを維持することや孤立の予防は，個人のみならず社会の課題ともいえる。

　**b　社会参加**　内閣府（2019）によると，60 歳代の 71.9%，70 歳以上の 47.5% が仕事あるいはボランティアなどのグループ活動に参加しており，その半数が新しい友人や地域のつながりを得たと回答している。高齢期の社会参加は，社会関係や身体機能だけでなく，生活満足度（岡本, 2008）など高齢者の well-being のさまざまな面と関連することが指摘されている。1970 年代以降から広まってきた高齢者の生産性を推奨するプロダクティブ・エイジング（Butler, 1975）という考え方では，高齢期の生産性として，有給の仕事だけでなく，ボランティアや介護や家事，子育てなど社会貢献に関わる活動すべてをあげている。高齢になっても人との関わりや人の役に立つという役割をもつことは，自他にとって肯定的な影響を及ぼす。

## 高齢期の適応理論と発達課題

　**a　SOC モデル（Selective optimization with compensation）**　バルテスとバルテス（Baltes & Baltes, 1990）は，生涯発達的視点から高齢期が獲得と喪失のバランスを保つことが難しくなる時期であると考えた（図14-5）。そしてこうした加齢にともなうさまざまな変化に対して選択，最適化，補償という 3 つの積極的な方略を用いることでサクセスフル・エイジングの達成が可能になるという SOC モデルを提唱した（Baltes & Baltes, 1990）。

　**b　社会情動的選択性理論**　若者に比べて，高齢者はポジティブな傾向にあるという現象（エイジングパラドックス）がある。ムロチェックら（Mroczek & Kolarz, 1998）の 25 ～ 74 歳の横断研究では，加齢とともにポジティブ感情が高くなり，ネガティブ感情は低くなることが示されている。記憶の実験（Charles et al., 2003）や実証研究のメタ分析でも高齢者がネガティブな情報よりも有意にポジティブな情報を処理する傾向が明らかにされている（Reed et al., 2014）。このように若年者のネガティブな情報への偏りから，成人期を通じて人生後期のポジティブな情報を選択する方向にシフトしていくという発達パターンはポ

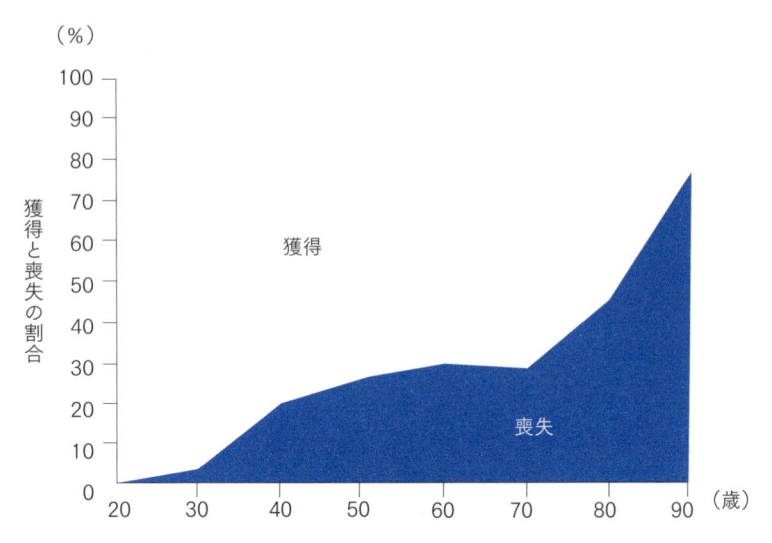

**図 14-5　生涯発達における獲得と喪失のバランスの加齢変化パターン**

ジティビティ効果とよばれる（Carstensen et al., 2006）。この現象を説明する理論に，カーステンせら（Carstensen et al., 2000）が提唱した動機づけに関する社会情動的選択性理論がある。この理論によると，若者のように将来の時間に限界を感じていない場合は知識に動機づけられるため，新しい情報を収集したり，新しいことを経験したり，知識の幅を広げたりするための活動を選択する。一方，高齢者のように自分に残された時間に限りがあると感じると，情動を安定するように動機づけられ，主観的幸福感が最大になるような活動を選択する。たとえば多くの人と交流するのではなく，少数の親しい家族や友人との交流を求めるようになる。高齢になると情動調整の動機づけが高まるため，ネガティブな情報よりもポジティブな情報を積極的に処理するのではないかと考えられている。

　c　**高齢期の発達課題**　エリクソンは，高齢期の心理社会的危機として「統合対 絶望・嫌悪」をあげている。「統合」とは，これまでの自分の人生を振り返り，たとえ過去に過ちや失敗があったとしても，よく生きたとして自分の人生を肯定的に受け入れることができる状態にいたることを意味する。逆にその統合が欠如すると，死への恐怖を感じたり，人生をやり直したいという焦りによって「絶望」に陥るという（Erikson, 1950）。さらに妻のジョアン・エリクソン（1997）

は，エリクソンの理論を拡張し，90 歳以上を想定した第 9 の発達段階を提唱し，絶望からの回復という発達課題を提起した。そして不可避で対峙せざるをえない多くの悲しみを乗り越えた状態が老年的超越であると考えた。老年的超越は若いころに重視してきた物質主義的で合理的な世界観からより宇宙的・超越的な世界観への転換することを意味し，社会との関係，自己意識，宇宙的意識という 3 次元での変化が見られると考えられている（Tornsterm, 1989）。老年的超越という心性は日本人高齢者でも認められており，特に超高齢期において身体機能低下時に心理的 well-being を維持する機能があることが示唆されている（増井, 2013）。

## ◀　読書案内　▶

● 大川一郎・土田宜明・宇都宮博ほか（編著）『エピソードでつかむ老年心理学』ミネルヴァ書房　2011 年
中高期の発達について，身体，社会，心理，支援などさまざまな側面から解説された書籍である。各セッションの導入部には身近なエピソードや具体例が紹介されているためわかりやすい。初学者におすすめしたい一冊である。

● 宇都宮博・大川一郎（編）『新訂 中高年の心理臨床』放送大学教育振興会　2020 年
中高年の発達的特徴に加え，キャリアや家族問題，中途障害や病，退職，認知症，死といった中高年の心理臨床的課題と支援について解説してある。より専門的に中高年期の心理や支援について学びたい読者，実際の臨床現場に従事されている読者におすすめしたい。

● 日本老年行動科学会（監修）大川一郎・佐藤眞一ほか（編著）『高齢者のこころとからだ事典』中央法規出版　2014 年
医療，看護，福祉，心理，介護など高齢者に関わる幅広い領域で用いられる 245 項目のキーワードを解説した事典である。高齢者の理解や支援の手がかりとなる用語や概念や理論などが網羅されている。

　認知症の人の中には，くり返し同じことをたずねてくる人もいれば，こちらが何かをたずねても反応をしなかったり，見当違いの回答を返してきたりする人もいる。一見私たちには不可解に見える認知症の人の行動の背景には，いったい何が影響しているのだろうか？

　脳は，私たちが考えたり，感じたり，行動したりするための中枢となる器官である。認知症では何かしらの原因により脳が障害されるため，思考や感情，行動面でのさまざまな変化が見られるようになる。

　脳機能には局在性がある。局在性とは，脳が部位ごとに異なる機能を担っているということである。脳は大きく前頭葉，側頭葉，頭頂葉，後頭葉の4つの領域に分けることができるが，側頭葉は主に記憶や言語，頭頂葉は空間的な位置関係の把握，後頭葉は視覚と関連している。前頭葉はヒトが最も発達している領域であり，感情や行動の抑制や推論，意思決定などと関連している。

　認知症といっても，その原因によって障害されやすい脳の機能は異なる。たとえば，認知症の原因疾患として最もよく知られているアルツハイマー病であれば多くの場合に側頭葉や頭頂葉の障害が目立つため，記憶や言語，空間の認識に関する能力の問題が表出することが多い。脳の構造や機能について理解を深めることは，認知症の人がどのような世界を生きているのか，その手がかりを得るための役に立つ。

　冒頭に示したような認知症の人の様子は，会話のやりとりの中でよく見られる。その原因としては，特に記憶やことばの理解に重要な側頭葉領域が障害されていることが考えられる。側頭葉が障害されると，新しいことを覚えることが難しくなったり，相手の話していることを理解することが難しくなったりする。外国人に話しかけられた場面を思い浮かべてほしい。多くの人は相手の話すことばを聴き取れなかったり，話している内容がわからなかったりするだろう。側頭葉の機能が低下すると，母国語であっても同じような状態になることが推測される。

　それでは，どのように関わればよいのだろうか？　言語の問題であれば，一言一言相手が理解できているか反応を確認しながら話をすることができるかもしれないし，相手が答えやすいよう「はい」「いいえ」の選択肢で答えられるようなたずね方ができるかもしれない。記憶力の低下により伝えた内容を忘れてしまうのであれば，くり返し同じことを伝えることもできるかもしれない。

　このような脳科学の知見に基づく認知症の人の理解と対応が，近年注目され始めている。

# 第15章　発達のアセスメント

エピソード●

　中学校の担任教師が，スクールカウンセラーのもとを訪れ，「私が担任をしている生徒が，授業中，学習に集中できていない」と相談をしました。スクール・カウンセラーからは，集中できていない授業科目や時間割，きっかけの有無や教師の対応など，問題に近い内容に加え，部活や休み時間における生徒の様子，家族構成や幼少期の過ごし方まで，多岐にわたって質問を受けました。担任は知っている範囲で答えながらも，「家族のことや幼いころのことまで聞いて，役に立つのだろうか？」と考えていましたが，スクールカウンセラーからは，現状の理解を伝えられるとともに，声かけの仕方や関わり方など，支援にあたってのアドバイスをもらいました。

解説●

　心理療法やカウンセリングを開始するにあたっては，問題とは関係ないように思える事柄について，質問されることがあります。これは，支援を受ける人のことを幅広い観点から理解し，どのようなアプローチに基づいて支援を行うべきかについて，「現在地」と「目的地」，そして「ルート」を定めるためのプロセスなのです。本章では，心の発達を理解する営みであるアセスメントについて紹介するとともに，これに基づいたカウンセリングや心理療法の進め方についても解説します。

# 1節　発達を「アセスメントする」とは

## アセスメントとは

　心理臨床においては，「アセスメント（assessment）」という語がしばしば用いられる。英和辞典で調べると，日本語としては「評価」あるいは「査定」と訳される。「査定」という語は聞き慣れないかもしれないが，たとえば中古車の買い取り額を"査定する"際には，車の年式や走行距離，事故歴の有無や装備品等に基づいて，その価格が総合的に決定され，持ち主に通知される。人間の心も，性格（パーソナリティ）や価値観，行動など，多角的に理解することが求められるといえよう。心理学的アセスメント（psychological assessment）とは，臨床心理学的援助を必要とする事例（個人または事態）について，その人格や状況および規定因に関する情報を系統的に収集，分析し，その結果を総合して事例への介入方針を決定するための作業仮説を生成する過程（下山, 2009）とされている。援助を受ける人自身やその人が置かれた状況に関する情報を集め，収集した情報に基づいて援助方針を決定するが，その方針はあくまで「仮説」であって，援助のプロセスの中で随時検証され，修正されうるものである。2015（平成27）年に公認心理師法が公布され，日本で初めての心理職に関する国家資格が成立した。その第2条には，公認心理師が行う4つの行為の一つとして，要支援者の「心理状態を観察し，その結果を分析すること」があげられている。つまり，クライエントのアセスメントについて理解し，これを行うことは，公認心理師として重要な職務の一つである（図15-1）。

　一方，医師が行うものに，「診断（diagnosis）」がある。診断とは，特定の基準に照らして，精神疾患を有するかどうかを確定する作業である（診断基準として，アメリカ精神医学会が規定するDSMや，世界保健機関が定めるICDなどがある）。心理士が行うのはあくまでアセスメントであり，人間の心理的特性を総合的に測定・評価することで，要支援者の課題だけでなく，長所や強みを含めて理解し，援助に役立てることが求められる。

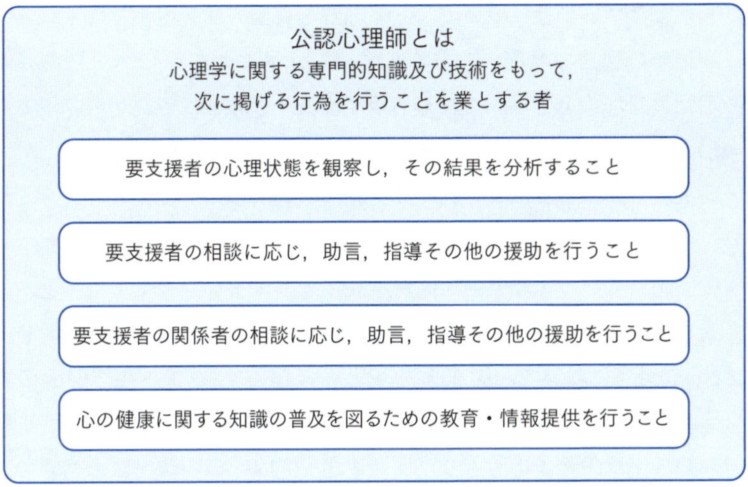

> ## 公認心理師とは
> 心理学に関する専門的知識及び技術をもって，
> 次に掲げる行為を行うことを業とする者
>
> 要支援者の心理状態を観察し，その結果を分析すること
>
> 要支援者の相談に応じ，助言，指導その他の援助を行うこと
>
> 要支援者の関係者の相談に応じ，助言，指導その他の援助を行うこと
>
> 心の健康に関する知識の普及を図るための教育・情報提供を行うこと

**図 15-1　公認心理師の 4 つの仕事**（公認心理師法第 2 条より作成）

## アセスメントにおける発達的視点

　**a　心理学理論からの説明**　本書で紹介してきた心理学の諸理論は，発達そのものや発達上の不適応に関する理解において非常に有用である。たとえばピアジェ（Piaget, J.）は，環境に対する個体の能動的な働きかけの重要性を説き，シェマの同化や調節による概念の獲得，前操作期における自己中心性とその後の脱中心化などを通じて，認知発達についての包括的な理論を提唱・検証している。またエリクソン（Erikson, E. H.）の心理社会的発達段階説では，広く生涯を 8 つの時期に分け，心理社会的危機と人格的活力を設定している。こうした発達理論は，どのくらいの年齢でどういった課題をクリアしていく必要があるのかを，私たちに端的に教えてくれる。

　あるいはフロイト（Freud, S.）の精神分析的発達論では，不適応の原因を，固着とその固着点に向けた退行として理解する。またフロイト後の精神分析理論の一派である対象関係論では，主に母親との対象関係から，親子関係，ひいては対人関係を発達的に見立てることが行われる。行動療法理論では不適応の原因を，学習が行われていない（未学習）か，あるいは誤って学習している（誤学習）と捉え，再学習を通じて行動修正を試みる。このように，発達上起こり

うるさまざまなつまずきについて，その理解と克服方法を提供してくれるのもまた，心理学の理論である。人間の理解（すなわちアセスメント）と援助において，心理学の諸理論を学び，これを活用することは非常に重要かつ有用である。

**b　正常発達を理解する視点**　発達相談の現場では，乳幼児の発育に関する調査・研究結果に基づき，身体的・知的発達の遅れについてアセスメントが行われる。たとえば身長や体重，運動機能の発達については，厚生労働省が10年に1度実施している乳幼児身体発育調査により，平均身長や平均体重，またさまざまな運動発達の通過率が明らかとなっている（図15-2および表15-1）。たとえば，6歳男児において，約95％の子どもの身長は106.2〜123.6cmの間にある（図15-2）。また，5.5％の乳児が生後5か月ごろからはいはいが可能になる一方，達成率は生後1年でも95.8％であり，約4％の乳幼児は未達成である

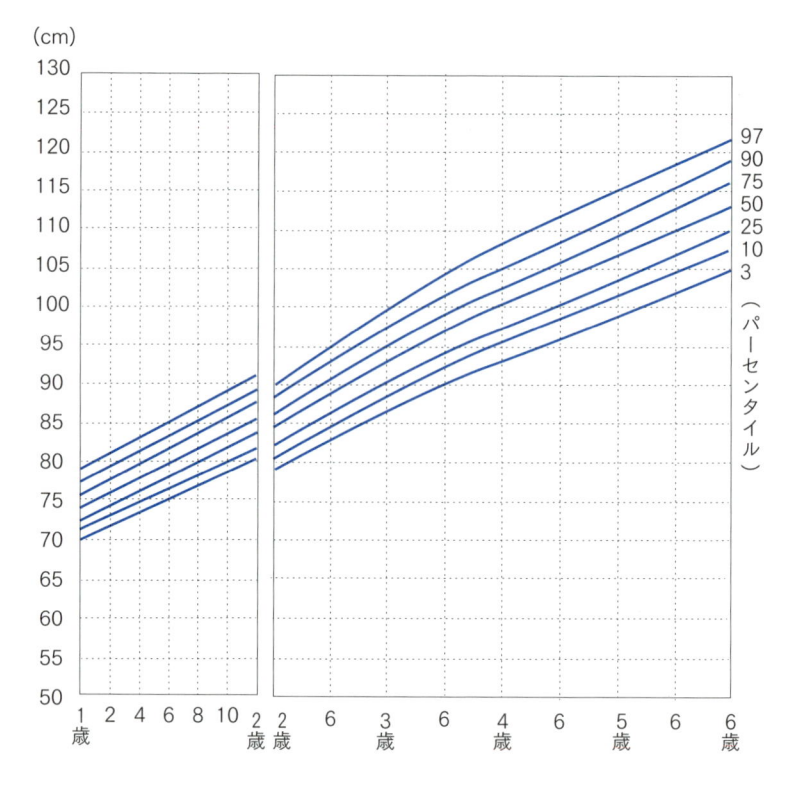

**図15-2　幼児（男子）の身体発育曲線（身長）**（厚生労働省, 2010より作成）

**表 15-1　一般調査による乳幼児の運動機能通過率**（厚生労働省, 2010 より作成）　　　　　　（%）

| 年　　月　　齢 | 首のすわり | ねがえり | ひとりすわり | はいはい | つかまり立ち | ひとり歩き |
|---|---|---|---|---|---|---|
| 2 月〜 3 月未満 | 11.7 | 1.1 | | | | |
| 3 〜 4 | 63.0 | 14.4 | | | | |
| 4 〜 5 | 93.8 | 52.7 | 0.5 | 0.9 | | |
| 5 〜 6 | 98.7 | 86.6 | 7.7 | 5.5 | 0.5 | |
| 6 〜 7 | 99.5 | 95.8 | 33.6 | 22.6 | 9.0 | |
| 7 〜 8 | | 99.2 | 68.1 | 51.1 | 33.6 | |
| 8 〜 9 | | 98.0 | 86.3 | 75.4 | 57.4 | 1.0 |
| 9 〜 10 | | | 96.1 | 90.3 | 80.5 | 4.9 |
| 10 〜 11 | | | 97.5 | 93.5 | 89.6 | 11.2 |
| 11 〜 12 | | | 98.1 | 95.8 | 91.6 | 35.8 |
| 1 年　0 〜 1 月未満 | | | 99.6 | 96.9 | 97.3 | 49.3 |
| 1 〜 2 | | | | 97.2 | 96.7 | 71.4 |
| 2 〜 3 | | | | 98.9 | 99.5 | 81.1 |
| 3 〜 4 | | | | 99.4 | | 92.6 |
| 4 〜 5 | | | | 99.5 | | 100.0 |

（表 15-1）。支援が必要かどうかについて判断を下すためには，対象児の発達の
"早い・遅い"を的確に把握する必要がある。そのためにはまず，健常児の発
達についての理解が不可欠である。また，発達についてはその個人差が大きい。
「他の子より遅れている」と相談に来る保護者に対しては，その心配を丁寧に
聞き取るとともに，客観的な基準に照らして，発達の遅れがあるかどうか，ま
たその遅れが日常生活に困難をもたらしているかどうか，本人に苦痛をもたら
しているのかどうかについても，理解を進める必要がある。

　また，厚生労働省が民間に委託して行われた調査において，成人が抱く不安
や悩みを年齢別にグラフにしたものが図 15-3 である（みずほ情報総研, 2014）。
これによると，全世代で幅広く関心を有するのは健康や病気，収入や家計に関
する問題である。若い世代で不安が高い事柄は仕事上の問題や職場の人づきあ
い，生きがいや将来についてであり，特に 20 代女性では育児や出産に関する
不安も高い。一方 65 歳以上では仕事に関する悩みは大きく低下し，自身の健
康や病気，身近な人の死についての不安が上昇していく。

　自分自身が経験したことのない，あるいは自分自身と異なる世代の課題や苦

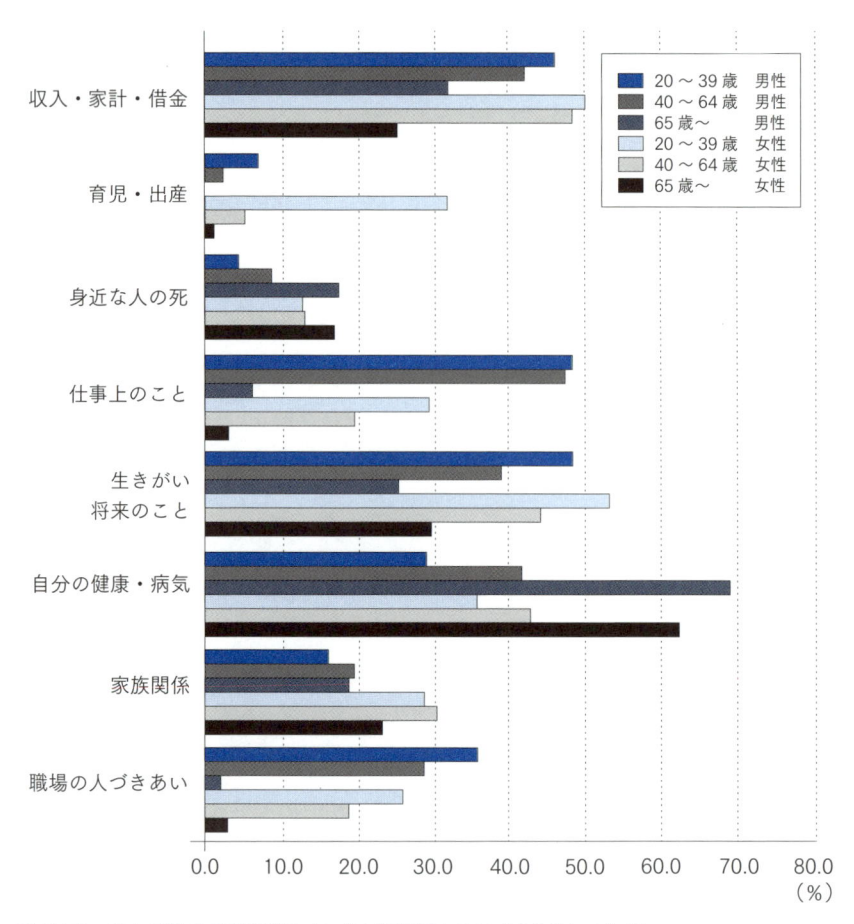

**図 15-3 成人が抱く不安や悩み**（みずほ情報総研, 2014 より抜粋して作成）

しさについて，想像力だけで補うことは難しい。本書で紹介されてきたさまざまな発達理論，ここであげたような統計資料などに基づく実態，そして何より多様な人びととの読者自身の交流を通じて，生涯発達における課題や困難について，今日の社会情勢や経済動向を踏まえた理解が必要である（第1章参照）。

# 2節　アセスメントの進め方

## 集めるべき情報

　**a　誰から集めるか**　前節で示した通り，アセスメントにおいては，さまざまな情報を集める必要がある。その情報を誰から集めるか，ということが最初の問題となる。当然のことながら，情報収集においては，まず要支援者本人から聞き取りを行うことが第一である。要支援者が幼児や高齢者，また障害等でコミュニケーションが困難な場合には，第三者からの情報提供が必要となる。多くの場合は保護者を含んだ家族であることが多い。また，問題が起こっている状況や場面を目撃した人物から報告を求めることもある。具体的には，子どもの行動上あるいは情緒上の問題であれば保育者や教師，職場のメンタルヘルスの問題については職場の上司，認知症の問題については施設職員などがあげられる。

　そして，一つの情報源だけでなく，複数の情報提供者からの情報を総合して事態を把握することも必要となる。ときには要支援者本人の訴えと第三者の訴えが一致しない場合もある。また，要支援者本人の問題が深刻で混乱をきたしているほど，その訴えは了解可能性の低い内容となることがある。一方，保護者から虐待を受けている児童の場合，保護者が虚偽の報告を行うこともある。援助者はいずれからも丁寧に聞き取りを行いつつ，冷静で客観的な視点を保つことが求められる。

　**b　どんな情報を集めるか**　アセスメントにおいて収集される情報には，以下のようなものがある。

①主訴　現在困っている問題とその問題の経過についてたずねる。複数ある場合には，それぞれについて，問題のきっかけや経過，現在の状況，増悪あるいは軽快のタイミングを確認する。特定の期間（1日や1週間など）での回数や持続時間，強度（症状の強さ）など，具体的な情報を得ることが望ましい。また要支援者らの報告に加え，面接の中で見られる様子から，援助者が観察を通じて客観的に理解することも可能である。

②生育歴や家族関係・家族歴　出生時の様子（身長・体重・分娩時の状況）や発

達上のつまずき，病歴や入院歴など本人の生育歴に加え，家族構成とその変化（きょうだいの誕生など），各メンバーの性格や関係性，家族の病歴や入院歴，別離と再形成（離婚や死別，同居や再婚など），転居，経済的危機を含めた家族の様子についても尋ねる。また，家族に限定しない，要支援者にとって重要な人間関係（恋人や内縁関係など）があれば，あわせて情報を得る。

③病気やケガの有無と服薬の状況　心理状態だけでなく，体調の変化や病気，ケガ，それにともなう入院歴等を，生育歴との関連からたずねる。また服薬中の薬があれば，その種類や量，服薬状況（処方通りに服用しているか），薬効の実感や副作用についてもたずねる。

④園や学校，会社等での様子　入園・入学時の様子（親子分離の可否），友人関係の形成と維持，トラブルとその解決，保育者や教師との関係性，出欠状況，学習の様子（教科や分野・領域ごとの成績や取り組み方），課外活動（クラブや係活動，学校・園の行事など）への取り組みをたずねる。就業者の場合は会社での勤務状況（出退勤）や残業時間，同僚（上司や部下を含む）との関係性，仕事内容とそのマッチング，職場の雰囲気や企業の業績等について情報収集を行う。非就業者であっても，社会とのつながり（ママ友サークルやボランティア活動，習い事等）に関する情報を集める。

⑤要支援者の心理的特徴　パーソナリティや感情状態，意欲，認知機能，知的機能，行動など，心理状態とその変化に関する幅広い情報を収集する。これらの点は，面接時の受け答えの様子や後述する心理検査の結果から客観的に評価することも可能である。

　c　情報収集における配慮事項　通常，心理療法やカウンセリングなどの心理援助の場合，これら情報を収集し，継続的な援助を提供可能か判断する。このために行われる最初の面接を受理面接とよぶ。集められた情報に基づいて援助が行われるため，情報の取りこぼしや誤解のないことが重要である。ただし，ここにあげた情報を1回の受理面接の中ですべて聴取できるとは限らない。場合によっては，要支援者が自身の困っていることや苦しさを語ることに終始することもある。反対に，初めて出会う援助者に対して自身の問題を説明することに抵抗を感じる要支援者もいる。情報収集という目的を見失うことなく，一方で要支援者の心情や苦しさを十分に受け止めることによって，良好な信頼関

係（ラポール）を形成することもまた，初回面接における重要な目標となる。必要に応じて複数回の面接を通じて，要支援者との関係形成と情報収集を行う。

　基本的に，先述した情報はどのような心理援助においても必要となるが，情報収集にあたっては，どのような理論的背景に基づいて援助を行うのかによって，集めるべき情報は少し異なる。精神分析理論に基づくアプローチでは，過去の人間関係，特に幼少期の親子（母子）関係に関する情報が必要であるし，認知・行動理論に基づくアプローチを想定しているのであれば，機能分析に必要な情報が不可欠となる。アセスメントと後述するケースフォーミュレーションにおいては心理療法諸理論の理解が欠かせない。

　なお，情報収集においては，ネガティブなことばかりではなく，本人や第三者が認知する長所や得意な事柄についてもたずねる。この種の問いは，後の援助段階において活用できる情報収集であると同時に，ポジティブな事柄をたずねられることによって，面接そのものに対する要支援者の動機づけを高めることにつながる。

## 情報収集のための方法

　**a　観察法**　心を理解するための方法として，一番オーソドックスな方法は，相手を見ることである。私たちが「人間観察」と称してカフェや街頭で行っていることは，人間理解の一つの方法である。対象者の行動を見ることを通じて，その背景にある心理的特徴を理解する方法は観察法とよばれる。このうち観察者側で何らかの条件を設定せずに，対象者の自然な行動を観察することを自然観察法という。一方で，観察者側が状況を設定したり，条件を操作して，その条件下で見られる行動を観察することを実験観察法とよぶ。

　また，絵画や陶芸品，彫刻，詩や曲，俳句や小説など，対象者の作品を通じても，その人のパーソナリティや制作時の心理状態を読み解くことができる。臨床心理面接においては，要支援者の容姿（身長や体型，髪の長さや色，身だしなみ）や装飾品（指輪やピアス，ネックレス，バッグや時計などの持ち物），化粧や香水，話し方の癖や口癖，特徴的な動き（貧乏ゆすりや舌打ちなど）についても気を配り，まさに"五感"を使って理解を試みる。

　**b　面接法**　もちろん，人間観察だけでは要支援者のことがわからない場合

も多い。その場合は直接尋ねることを通じて、要支援者を理解しようとする。これが面接法である。先に紹介した情報収集のうち、多くは面接法によって行われる。面接法のうち、事前に決められた質問内容を、決められた順で、決められたことば遣いでたずねていく方法を構造化面接とよぶ。標準化された心理検査や特定の精神疾患等を診断する際の面接には、この構造化面接が用いられることが多い。しかしながら、面接において構造化の度合いが強いことには問題もある。たとえば、職場の人間関係の問題で来談した要支援者に対し、決められた順番に従って「家族関係はどうですか？」や「生まれてからこれまでの人生でつまずいたことは？」と問うていくと、本来要支援者が語りたいと思っていた問題に到達するまでに時間がかかり、治療関係における不信感を抱かせる原因にもなる。このため、情報収集の面接においては、たずねるべき内容はある程度事前に決めておいたうえで、その順序やことば遣いは、要支援者の属性やニーズに応じて適宜変更することもある。こうした面接を半構造化面接という。一方、たずねるべきことを事前に決めずに、要支援者の語りに沿って進めていく面接のことを、非構造化面接という。脈絡のない情報収集となってしまうことは課題であるが、語りの中で援助者が意図していなかった有益な情報の取得も期待できる。

　　**c　検査法**　面接や観察を通じて多くの情報を集めることができるが、それに加えて、心理検査による要支援者の理解が行われることもある。検査法は、何らかの課題を課し、その遂行状況や結果に基づいて対象者を理解する方法である。アンケート調査のように、調査票を用いて個人の状態に関する複数の質問への回答を求める質問紙法、曖昧で多義的な絵や図に対する反応から受検者の内面を理解する投影法、簡単な課題に対する反応のパターンから受検者のパーソナリティや知的発達水準を理解する作業検査法などが存在する。

　　また、人間のどのような側面を理解するのかによって実施する検査は変わる。乳幼児や児童の発達の程度を理解したい場合は発達検査、知的能力の水準を理解したい場合は知能検査、性格・パーソナリティを理解したい場合はパーソナリティ検査、認知症や高次脳機能障害等の診断を補助する際には認知機能検査や神経心理学的検査が用いられる。援助にあたって、パーソナリティを多面的に理解するために質問紙法検査と投影法検査を組みあわせたり、認知機能のス

クリーニングのために，知能検査と認知機能検査を組みあわせて実施することもある。このように，複数の検査を組みあわせて実施することをテスト・バッテリーとよぶ。

　さらに，一口に発達検査といっても，言語，運動，対人関係，身辺自立など，発達のどの側面を理解するのかによって用いる検査は変わる。検査者には，多様な検査を理解し，受検者のニーズにあわせて実施すべき検査を選択・実施することが求められる。

## 3節　アセスメントに基づく介入——ケースフォーミュレーション

### アセスメントを支援につなげる

　これまでの生育歴を聴き取ったり，心理検査を実施することによって，支援を要する者の理解は深まる。しかしながら，心理的援助においてはただ要支援者を理解することが目的なのではない。その先の支援にどのようにつなげていくかが重要であり，アセスメントの結果に応じて，支援の方法や道筋を計画することが求められる。これをケースフォーミュレーションといい，典型的な心理援助の流れである。そのプロセスの一例を図15-4に示した。

### ケースフォーミュレーションのステップ

　ブルックとボンド（Bruch & Bond, 1998/2006）は，認知行動療法に基づくケースフォーミュレーションのプロセスを5つのステップから説明している。

　**a　問題の明確化**　はじめに行われるのは，問題の明確化である。ケースフォーミュレーションは，面接を通じて①問題に関する情報を得ることから始まる。どのような困りごとによって支援を必要としているのか，なぜこのタイミングで支援を求めているのか，そしてどのような変化が起こることを希望するのかなどをたずねる。ここで得られた情報に基づき，②当面の方針を明らかにする。ここで設定される方針は，現時点で得られた情報を用いて暫定的に設定されるもので，今後の援助過程の中で変更されることもある。得られた情報と設定された方針に基づき，③何が問題なのかを客観的視点を踏まえて特定す

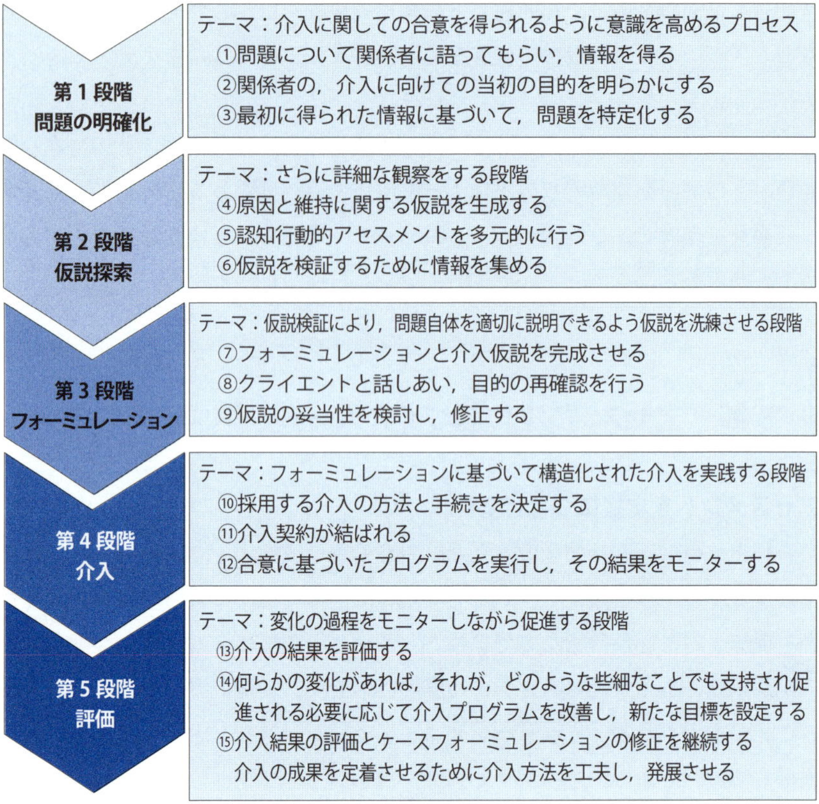

| 第1段階 問題の明確化 | テーマ：介入に関しての合意を得られるように意識を高めるプロセス<br>①問題について関係者に語ってもらい，情報を得る<br>②関係者の，介入に向けての当初の目的を明らかにする<br>③最初に得られた情報に基づいて，問題を特定化する |
| --- | --- |
| 第2段階 仮説探索 | テーマ：さらに詳細な観察をする段階<br>④原因と維持に関する仮説を生成する<br>⑤認知行動的アセスメントを多元的に行う<br>⑥仮説を検証するために情報を集める |
| 第3段階 フォーミュレーション | テーマ：仮説検証により，問題自体を適切に説明できるよう仮説を洗練させる段階<br>⑦フォーミュレーションと介入仮説を完成させる<br>⑧クライエントと話しあい，目的の再確認を行う<br>⑨仮説の妥当性を検討し，修正する |
| 第4段階 介入 | テーマ：フォーミュレーションに基づいて構造化された介入を実践する段階<br>⑩採用する介入の方法と手続きを決定する<br>⑪介入契約が結ばれる<br>⑫合意に基づいたプログラムを実行し，その結果をモニターする |
| 第5段階 評価 | テーマ：変化の過程をモニターしながら促進する段階<br>⑬介入の結果を評価する<br>⑭何らかの変化があれば，それが，どのような些細なことでも支持され促進される必要に応じて介入プログラムを改善し，新たな目標を設定する<br>⑮介入結果の評価とケースフォーミュレーションの修正を継続する<br>　介入の成果を定着させるために介入方法を工夫し，発展させる |

**図 15-4　ケースフォーミュレーション・プロセスの段階**
（Bruch & Bond, 1998/2006 に基づいて作成）

ることが，ケースフォーミュレーションの第1段階である。

　先に述べた通り，この第1段階でのコミュニケーションは，援助の入り口であるだけでなく，治療における信頼関係（ラポール）形成の重要な局面でもある。介入に先立ち，要支援者の話に十分に耳を傾け，共感的に受け止めることが，援助の要であることを忘れてはならない。

　**b　仮説探索**　第2段階では，問題が生じ，維持されていることに関する仮説を設定し，その仮説を検証していく。まず，④なぜ問題が生じ，それが現在まで持続（あるいは悪化や軽快をくり返）しているのか，という点について，「おそらくこういうことなのではないか」という仮説を設定する。また，その仮説

に基づきながら，周辺の情報を包括的に収集する。この情報収集の際は，⑤心理療法に関する諸理論に基づきながら行われる。たとえば，認知・行動療法理論に基づく援助においては，問題となる状況に置かれたときの認知や行動，それにまつわる感情や身体（自律神経）症状の変化についてたずねたり，症状となる行動について機能分析を行い，問題のきっかけや症状となる行動，そしてその結果を整理するとともに，不適切な行動の誤学習や適切な行動の未学習，代替となる行動を習得するための方法についても検討を行う。

　理論に即してアセスメントを実施するとき，足りない情報があれば情報収集を追加するとともに，⑥従来の臨床心理学的知見から，問題に関連する他の問題や課題が明らかになっている場合には，それを確認することによって，仮説のさらなる検証を行う。たとえば，「列に並ぶことができずに他児とトラブルになる」という主訴で来談し，援助者がADHDの可能性を想定している子どものアセスメントにおいては，「迷子になることが多かったか」や，「椅子にじっと座っていることができる時間はどのくらいか」など，ADHDの診断基準に関連する他のエピソードの有無について，生育歴の聴取が行われる。

　**c　フォーミュレーション**　必要な情報収集が終了し，アセスメントに目途が立った段階で，⑦これまでの問題の整理と現在の状況，そして今後の治療計画をまとめ上げることができる。こうして⑧完成されたフォーミュレーションを要支援者へ説明し，⑨フォーミュレーションが適切に行われているかどうか，援助者側の誤解がないか，聴取された情報からフォーミュレーション作成において，大幅な飛躍がないかどうかなどを確認する。

　**d　介入**　問題の理解が適切になされ，それに対する介入計画について双方が合意したところで，⑩採用する介入方法と手続きが決定される。さまざまな理論や治療技法から，要支援者がかかえる問題，現実的制約（費用や治療期間）等を考慮したうえで治療方針が決定され，⑪治療頻度や回数，守秘義務とその限界等について，援助者から十分な説明が行われ，要支援者がこれに同意（インフォームド・コンセント）したところで，治療契約が結ばれる。その後，フォーミュレーションに基づいた介入が行われていくが，⑫治療契約に基づいたプログラムを実施する中で，折に触れてその成果をモニタリングし，随時要支援者へフィードバックしていく。

**e　評価**　介入の結果，⑬当初の問題が改善したか，あるいは解決したかについて，評価を行う。評価においては，要支援者やその関係者への聞き取りに加え，先述した心理検査も活用される。⑭どんな小さな改善であっても，治療の進展として，これまでの取り組みが支持され，励まされる必要がある。また，問題が解決したり，十分な改善が見られた場合には，援助の終結に向けた話しあいへと進む。必要があれば，⑮新たな目標を設定し，その目標に対してケースフォーミュレーションを行い，介入プログラムをつくり直す。ただ，ここで得られた改善が三日坊主になったり，問題が再発しないよう，得られた成果を定着させるための工夫についても検討することが求められる。

## ケースフォーミュレーションの作成と修正

　同じ症状や問題を呈しているからといって，異なる要支援者に同じ支援方法が有効とは限らない。背景となる生育歴や置かれた環境は異なり，また治療のニーズや目標も同じではない。ケースフォーミュレーションとは，要支援者一人ひとりに合わせたオーダーメイドの介入計画であり，要支援者とともにつくり上げていくことが必要である。

　治療開始時の情報をもとにフォーミュレーションを行い，援助を進めていったところ，新たな情報がもたらされたり，要援助者を取り巻く状況が変化したりすることで，従来の見通しの変更を求められることも多い。援助に際しては，当初のアセスメントに基づくケースフォーミュレーションを大切にしつつも，いつでもこれを修正しうる柔軟さと勇気を忘れてはいけない。

◀　読書案内　▶

●井上雅彦・原口英之・石坂美和（著）『発達が気になる幼児の親面接——支援者のためのガイドブック』金子書房　2019 年
発達の遅れや発達障害を有する（あるいはその可能性がある）子どもと保護者をどのようにアセスメントし，支援につなげるかについて，具体的な事例を用いながら解説されている。特に保護者支援のポイントがまとめられている数少ない良書である。

●松本真理子・金子一史（編）『子どもの臨床心理アセスメント――子ども・家族・学校支援のために』金剛出版　2010 年

主に子ども（乳幼児期から児童期）を対象とした心理検査やアセスメント，テスト・バッテリーの方法について，検査見本や実例を用いながら紹介されている。パーソナリティや発達水準，発達障害といった子ども本人のアセスメントだけでなく，学級や夫婦関係，産後抑うつなど，子どもを取り巻く環境に関するアセスメントについても紹介されている。

●高瀬由嗣・関山徹・武藤翔太（編著）『心理アセスメントの理論と実践――テスト・観察・面接の基礎から治療的活用まで』岩崎学術出版社　2020 年

本章で紹介した内容を拡張し，面接法や観察法といったアセスメントの方法論が詳しく紹介されているほか，紙幅の都合で本章では紹介できなかった各心理検査の概要や，公認心理師の「5 領域」に対応する形でアセスメントの実践例が掲載されている。心理アセスメントを包括的に取り扱った，初学者〜中級者向けの書籍である。

# 田中ビネー知能検査モンゴル版（2020）の開発に関わるエピソード

　名古屋大学の国際貢献の一環として，モンゴル国立教育大学と共同で知能検査の開発が行われた。開発に関わるエピソードについていくつか紹介する。

　名古屋大学とモンゴル国立教育大学の共同研究チームが田中ビネー知能検査モンゴル版の開発を志したのは，発達上の困難さを抱えたモンゴルの子どもが適切な教育的支援を受けにくい現状があったためである。その要因の一つとして，モンゴルには知的能力を測定するための標準化された検査がないために個別の支援計画を立てられないことがあげられた。

　田中ビネー知能検査は，周知の通り，ビネー法の日本版として 1947 年から現在にいたるまでわが国で幅広く使われている個別式知能検査の一つである（中村・大川, 2003）。ビネー法を開発したビネー（Binet, A.）は，フランスにおいて発達や心の問題を抱えた子どもが不当に教育の機会を奪われぬよう，的確に知能水準を判定しようと取り組んだ。そして，「環境によって知能が驚くほどの相違を示す」ことを明らかにし，子どもの生活に根づいた問題を積極的に検査に組み入れた（Binet, 1909/1970）。このたびの開発もビネーの理念に基づいてモンゴル版の開発を試みたが，モンゴルの子どもの生活を反映した検査を作成し，確実に検査を実施することは決して容易なことではなかった。

　まず検査問題の作成において苦慮したことの一つは，日常における"当たり前"の違いであった。たとえば，語彙問題「バナナ」では，一房のバナナのミニチュアを使用する。モンゴルの子どもたちは，それを見てグローブや手の平などと回答した。房になっているバナナをほとんど見たことがないのである。また，絵の不合理問題「雨の中でのバーベキュー」では，雨があまり降らないモンゴルの子どもには不合理とは映らなかった。

　また検査場面においても大いに頭を悩ませた。研修を受けたモンゴルのテスターが「もう少し〇〇って考えてみようか」といった誘導的なことばを次々に発し，それに応じて子どもたちは一心不乱に集中力を発揮していたのだ。研修でこれらの台詞は検査の統一性を担保できないため使用できないと学んでいたが，子どもと対面したときにふだんの教育スタイルが優先されてしまうようであった。

　このように，問題作成や検査実施において日本人スタッフの想定外の出来事が次々と起こった。そのたびに，モンゴル側と幾度も議論を重ねた。実際には問題の内容はモンゴルの子どもの状況にあわせ変更し，実施方法は日本のマニュアルを踏襲することになった。これらの議論は客観性と個別性を共存させる検査とは何かといった知能測定の本質的難題をくり返し考える機会となった。およそ 4 年にわたる田中ビネー知能検査モンゴル版（2020）の開発は，国を越えた子どもの知能の共通性や特異性を発見する喜びを与えてくれた。

# 第16章 発達と心理臨床

　学校を休みがちな中学2年生の生徒から養護教諭を通してスクールカウンセラーに相談の予約が入った。スクールカウンセラーは，相談で得られた情報と事前の情報から，その生徒は自己主張が苦手であり，また，授業の理解もできていないことで，学校生活で自信をなくし不満がたまっているのではないかという仮説を立てた。学校の先生ともその仮説を共有し，支援計画を立てた。スクールカウンセラーは相談を通じて，その生徒が自分の気持ちをうまく相手に伝えることができるように支援し，担任の先生はその生徒が教室にいやすくするための環境調整や学習支援を行った。支援を実施して，うまくいった支援とそうでない支援について評価しながら進めていき，数か月後，その生徒は休まずに登校することができるようになった。

　学校の心理臨床で扱うことが多いのが登校しぶりや不登校に関するケースです。スクールカウンセラーへの相談は養護教諭が仲介することが多く，子どもだけ，もしくは保護者同伴で相談に来ます。支援を進めるときには，学年主任と教頭，養護教諭，担任の先生等と打ち合わせをし，相談の前後で得た情報に基づいて，その生徒のこころの問題についての仮説の共有や支援計画を確認します。学校に来るだけで不安を感じる生徒も多いので，まずは，安心してもらうための働きかけや準備が必要です。そのためには，先生と連携し，役割分担をした支援が大切です。もちろんうまくいかない支援もあるので，試行錯誤しながらその子どもにあった支援をします。学校の心理臨床は，子どもが安心できる環境の中で，心の問題の改善と解決のための支援を行い，子どもの発達を支えていきます。

# 1節　発達を支える心理臨床

## 発達と心理臨床

　発達は生涯にわたって続いていく。人は，その中で身体的な変化をはじめ，環境の変化，そして心理的な変化を経験していく。発達にともなって，他人とのコミュニケーション能力を獲得するようになる，新しいものの見方や感じ方ができるようになる，というように，身体的・社会的・心理的に良好な状態に成長していくような，前向きな発達を経験する。一方，ときに，友だちと意見が食い違ってケンカをしてしまう，自分の進路が決められなくて不安になってしまう，というように，身体的・社会的・心理的にうまくいっていない状態に陥ってしまうような，発達する中で葛藤を経験することもある。発達にともなう葛藤はごく自然なもので，多くは，個人が前向きに発達するための重要なきっかけになる。ところが，その葛藤がうまく解決できずに長引いてしまうことによって，心の問題が引き起こされる場合がある。

　心理臨床では，心の問題について，心理学の知識をもつ支援者が，支援を必要とする人に寄り添いながら，一緒にその問題に向きあい，その問題を軽減し解決をするための心理的な支援を行う。たとえば，支援の形態として，主に1対1の対話の中で心理面接を行うこともあれば，多職種との連携の中で支援を行うこともある。加えて，心理臨床には，さまざまなアプローチが存在し，支援の効果を説明する理論や根拠も多様である。支援の形態やアプローチに違いはあるけれども，共通項として存在する支援のプロセスも存在する。次項ではそのプロセスについて概説していく。

## 支援のプロセス

　支援のプロセスとして，スクールカウンセラーの場合には，まず，こころの問題を抱えた子どもについて，学校の先生や保護者，子ども本人への聴き取りなどによって，情報の収集をすることから支援が始まる。そして，得られた情報から，何が原因で心の問題が起きているのかについての仮説を立てる。そして，でき上がった仮説をもとに，他の先生と連携して支援の進め方や具体的な

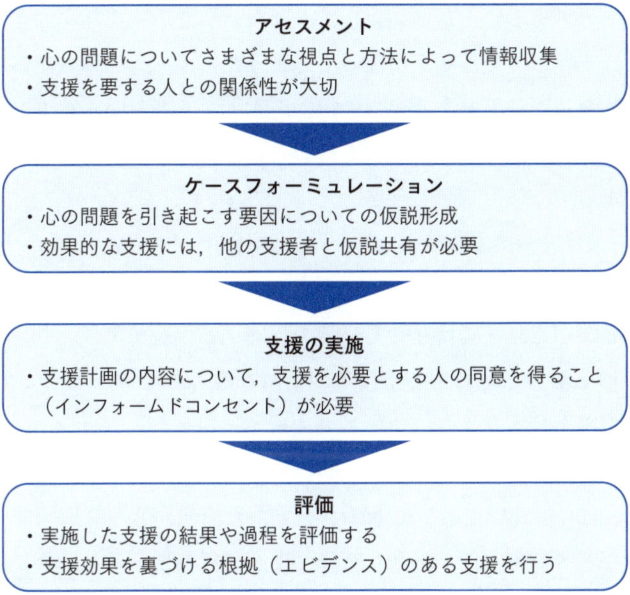

**アセスメント**
・心の問題についてさまざまな視点と方法によって情報収集
・支援を要する人との関係性が大切

**ケースフォーミュレーション**
・心の問題を引き起こす要因についての仮説形成
・効果的な支援には，他の支援者と仮説共有が必要

**支援の実施**
・支援計画の内容について，支援を必要とする人の同意を得ること（インフォームドコンセント）が必要

**評価**
・実施した支援の結果や過程を評価する
・支援効果を裏づける根拠（エビデンス）のある支援を行う

**図16-1　支援のプロセス**

計画を確認していく。もちろん，支援を実施しても必ずしもうまくはいかない。けれども，うまくいかないたびに仮説を修正し，支援のやり方を評価し改善することで，少しずつ心の問題を解消していく。支援は，これらのプロセスをくり返すことで洗練されていく。以下，そのプロセス（図16-1）の詳細を説明していく。

　**a　アセスメント**　支援を行うためには，支援を必要とする人の主訴（本人の困りごとに関する主な訴え）を聞くと同時に多様な観点からアセスメントを行う必要がある。心の問題についてさまざまな視点と方法によって情報を収集することをアセスメントという。支援者は，対象が子どもであれば，本人から困りごとを聞くことはもちろん，家族から成育歴，担任の先生から学校での本人の様子について聞くなどして情報を集める。必要に応じて知能検査やアンケートを実施し，本人が困っている状況を直接，観察しに行くこともある。このようにさまざまな視点や方法によってアセスメントを行っていく。ただし，アセスメントを最初に行う際には，支援を必要する人や彼らを取り巻く環境との関

係性も不十分であることが多いため，必要だからといって話すことを強要してしまうと，支援者への信頼を損なってしまうだろう。隠しごとや悩みごとなどを話すには勇気が必要であるから，特に，本人から話を聞き出すときには，あせらず，関係性が深まる中で，徐々に新しい情報を引き出していくという姿勢も必要である。

**b　ケースフォーミュレーション**　ケースフォーミュレーションとは，支援を必要とする人の心の問題について，心理的，対人的，行動的問題の原因，促進要因，およびそれを維持させている力に関する仮説であり，その人に関する複雑で矛盾した情報をまとめ上げる助けになるものである（下山, 2010）。アセスメントで得た情報をもとにケースフォーミュレーションを行い，そこで得た仮説をもとに支援を進めていく（詳細は第15章参照）。たとえば，不登校の中学3年生の子どもについて，アセスメントで得た情報から，高い知能をもっているが書くことへの苦手さがあり，それによって授業中ノートがとれず課題が出せなくなってしまい，できるはずなのにと親から叱責され，自信をなくし，進路への不安からも学校に行けないという悪循環が生まれている，というような仮説を立てる。心理臨床に携わる支援者は，この仮説を，協働する他の支援者にもわかりやすく伝える必要がある。支援者同士で同じ仮説を共有することで，支援における支援者同士のすれ違いを防ぎ，協働して支援を行いやすくすることができる。

**c　支援の実施**　先ほどの例だと，仮説に基づき，子どもの書くことへの負担を減らす，その子どもにあった勉強の方法を見つける，心理面接の中で不安な気持ちを解消する方法をその子どもと一緒に探す，といった支援を考えていく。このとき，支援計画の内容や支援を行ううえでの約束事などについて，支援を必要とする人に説明し，紙面などで同意を得ることによって，支援を進めていくための契約が結ばれる。場合によっては，複数の選択肢を支援者が用意し，その中から支援を必要とする人に支援の内容を選んで決めてもらう。この説明後に支援を必要とする人から同意を得るプロセスを，インフォームドコンセントとよぶが，このようにして支援を必要とする人がしっかりと納得してから支援が提供されることは，その人の支援に対する安心感と問題解決への主体性を高めることにもつながる。

**d　評価**　支援を実施した後には，その結果や過程を評価する。支援活動において，「何がうまくいったのか」のみならず，「何がうまくいかなかったのか」「それはどうしてか」というように，有効な支援だけでなく，支援の限界や有効でなかった点も評価する。評価の際には，特定の支援場面だけでなく，その人の日常場面にも目を向け，総合的な視点から評価することが必要である。

評価をする際には，発言内容や支援内容を紙面で残したものや，そのときの支援の様子を撮影したものを利用することもある。支援の記録を蓄積する中でめざすべきは，効果のある有効な支援方法を明らかにし，その支援を実践することである。心理臨床に携わる支援者は，実践家であると同時に，科学者として実践で得たデータをまとめ研究にする「科学者－実践家モデル」を実現しながら，支援を行っていく必要がある。研究結果から支援効果を裏づける根拠（エビデンス）が得られた支援を実践することをエビデンス・ベイスド・プラクティスとよぶ。エビデンス・ベイスド・プラクティスは，支援を必要とする人に有効な支援を提供すると同時に，支援を必要とする人やその関係者，また連携する多職種に対し説明責任を果たすことにもつながる。エビデンスを相手がわかるような形で明確に示すことは，支援者としての信頼感を得るためにも大切なことである。

また，評価は，支援の実施終了後のみに総括して行われるわけではなく，支援の実施途中でも随時行われる。支援を必要とする人の変化がまだ十分に見られないうちに，支援とその変化を評価することは実際にはとても難しいことである。そんなときには，スーパービジョンや事例検討会（ケースカンファレンス）を行うことで支援体制を振り返る場合がある。スーパービジョンとは，経験豊富な支援者や指導者から自分が担当しているケースについて意見や助言を受けることであり，ケースカンファレンスとは，自分が担当しているケースについての記録を発表し，複数の支援者や指導者と検討する場である。支援者は，スーパービジョンやケースカンファレンスで助言をもらうことで，自身の専門性や力量を高め，より洗練された支援を行えるようになっていく。

# 2節　心理面接と多職種連携

　心理臨床と聞いたとき真っ先にイメージするのは，支援者が，支援を必要とする人と1対1で対話する心理面接ではないだろうか。心理面接は主要な支援の方法であるが，支援者がその周りの環境に働きかけ，他の専門職と連携をとって支援を行っていくことも必要なことである。たとえば，スクールカウンセラーとして，子どもからいじめ被害についての相談を受けたときに，心理面接だけでなく，学校組織全体の対応や再発防止策の考案など，組織への働きかけも必要になってくる。そのときには，スクールカウンセラー一人だけでなく校長や副校長等，学校の管理職との連携や役割分担が必要になる。このように心理臨床では，心理面接と多職種と連携した支援を行うことが必要とされている。

## 心理面接のプロセス

　心理面接とは，支援者と支援を必要とする人との信頼関係に基づき，言語によるやりとりと，うなずきや表情などの非言語のやりとりを通して，支援を必要とする人に変化を引き起こし，彼らが望む目的の達成をめざすものである。心理面接はアプローチの仕方や問題の内容によって，必要な面接の頻度や回数も異なってくる。多くは，回数が重なるごとに面接の中で話される内容も変化していき，支援を必要とする人自身にも心理的な変化が見られる。以下に，心理面接のプロセスを概説する。

　**a　受理面接**　支援者が初めて支援を必要とする人との面接の機会を得るときに行われるのが受理面接（インテーク）である。たとえば，高校生が家庭や進路のことをスクールカウンセラーに相談したいとなったとき，どのようにすればよいのだろうか。学校によって多少異なるが，スクールカウンセラーは週に1回，相談室に勤務する形が多い。そのため，相談受け付けとして養護教諭が窓口になる場合が多く，養護教諭や担任の先生を通じて相談の申し込みが行われる。小学生や中学生の場合には保護者から連絡をすることが多い。そして，日程調整の後にインテークが実施される。インテークでは，支援を必要とする人が落ち着いて話すことができるように，ラポールの形成が重要となる。ラ

ポールとは，自分と相手との信頼のある関係性を意味する。相談室に行って悩みを相談することは，なかなかに勇気がいることである。親にも家族にも相談ができないことを話そうと，一念発起して来室する人もいる。そんな気持ちで来るため，期待と同時に不安や緊張で硬い表情の人も多い。落ち着いて話してもらえるように，支援者は安心できる雰囲気づくりを心がける必要がある。ラポールを形成しながら，支援を必要とする人の主訴や，その背景を確認するアセスメントが行われる。インテークの面接結果に基づき，心理面接を継続するか，より適切な支援ができるほかの相談機関を紹介（リファー）するかの判断を行う。

　**b　心理面接初期**　心理面接初期の課題は，支援を必要とする人と支援者のラポールを確立することである。まずは，支援を必要とする人が安心して来室できるようにする雰囲気づくりが必要となる。そのためには，支援者はロジャーズ（Rogers, C.）の「必要にして十分な条件」に従い，支援を必要とする人に対して，①無条件の肯定的関心をもち，②共感的理解をし，③自己一致の態度をとり続けることが必要となる（図 16-2）。自己一致の態度とは，支援者自身の考えや感じたことが実際の行動や発言に結びつく態度でいることである。たとえば，支援を必要とする人の話を支援者が理解できなかったとき，自己一致していない支援者ならば，「途中で口を出すのも失礼だから，よくわからな

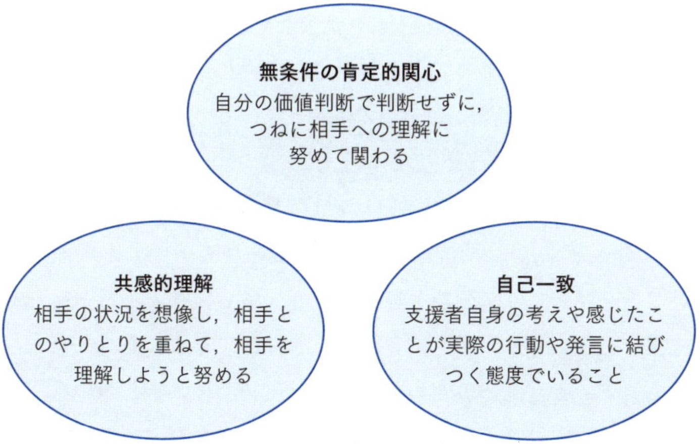

**無条件の肯定的関心**
自分の価値判断で判断せずに，
つねに相手への理解に
努めて関わる

**共感的理解**
相手の状況を想像し，相手と
のやりとりを重ねて，相手を
理解しようと努める

**自己一致**
支援者自身の考えや感じたことが実際の行動や発言に結びつく態度でいること

**図 16-2　支援を必要とする人に対する基本的態度**

いけどそのまま話を聞こう」と考えてそのまま話を聞くだろう。一方，自己一致している支援者ならば，「わからなかったから，ちょっと質問してみよう」と考えて，タイミングを見て質問をするだろう。これらの条件は，支援者が支援を必要とする人に正確な共感を示し，そして，彼らに信頼してもらうために必要な態度である。支援を必要とする人に対する正確な共感は問題の改善に対する重要な予測因子であり（Miller et al., 1980），正確な共感を重ねることによって，支援者への信頼感が生まれ，さまざまな心理臨床のアプローチが行えるようになる。

　なお，心理面接初期には，受理面接での主訴が曖昧で，しばしばその焦点がずれてくる場合がある。主訴をめぐる問題の語りの中から，問題を整理し，問題の優先順位を立て，取り組みやすい問題について明確化する必要がある。それと同時に，相談に来るための動機づけを高める関わりも必要となってくる。

　**c　心理面接中期**　支援を必要とする人と支援者の信頼関係が深まり，支援を必要とする人が安心して自由に発言できるようになると，その語りの中でさまざまな気づきを得られるようになる。たとえば，学校に行けなくなった中学1年生の子どもが，自分でもどうして学校に行けなくなってしまったかわからないと話し，支援者とこれまでの学校生活を振り返ったところ，嫌なことがあっても他の人にうまく頼ることができなかったことに気づく，ということがあげられる。そうした気づきを促すために，支援者によってさまざまな技法が使われる。その際，行動や対人関係や過去など，どこに焦点が置かれるかは，そのアプローチの仕方によってさまざまである。しかし，支援を必要とする人の準備性が十分でない場合には，アプローチを行ってもうまく実行できない場合や，反発されるなど抵抗が生じることもある。

　支援を必要とする人の抵抗が強ければ強いほど行動変容には向かわない（Miller & Rollnick, 2012）。抵抗は，支援を必要とする人が，心理面接の中で関係のないことを話したり，相談を遅刻したり欠席したりするといった形でも表れる。支援を必要とする人が抵抗を示すときには，そこに変わりたくない理由が存在する。支援者は，その変わりたくない気持ちに共感しつつも，変わりたい気持ちにも目を向ける必要がある。合理的な行動を選ぶのは本人のやる気や性格の特性によるのではなく未解決の「両価性」の問題とされる（Miller &

Rollnick, 2012)。変わりたいけど変わりたくないという両価性に共感し，それを明確にしていくことで，支援を必要とする人が変化のための最初の一歩を踏み出せるように支えていく。

**d　心理面接後期**　心理面接の中で支援を必要とする人が，自分の心の問題についての新しい気づきを得た後，より具体的な変化のための方策が必要となる。心理面接後期では，支援者は，そのためのサポートを面接の中で行う。支援を必要とする人の，変化に対する実現可能性を含めながら，その計画を立て，実行し，評価するプロセスをたどっていく。たとえば，学校へ登校する，ゲームをするのを我慢して毎日1時間勉強をするなど，行動の変化をともなう目標を決めて，支援を必要とする人自身が心理面接の外側で主体的に計画を実行する。なお，多職種や家庭との連携ができる場合には，その実行に関してもサポートを得られることがある。多くの場合，実現可能性が高い課題から徐々に難しい課題に挑戦していくスモールステップ（図16-3）で支援を進めていくことで，支援を必要とする人が「できた！」という達成感と自信を得ながら，支援を必要とする人の主訴となる問題解決に進んでいく。

**e　心理面接の終結**　心理面接の終結は，支援を必要とする人の主訴が解消し，その人と支援者が合意のうえで終結する場合と，どちらかの事情によって

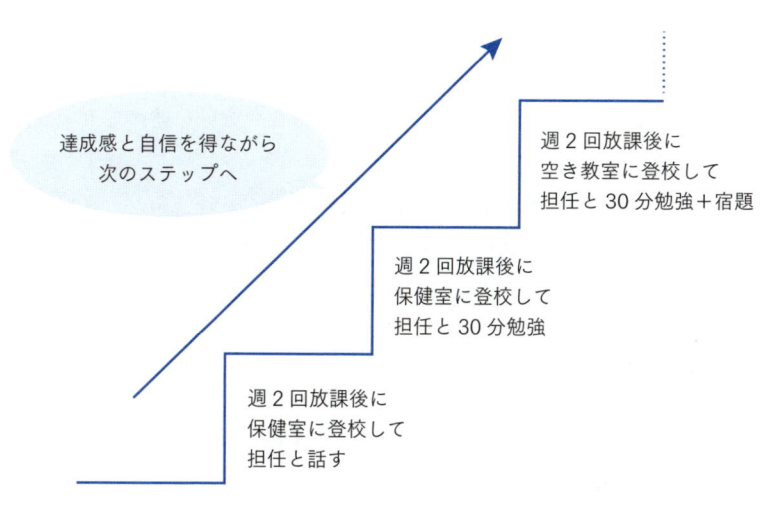

達成感と自信を得ながら
次のステップへ

週2回放課後に
空き教室に登校して
担任と30分勉強＋宿題

週2回放課後に
保健室に登校して
担任と30分勉強

週2回放課後に
保健室に登校して
担任と話す

**図16-3　スモールステップの例（不登校支援）**

やむをえず終わる場合がある。前者の場合には，心理面接を終えるための準備作業にあたり，これまでの心理面接を振り返り，別れの作業を行う。支援を必要とする人にとって心理面接の終結は喪失体験の一つであり，合意を得て丁寧に進めていく。場合によっては，その後の状況確認や困りごとの有無を確認するためのフォローアップの面接を設け，必要があればいつでも面接する準備があることを伝えて終結する。

## 心理面接の技法

　心理面接は，支援者と支援を必要とする人が安心できる一つの空間の中で，言語と非言語のやりとりをしていく。心理面接は，一対一での対話を中心とする形態もあれば，家族や親子など複数人の形態もある。その他，集団療法として，支援者が進行役となり，集団を対象に働きかける形態もある。どのような形態であっても，支援者は，自身の発言や反応について何らかの意図を含めて支援を行っていく。ここではいくつかの心理面接の技法とその目的について紹介する。

　**a　質問**　質問には，「閉じられた質問」と「開かれた質問」が存在する。「閉じられた質問」は「〇〇について知っていますか？」「いつその出来事があったんですか？」というように，イエス・ノーあるいは支援を必要とする人から明確な情報を引き出すときに使用する質問である。一方，開かれた質問とは「そのとき，あなたが経験したことを教えてください」というように，支援を必要とする人が想像力を働かせて，自分の気持ちや意見を述べてもらう際に用いる質問である。「閉じられた質問」は答えやすいことから，話すことが苦手な人や子どもに対してはこうした質問から始めていく。しかし，多用しすぎると一方的なコミュニケーションに陥りやすいため注意が必要である。一方，「開かれた質問」は考える労力が必要であるから，話したい気持ちや問題解決の意欲があると，質問を通してさまざまな考えを聞くことができる。しかし，話すことへのためらいがある人に対しては，話を十分に聞き出せず，面接に対する不安と苦手意識をもたせてしまうかもしれない。支援者は，支援を必要とする人の状態を把握したうえで，適切な質問をする必要がある。

　**b　傾聴**　傾聴とは，相手の話に関心をもちながら，否定せずに，共感しな

がら聞くことである。「うんうん」「そうなんですね」「なるほど」といった言語
での反応だけでなく，言語を使わない非言語のコミュニケーションは，支援を
必要とする人の話を引き出したり促したりするうえで大切な要素となる。「うな
ずき」はその一つで，適度な量とタイミング，また抑揚などによって，支援を
必要とする人の主体的な発言を引き出したり，場合によっては方向づけたりも
できる。

　　c　**聞き返し**　支援を必要とする人の発言を聞いて，否定や肯定などの解釈
をせず，そのことばの一部あるいは全部を同じように返す。この単純な聞き返
しは，相手に話の内容を理解しているということを伝える意図と，ちゃんと話
を聞いてもらっているという雰囲気をつくり出す意図がある。一方，単純に聞
き返すだけでなく，支援を必要とする人のことばから想像力を働かせ，意味や
内容をより明確にしようとする，または，感情的な側面を言語化しようと，こ
とばを言い換えた内容を伝える場合もある。たとえば，支援を必要とする人が
「宿題が終わらない」と話したときに，支援者は「宿題しなきゃ，って考える
と気分が下がるね」「内容が難しくて取り組みづらいところがあるかもしれな
い」などと返す。支援者の想像力が加えられることで，支援を必要とする人に
新しい気づきを促し，問題の焦点を明確にする。

　　d　**要約**　支援を必要とする人の話が長くなったときや，話の内容が拡散し
始めたときに，それまで話した内容を簡潔に明確に伝える技法である。これま
で話された内容の確認になるとともに，支援を必要とする人の思考や感情が整
理される。また，変わりたいけど変わりたくないという両価性をともなう話題
の際には，「○○という理由で変わりたくないと思っている。その一方で××
という理由で変わりたいという気もしている」というように，変わりたい理由
と変わりたくない理由を明確にして対比するように伝えることもある。要約の
後に，その内容に関連した質問をすることで，話の内容をより深めることがで
きる。

　　e　**自己開示**　自己開示とは，個人的なエピソードや感じたことを率直に相
手に伝えることである。通常の心理面接の中では，支援を必要とする人に焦点
を当てて話が進んでいくが，支援者からの自己開示の場合には焦点が支援者の
方に移動する。注意すべきは，支援者からの自己開示をした際には，自分語り

になってしまわないように，その後すぐに支援を必要とする人に焦点を戻すということである。たとえば，理不尽な目にあったけれども怒りの感情を出せない人に「私もそんなふうに理不尽に怒られた経験があります。そのとき，相手がとても憎いと感じたのですが，あなたはどうですか？」「あなたの身になって考えると私は怒りを感じるようです。あなたも少しそのように感じているのではないでしょうか？」というように応対する。否定的な感情を抱いてはいけないと思いこんでいる人もいるので，支援者自身が支援を必要とする人の感情を理解し言語化することで，その人の感情の整理にもつながる。支援者の話ばかりにならないよう，支援者からの自己開示を多用することは好ましくないが，適切に使うことで，支援を必要とする人により深く共感を示し，支援者に対する信頼感や安心感につなげることができる。

## 多職種連携

支援者にとって，どのような連携の能力が必要だろうか。たとえば，スクールカウンセラーについて考えてみると，まず，求められる役割は，学校現場での子どもへのアセスメントや心理面接，予防教育の実施，巡回相談などが考えられる。また，こうした直接的な支援だけでなく，スクールカウンセラーが教師に行うコンサルテーション（図16-4）も重要である。コンサルテーションとは，支援者が他の専門職から相談を受け，支援者の専門的な知識や情報から他の専門職に助言することで，支援を必要とする人に対し，間接的に支援をすることである。特に心理面からのアセスメントによる仮説の共有を，教師が理解しやすいような形で提供することは，教師たちと連携して支援を行うために大切なことである。その際，管理職やクラス担任，スクールソーシャルワーカーなど，学校現場で働く人の立場や役割を理解している必要がある。たとえばク

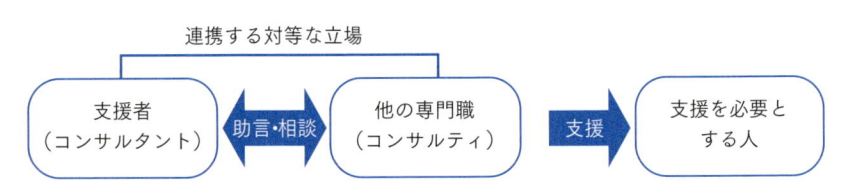

**図 16-4　コンサルテーション**

ラス担任には，学級経営をしながら支援を必要とする子どもへの関わりが求められるが，スクールカウンセラーがその事情を理解できないと，現実に実施可能な支援の提案ができず，教師も事情を理解してもらえないと感じてしまい，連携がうまくいかなくなってしまう。他職種が何を考え実行しようとしているのか，どのような気持ちや価値観をもっているのかを理解することは，互いに尊重しあい連携するために必要な準備となる。日ごろから自身の役割を振り返り，自分自身の強みと弱みを知ることで，それを連携に生かし，足並みをそろえた支援を行うことが，支援を必要とする人への効果的なアプローチとなる。

　連携の力を上手に発揮することで，支援を必要とする人へより効果的にアプローチできることから，近年，連携の力を高めるために，専門職連携教育（IPE：Interprofessional Education）が注目されている。IPE は専門家同士がチームとして機能する方法を学び，その知識，スキル，価値を将来の実践につなげ，最終的にはチームの一員として，よりよい結果に焦点を当てたチーム専門家によるケアを提供するために行われる（Buring et al., 2009）。IPE では，多職種連携コンピテンシー（多職種連携コンピテンシー開発チーム, 2016）を高めることが一つの目標となる。

　多職種連携コンピテンシーとは，図 16-5 のように円形で示されるもので，中心の 2 つは「患者・サービス利用者・家族・コミュニティのために，協働する職種で患者や利用者，家族，地域にとっての重要な関心事／課題に焦点を当て，共通の目標を設定することができる」能力と「患者・サービス利用者・

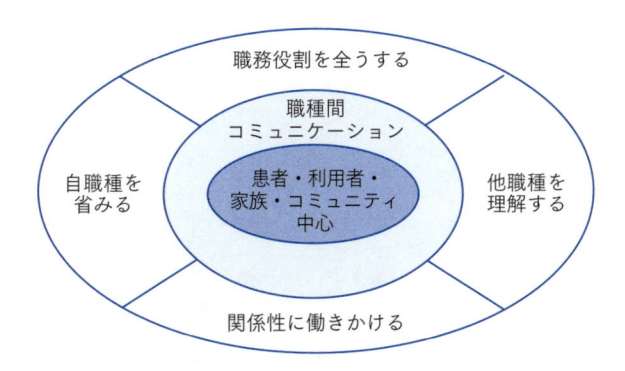

**図 16-5　多職種連携コンピテンシー**（多職種連携コンピテンシー開発チーム, 2016）

家族・コミュニティのために，職種背景が異なることに配慮し，互いについて，互いから職種としての役割，知識，意見，価値観を伝え合うことができる」能力を示しており，それを支える「職種としての役割を全うする」「関係性に働きかける」「自職種を省みる」「他職種を理解する」の4つの能力が具体的に必要とされている。

◀　読書案内　▶

- 原田隆之（著）『心理職のためのエビデンス・ベイスト・プラクティス入門──エビデンスを「まなぶ」「つくる」「つかう」』金剛出版　2015年
支援を行う際のエビデンスについて，その誤解や迷信を解決しながらわかりやすく紹介している。エビデンスの質や疾患別のエビデンスについても詳しく説明しており，エビデンスを支援の実践に役立てていくための手がかりとなる。

- 鶴光代・津川律子（編）『シナリオで学ぶ心理専門職の連携・協働──領域別にみる多職種との業務の実際』誠信書房　2018年
心理を専門とする支援者が他の専門職とどのように連携し協働すればよいのか具体例を交えて紹介した書である。医療，教育，産業，矯正などさまざまな領域における多職種との業務の実際を理解できる。

- M. コーリィ・G. コーリィ（著）下山晴彦（監訳）『心理援助の専門職になるために──臨床心理士・カウンセラー・PSWを目指す人の基本テキスト』金剛出版　2004年
支援者をめざすときにその過程で生じる問題や，支援者自身が自らの課題として考えなければいけない価値観や信念について，豊富な事例を読み解きながら，考え，学んでいくための書となっている。

# COLUMN 16　スーパービジョン

　心理支援（以下，カウンセリングと略す）の技能を習得するには，理論や技法の学習に加えて，実践的なトレーニングが不可欠だ。その一環として行われるスーパービジョン（以下，SV）は，心理支援の専門家（以下，カウンセラー）が，スーパーバイザーとともに面接を振り返り，より質の高いカウンセリングを提供するための教育的な機会だ（McNeill & Worthen, 1989）。SV は単回のことも，定期的に一定期間継続することもある。単回の SV は，特定の問題に焦点を当てた学びの機会になるだろう。継続的な SV では，カウンセラーとスーパーバイザーに安心できる関係性が醸成され，深い内省が可能になり，自己理解を深めることができる。また，カウンセラーの課題に沿った SV の展開が可能で，技術を段階的に獲得していくことの助けになる。また，継続的なグループ SV の場合も，参加者を固定して実施すれば，効果が期待できる。

　SV では，クライエントの許可を得て録音や録画を用いると，クライエントとカウンセラーの相互作用をより詳細に振り返ることができて実際的な学びを得られる。

　カウンセリングが，クライエントの自己開示しづらい内容や苦痛をカウンセラーと分かち合う機会であるのとパラレルに，SV も，カウンセラーがうまくいかなかったと感じたことを分かち合う機会である。深い共有やカウンセラーの探索を可能にするのは，クライエント－カウンセラー間と同様に，カウンセラーとスーパーバイザー間の安心できる関係性が必要だ。

　では，安心できる関係性とはどのようなものだろう。ここでは，次の 2 点をあげる。一つは，うまくいった応答も，うまくいかなかったことも率直に自己開示し，安全に振り返ることができる関係性だ。もう一つは，カウンセリングの進むべき方向をスーパーバイザーが理解し，示唆を与えてリードすることができることだ。

　スーパーバイザーは，カウンセラーの適切な応答を肯定するとともに，苦労している箇所にも共感的に目を向ける。カウンセラーができるだけの対応をしていることを認証し，質問をして，クライエント理解やカウンセラーの応答を探索する。スーパーバイザーは一問一答で回答するのではなく，カウンセラーが自分の感情の反応やそれにともなう対応に気づき，それを調整することで「耐性の窓」を広げ，自己理解を深める機会を提供する。一方で，スーパーバイザーは，より深く，多面的にセッションを理解し，示唆やガイドを通して実践への手がかりを得られるよう責任をもつ。このサポートとリードにより，カウンセラーの成長に資する機会となる。

# 引用・参考文献

## ●1章

安藤寿康　2016　日本人の9割が知らない遺伝の真実　SBクリエイティブ.

──── 2022　生まれが9割の世界をどう生きるか　SBクリエイティブ.

Baltes, P. B., & Baltes, M. M. 1990 Psychological Perspectives on successful aging: The model of selective optimization with compensation. In P. B. Baltes, & M. M. Baltes (Eds.), *Successful aging: Perspectives from the behavioral science* (pp. 1-27). Cambridge University Press.

愛媛大学医学部附属病院睡眠医療センター　2018　未就学児の睡眠指針　未就学児の睡眠・情報通信機器使用研究班　厚生労働科研報告書.

権藤恭之（編）　2008　高齢者心理学　朝倉心理学講座15　朝倉書店.

Havighurst, R. J. 1972 *Development tasks and education* (3rd ed.). David McKay company.〔児玉憲典・飯塚裕子（訳）　1997　ハヴィガーストの発達課題と教育：生涯発達と人間形成　川島書店.〕

Heckhausenn, J., & Schulz, R. 1995 A Life-span Theory of Control. *Psychological Review*, 102, 284-304.

厚生労働省　2022　令和3年簡易生命表.

三菱UFJリサーチ＆コンサルティング　2016　地域包括ケアシステム構築に向けた制度及びサービスのあり方に関する研究事業報告書　地域包括ケア研究会報告書 地域包括ケアシステムと地域マネジメント.

無藤隆　2004　青年期・成人期の発達　無藤隆ほか（編）心理学　有斐閣.

内閣府　2020　令和2年版子供・若者白書.

中原純　2016　医学・社会学的サクセスフルエイジング　佐藤眞一・権藤恭之（編）よくわかる高齢者心理学　ミネルヴァ書房.

大川一郎　2020　老年期という時期　宇都宮博・大川一郎（編）中高年の心理臨床　放送大学教育振興会.

──── 2021　これからの老年行動科学の射程：中高年のライフキャリアに焦点を当てて

──── 生涯発達における困りごと：中高年への支援の見取り図　高齢者のケアと行動科学, 26, 8-14.

社会実情データ図録　2015　日本人の一生の各ステージの悩みごと.〈http://honkawa2.sakura.ne.jp/2720.html〉

鈴木忠　2012　生涯発達　高橋恵子・湯川良三・安藤康寿・秋山弘子（編）発達科学入門1 理論と方法　東京大学出版.

田中真理　2013　老年期の発達　桜井茂男・佐藤有耕（編）スタンダード発達心理学　サイエンス社.

## ●2章

American Psychiatric Association 2013 *Diagnostic and statistical manual of mental disorders*, Fifth Edition. Arlington, VA: American Psychiatric Publishing.〔髙橋三郎・大野裕（監訳）　2014　DSM-5 精神疾患の診断・統計マニュアル　医学書院.〕

橋本圭司　2016　高次脳機能障害のリハビリテーション　The Japanese *Journal of Rehabilitation Medicine*, 53, 370-373.

医療情報科学研究所（編集）　2017　病気がみえる 第2版　vol. 7　脳・神経　メディックメディア.

石合純夫　2012　高次脳機能障害　第2版　医歯薬出版株式会社.

岩田誠（監修）　2001　図解雑学 脳のしくみ　ナツメ社.

小嶋知幸（編著）　2012　なるほど！　失語症の評価と治療：検査結果の解釈から訓練法の立案まで　金原出版株式会社.

───── 2016　図解 やさしくわかる言語聴覚障害　ナツメ社.

国立障害者リハビリテーションセンター　2008　高次脳機能障害者支援の手引き　第1章 高次脳機能障害診断ガイドライン〈http://www.rehab.go.jp/brain_fukyu/data/〉

紺野加奈江　2001　失語症言語治療の基礎　診断と治療社.

厚生労働省　2011　知ることからはじめようみんなのメンタルヘルス：認知症〈https://www.mhlw.go.jp/kokoro/know/disease_recog.html〉

三上章允　脳の世界：料理は前頭連合野を使う知的な活動のひとつ〈http://web2.chubu-gu.ac.jp/web_labo/mikami/brain/index.html〉

宮本信也　2005　軽度発達障害の子どもたち　下司昌一（編集代表）現場で役立つ特別支援教育ハンドブック　日本文化科学社.

大橋正洋　2001　一般用語になりつつある高次脳機能障害　失語症研究, 22, 194-199.

大森孝一・永井知代子・深浦順一・渡邉修（編）　2018　言語聴覚士テキスト 第3版　医歯薬出版株式会社.

坂井建雄・久光正（監修）　2011　ぜんぶわかる脳の事典：部位別・機能的にわかりやすくビジュアル解説　成美堂出版.

新村出（編）　2008　広辞苑　第6版　岩波書店.

辻省次（総編集）河村満（専門編集）　2012　アクチュアル脳・神経疾患の臨床 認知症：神経心理学的アプローチ　中山書店.

上田敏　2005　ICF の理解と活用：人が「生きること」「生きることの困難（障害）」をどうとらえるか 第2版 入門編 ks ブックレット No.5　萌文社.

山鳥重　2002　神経心理学コレクション 記憶の神経心理学　医学書院.

───── 2005　「わかる」とはどういうことか：認識の脳科学　筑摩書房.


## ●3章

上里一郎（監修）　2001　心理アセスメントハンドブック　第2版　西村書店.

Atkinson, R. C., & Shiffrin, R. M. 1968 Human memory: A proposed system and its control processes. In K. W. Spence & J. T. Spence (Eds.), *The psychology of learning and motivation: Advances in research and theory. vol. 2* (pp. 89-195). New York: Academic Press.

Baddeley, A. D. 2000 The episodic buffer: A new component of working memory? *Trends in Cognitive Sciences*, 4, 417-423.

Baddeley, A. D., & Hitch, G. J. 1974 Working Memory, In G. A. Bower (Ed.), *Recent advances in learning and motivation vol. 8* (pp. 47-89). New York: Academic Press.

Carroll, J. B. 1993 *Human cognitive abilities: A survey of factor-analytic studies.* Cambridge University Press, New York: USA.

Cattell, R. B. 1943 The measurement of adult inteligence. *Prochological Balletion*, 40, 153-198.

———— 1963 Theory of fluid and crystallized intelligence: A critical experiment. *Journal of Educational Psychology*, 54, 1-22.

Gardner, H. E. 1983 *Frames of Mind: The Theory of Multiple Intelligences.* New York: Basic Books.

Gardner, H. 1999. *Intelligence reframed*: Multiple intelligences for the 21st century. Basic Books.〔松村暢隆（訳）　2001　MI：個性を生かす多重知能の理論　新曜社.〕

Hogan, T. P. 2007 *PsychologicalTasting: A Practical Introduction*, 2nd ed.〔繁桝算男・椎名久美子・石垣琢麿（訳）　2010　心理テスト：理論と実践の架け橋　培風館.〕

Honzik, M. P., Macfarlane, J. W., & Allen, L. 1948 The stability of mental test performance between two and eighteen years. *Journal of Experimental Education*, 17, 309-324.

Horn, J. L., & Cattell, R. B. 1966 Refinement and test of the theory of fluid and crystallized general intelligences. *Journal of Educational Psychology*, 57, 253-270.

石合純夫　2002　方向性注意障害のメカニズムとリハビリテーション　脳の科学　24, 531-539.

神田尚・山村豊・大川一郎　2015　高齢者を対象とした集団式認知機能検査の検討　高齢者のケアと行動科学, 20（2）, 180-208.

加藤元一郎　2006　高次脳機能障害ハンドブック　医学書院.

Kiernan, R. J., Mueller, J., Langston, J. W. & Van Dyke, C. 1987. The Neurobehavioral Cognitive Status Examination: A brief but differentiated approach to cognitive assessment. *Annals of Internal Medicine*, 107(4), 481-485.

厚生労働省　2005　知的障害児（者）基礎調査：調査の結果.〈https://www.mhlw.go.jp/toukei/list/101-1c.html〉

三好一英・服部環　2010　海外における知能研究とCHC理論　筑波大学心理学研究, 40, 1-7.

中島義明・安藤清志・子安増生・坂野雄二・繁桝算男・立花政夫・箱田裕司（編）　1999　心理学辞典　有斐閣.

Nasreddine, Z. S., Phillips, N. A., Bédirian, V., Charbonneau, S., Whitehead, V., Collin,

I., Cummings, J. L., & Chertkow, H. 2005 The Montreal Cognitive Assessment, MoCA ; A brief screening tool for mild cognitive impairment. *Journal of the American Geriatrics Society*, 53, 695-699.

Piaget, J. 1936 *La naissance de l'intelligence chez l'enfant.* Delachaux et Niestlé.〔谷村覚・浜田寿美男（訳）1978 知能の誕生 ミネルヴァ書房.〕

―――― 1953 *The origin of intelligence in the child. New Fetter Lane*, New York: Routledge & Kegan Paul.

Schwamm, L. H., Van Dyke, C., Kiernan, R. J., Merrin, E., & Mueller, J 1987. The neurobehavioral cognitive status examination: Comparison with the cognitive capacity screening examination and the mini-mental state examination in a neurosurgical population. *Annals of Internal Medicine*, 107, 486-491.

柴田義松 2006 ヴィゴツキー入門 子どもの未来社.

Spearman, C. E. 1904 General Intelligence, objectively determined and measured. *The American Journal of Psychology*, 15(2), 201-292.

田島信元・子安増生・森永良子・前川久男・菅野敦（編著）2002 臨床発達心理学2 認知発達とその支援 ミネルヴァ書房.

Thurstone, L. L. 1935 *The vectors of the mind.* Chicago: University of Chicago Press.

―――― 1938 *Primary mental abilities.* Chicago: University of Chicago Press.

―――― 1947 *Multiple-factor analysis.* Chicago: University of Chicago Press.

山村豊・青木智子（編著）2015 学びのための心理学 北樹出版.

山村豊 2017 系統看護学講座 心理学 第6版 医学書院.

山下富美代 2003 知的機能の発達 山下富美代（編）発達心理学（pp. 58-94）ナツメ社.

湯川良三（編集）1993 新・児童心理学講座4 知的機能の発達 金子書房.

## ●4章

遠藤利彦 2017 赤ちゃんの発達とアタッチメント ひとなる書房.

針生悦子 2019 赤ちゃんはことばをどう学ぶのか 中公新書ラクレ.

今井むつみ 2013 ことばの発達の謎を解く ちくまプリマー新書.

今井むつみ・針生悦子 2014 ことばをおぼえるしくみ 母語から外国語まで 筑摩書房.

加我牧子 2017 言語発達の障害の実際 岩立志津夫・小椋たみ子（編）よくわかる言語発達 改訂新版（pp. 152-153）ミネルヴァ書房.

厚生労働省 e-ヘルスネット「学習障害」〈https://www.e-healthnet.mhlw.go.jp/information/heart/k-03-004.html〉

南雅彦 2017 言語発達の概要 岩立志津夫・小椋たみ子（編）よくわかる言語発達 改訂新版（pp. 60-63）ミネルヴァ書房.

望月聡 2017 言語発達の生物学的基礎 岩立志津夫・小林たみ子（編）よくわかる言語発達 改訂新版（pp. 114-115）ミネルヴァ書房.

小椋たみ子 2017a 言語発達の概要 岩立志津夫・小椋たみ子（編）よくわかる言語発達

改訂新版（pp. 30-32） ミネルヴァ書房.

───── 2017b 言語発達の概要 岩立志津夫・小椋たみ子（編）よくわかる言語発達 改訂新版（pp. 40-43） ミネルヴァ書房.

───── 2019 言葉 一般社団法人日本赤ちゃん学協会（編集）小椋たみ子・遠藤利彦・乙部貴幸（著）赤ちゃん学で理解する乳児の発達と保育 第3巻（pp. 2-52） 中央法規.

菅野幸恵・塚田みちる・岡本依子 2010 エピソードで学ぶ赤ちゃんの発達と子育て 新曜社.

鈴木孝明 2017 言語発達の基礎 岩立志津夫・小椋たみ子（編）よくわかる言語発達 改訂新版（pp. 10-13） ミネルヴァ書房.

綿巻徹 2017 言語発達の研究 岩立志津夫・小林たみ子（編）よくわかる言語発達 改訂新版（pp. 6-19） ミネルヴァ書房.

# ●5章

朝生あけみ 1987 幼児期における他者感情の推測能力の発達：利用情報の変化 教育心理学研究, 35, 33-40.

Averill, J. R. 1980 A constructivist view of emotion. In R. Plutchik & H. Kellerman (Eds.), *Emotion: Theory, research, and experience* (vol. 1. Theories of emotion). Academic press.

Bretherton, I., Fritz, J., Zahn-Waxler, C., & Ridgeway, D. 1986 Learning to talk about emotions: A functionalist perspective. *Child Development*, 57, 529-548.

Bridges, K. M. B. 1932 Emotional development in early infancy. *Child Development*, 3, 324-341.

Chess, C. & Thomas, A. 1980 *The Dynamics of Psychological Development*.〔林雅次（監訳） 1981 子供の気質と心理的発達 星和書店.〕

Cole, P. M. 1986 Children's spontaneous control of facial expression. *Child Development*, 57, 1309-1321.

Damasio, A. R. 1994 *Descartes' Error*.〔田中三彦（訳） 2000 生存する脳 講談社.〕

Darwin, C. 1872 *The Expression of the Emotions in Man and Animals*.〔浜中浜太郎（訳） 1931 人及び動物の表情について 岩波文庫.〕

Eisenberg, N., Hofer, C., Sulik, M. J., & Spinrad, T. L. 2014 Self-regulation, effortful control, and their socioemotional correlates. In J. J. Gross (Ed.), *Handbook of emotion regulation, second editions*. The Guilford Press.

Ekman, P., & Friesen, W. V. 1971 Constants across cultures in the face and emotion. *Journal of Personality and Social Psychology*, 17, 124-129.

Ekman, P. & Friesen, W. V. 1984 *Unmasking the Face: A Guide to Recognizing Emotions from Facial Clues*.〔工藤力（訳） 1987 表情分析入門 誠信書房.〕

遠藤利彦 2015 両刃なる情動：合理性と非合理性のあわいに在るもの 渡邊正孝・船橋新太郎（編）情動学シリーズ4 情動と意思決定：感情と理性の統合 朝倉書店.

Field, T. 1994 The effects of mother's physical and emotional unavailability on emotion regulation. *Monographs of the Society for Research in Child Development*, 59, 208-227.

Fredrickson, B. L. 1998 What good are positive emotions? *Review of General Psychology*, 2, 300-319.

Gross, J. J. 2014 Emotion regulation: Conceptual and empirical foundations. In J. J. Gross (Ed.), *Handbook of emotion regulation, second editions*. The Guilford Press.

Harris, P. L., Donnelly, K., Guz, G. R., & Pitt-Watson, R. 1986 Children's understanding of the distinction between real and apparent emotion. *Child Development*, 57, 895-909.

Harter, S., & Buddin, B. J. 1987 Children's understanding of the simultaneity of two emotions: A five-stage developmental acquisition sequence. *Developmental Psychology*, 23, 388-399.

今田純雄・中村真・古満伊里　2018　感情心理学：感情研究の基礎とその展開　培風館.

岩田美保　2015　園での仲間遊びにおける幼児の感情語への言及：3, 4, 5歳児クラスのデータ分析　千葉大学教育学部研究紀要, 63, 1-6.

Izard, C. E. 1991 *The Psychology of Emotions*.〔荘厳舜哉（監訳）　1996　感情心理学　ナカニシヤ出版.〕

金丸智美・無藤隆　2006　情動調整プロセスの個人差に関する2歳から3歳への発達的変化　発達心理学研究, 17, 219-229.

菊池哲平　2004　幼児における自分自身の表情に対する理解の発達的変化　発達心理学研究, 15, 207-216.

久保ゆかり　1999　児童における入り混じった感情の理解とその発達　東洋大学児童相談研究, 18, 33-43.

Lazarus, R. S. & Folkman, S. 1984 Stress, *Appraisal and Coping*.〔本明寛・春木豊・織田正美（監訳）　1991　ストレスの心理学：認知的評価と対処の研究　実務教育出版.〕

Lewis, M. 1992 Shame: *The Exposed Self*.〔高橋惠子（監訳）　1997　恥の心理学：傷つく自己　ミネルヴァ書房.〕

Mayer, J. D., & Salovey, P. 1997 What is emotional intelligence? In P. Salovey, & D. J. Sluyter (Eds.), *Emotional development and emotional intelligence*. Basic Books.

大河原美以　2015　子どもの感情コントロールと心理臨床　日本評論社.

大平英樹（編）　2010　感情心理学・入門　有斐閣.

Plutchik, R. 1980 A general psychoevolutionary theory of emotion. In R. Plutchik & H. Kellerman (Eds.), Emotion: Theory, research, and experience (vol. 1. Theories of emotion). Academic press.

Rothbart, M. K., & Bates, E. 2006 Temperament. In N. Eisenberg (Ed.), *Handbook of child psychology*. Vol.3. Social, emotional, and personality Development, 6thed. Wiley.

Russell, J. A. 1980 A circumplex model of affect. *Journal of Personality and Social Psychology*, 30, 1161-1178.

Saarni, C. 1979 Children's understanding of display rules for expressive behavior. *Developmental Psychology*, 15, 424-429.

Saarni, C. 1999 *The Development of Emotional Competence*.〔佐藤香（監訳）2006　感情コンピテンスの発達　ナカニシヤ出版.〕

佐久間路子　2014　気質に関する代表的理論　遠藤俊彦・石井佑可子・佐久間路子（編著）よくわかる情動発達　ミネルヴァ書房.

櫻庭京子・今泉敏　2001　2～4歳児における情動語の理解力と表情認知能力の発達的比較　発達心理学研究, 12, 36-45.

Salovey, P. & Mayer, J. D. 1990 Emotional intelligence. *Imagination, Cognition and Personality*, 9, 185-211.

笹屋里絵　1997　表情および状況手掛かりからの他者感情推測　教育心理学研究, 45, 312-319.

Sroufe, L. A. 1996 *Emotional development: The organization of emotional life in the early years*. Cambridge University Press.

菅原ますみ・北村俊則・戸田まり・島悟・佐藤達哉・向井隆代　1999　子どもの問題行動の発達：Externalizing な問題傾向に関する生後11年間の縦断研究から　発達心理学研究, 10, 32-45.

庄司順一　1988　気質の評価　前川喜平・三宅和夫（編）発達検査と発達援助：誕生から3歳まで　別冊発達8, ミネルヴァ書房.

Thompson, R. A. 1994 Emotion regulation: A theme in search of definition. *Monographs of the Society for Research in Child Development*, 59, 25-52.

戸田正直　1992　感情：人を動かしている適応プログラム　東京大学出版会.

内山伊知郎（監修）2019　感情感情心理学ハンドブック　北大路書房.

## ●6章

Alberto, P. A. & Troutman, A. C. 1999 *Applied behavior analysis for teachers*, Fifth Edition. Hoboken: Prentice-Hall.〔佐久間徹・谷晋二・大野裕史（訳）2004　はじめての応用行動分析 日本語版第2版　二瓶社.〕

Allport, G. W. 1937 *Personality: A psychological interpretations*. New York, NY: Henry Holt and Company.〔詫摩武俊・青木孝悦・近藤由紀子・堀正（訳）1982　パーソナリティ：心理学的解釈　新曜社.〕

Allport, G.W. & Odbert, H.S. 1936 Trait-names: A psycho-lexical study. *Psychological Monographs*, 47, i-171.

American Psychiatric Association 2000 *Quick reference to the diagnostic criteria from DSM-IV-TR*. Washington DC: American Psychiatric Association.〔髙橋三郎・大野裕・染矢俊幸（訳）2003　DSM-IV-TR 精神疾患の分類と診断の手引 新訂版　医学書院.〕

American Psychiatric Association 2013 *Diagnostic and statistical manual of mental disorders, Fifth Edition.* Arlington, VA: American Psychiatric Publishing.〔髙橋三郎・大野裕（監訳）　2014　DSM-5 精神疾患の診断・統計マニュアル　医学書院.〕

安藤寿康　2014　遺伝と環境の心理学：人間行動遺伝学入門　培風館.

Bion, W. R. 1967 *Second thoughts.* London: William Heinemann Medical Books.〔松木邦裕（監訳）2007　再考：精神病の精神分析論　金剛出版.〕

Cattell, R. B. 1965 *The Scientific Analysis of Personality.* New Jersey: Aldine Transaction.

Cloninger, C. R., Svrakic, D. M., & Przybeck, T. R. 1993 A psychobiological model of temperament and character. *Archives of General Psychiatry,* 50, 975-990.

Costa, P. T., Jr. & McCrae, R. R. 1988 Personality in adulthood: A six-year longitudinal study of self-reports and spouse ratings on the NEO Personality Inventory. *Journal of Personality and Social Psychology,* 54, 853-863.

Costa, P. T., Jr. & McCrae, R. R. 1992 *Revised NEO Personality Inventory (NEO-PI-R) and NEO Five-Factor Inventory (NEO-FFI) professional manual.* Odessa, FL: Psychological Assessment Resources.

Endler, N. S. & Magnusson, D. 1976 Toward an interactional psychology of personality. *Psychological Bulletin,* 83, 956-974.

榎本博明　2008　語りを素材に自己をとらえる　榎本博明・岡田努（編著）　自己心理学1　自己心理学研究の歴史と方法　金子書房.

榎本博明・安藤寿康・堀毛一也　2009　パーソナリティ心理学：人間科学，自然科学，社会科学のクロスロード　有斐閣.

Eysenck, H. J. 1998 *Dimensions of Personality.* New Brunswick, NJ: Transaction Publishers.〔藤永保（監修）　2013　最新 心理学事典　平凡社.〕

Goldberg, L. R. 1981 Language and individual differences: The search for universals in personality lexicons. In Wheeler, L. (Ed.), Review of Personality and Social Psychology, Vol. 2. Beverly Hills, CA: Sage Publications.

Jones, C. J. & Meredith, W. 1996 Patterns of personality change across the life span. *Psychology and Aging,* 11, 57-65.

Jung, C. G. 1921 Revised by Hull, R. F. C. of the translation by Baynes, H. G. 2017 Psychological Types. Abingdon, Oxon; New York, NY: Routledge.

Kretschmer, E. 1955 Körperbau und character. Berlin: Springer.〔相場均（訳）　1960　体格と性格　文光堂.〕

Leon, G. R., Gillum, B., Gillum, R., & Gouze, M. 1979 Personality stability and change over a 30-year period: Middle age to old age. *Journal of Consulting and Clinical Psychology,* 47, 517-524.

Lewin, K. 1935 *A dynamic theory of personality.* New York: McGraw-Hill.〔相良守次・小川隆（訳）　1957　パーソナリティの力学説　岩波書店.〕

McAdams, D. P. 2006 The role of narrative in personality psychology today. *Narrative Inquiry,* 16, 11-18.

Mischel, W. 1968 *Personality and Assessment.* New York: John Wiley & Sons.〔詫摩武俊

（監訳）1992　パーソナリティの理論：状況主義的アプローチ　誠信書房.〕

Mischel, W. & Shoda, Y. 1995 A cognitive-affective system theory of personality: Reconceptualizing situations, dispositions, dynamics, and invariance in personality structure. *Psychological Review*, 102, 246-268.

Mischel, W., Shoda, Y., & Ayduk, O. 2007 *Introduction to personality: Toward an integrative science of the person*, Eighth Edition. Hoboken, NJ: John Wiley & Sons. 〔黒沢香・原島雅之（監訳）　2010　パーソナリティ心理学：全体としての人間の理解　培風館.〕

村山正治　1983　ヒューマニスティック・サイコロジー　飯田真・笠原嘉・河合隼雄・佐治守夫・中井久夫（編）岩波講座 精神の科学2 パーソナリティ　岩波書店.

小塩真司　2010　はじめて学ぶパーソナリティ心理学：個性をめぐる冒険　ミネルヴァ書房.

Sheldon, W. & Stevens, S. S. 1970 *The Varieties of Temperament: A Psychology of Constitutional Differences*. New York : Hafner Publishing Company.

下仲順子・中里克治・権藤恭之・高山緑　2011　日本版 NEO-PI-R, NEO-FFI 使用マニュアル改訂増補版　東京心理.

Spranger, E. 1922a Lebensformen. Tübingen: Max Niemeyer.〔伊勢田耀子（訳）　1961　文化と性格の諸類型1 明治図書出版.〕

──── 1922b Lebensformen. Tübingen: Max Niemeyer.〔伊勢田耀子（訳）　1961　文化と性格の諸類型2 明治図書出版.〕

菅原ますみ　2003　個性はどう育つか　大修館書店.

正田祐一　1997　認知感情処理モデル：文化心理学への適用　柏木惠子・北山忍・東洋（編著）文化心理学：理論と実証　東京大学出版会.

辻平治郎・藤島寛・辻斉・夏野良司・向山泰代・山田尚子・森田義宏・秦一士 1997 パーソナリティの特性論と5因子モデル：特性の概念，構造，および測定　心理学評論, 40, 239-259.

## ●7章

Ainsworth, M., Blehar, M. C., Waters, E., & Wall., S., S. 1978 *Patterns of attachment.* Hillsdale Erlbaum.

Baumrind, D. 1967 Child care practices anteceding three patterns of preschool behavior. *Genetic Psychology Monographs*, 75, 43–88.

Blos, P. 1967 The second individuation process of adolescence. *The psychoanalytic study of the child*, 22, 162-186.

Bowlby, J. 1982 *Attachment and Loss; Vol1. Attachment.* New York: Basic Books.

Bronfman, E., Madigan, S., & Lyons-Ruth, K. 2014 Atypical maternal behavior instrument for assessment and classification (AMBIANCE): Manual for coding disrupted affective communication. Advance online publication.

Cassidy, J., Ross, D., Parke, R. D., Butkovsky, L., & Braungart, J. M. 1992 Family-Peer

Connections: The Roles of Emotional Expressiveness within the Family and Children's Understanding of Emotions. *Child Development*, 63, 603-618.

Eisenberg, N., & Fabes, R. A. 1992 Emotion, regulation, and the development of social competence. In M. S. Clark (Ed.), *Emotion and social behavior* (pp. 119-150). Sage Publications, Inc.

Eisenberg, N., Fabes, R. A., & Murphy, C. B. 1996 Parents' reaction to children's negative emotions: Relations to children's social competence and comforting behavior. *Child Development*, 67, 2227-2247.

Erikson, E. H. 1968 *Identity: Youth and crisis.* New York: Norton.

Fantz, R. L. 1961 The origin of form perception. *Scientific American*, 204, 66-72.

Felitti, V. J., Anda, R. F., Nordenberg, D., Williamson, D. F., Spitz, A. M., Edwards, V., Koss, M. P., & Marks, J. S. 1998 Relationship of childhood abuse and household dysfunction to many of the leading causes of death in adults: The adverse childhood experiences (ACES) Study. *American Journal of Preventive Medicine*, 14, 245-258.

Field, F. 2010 Touch for socioemotional and physical well-being: A review. *Developmental Review*, 30 (4), 367-383.

Howes, C. 1999 Attachment relationships in the context of multiple caregivers. In: J. Cassidy, & P. R. Shaver (Eds.), *Handbook of attachment: Theory research, and clinical applications* (pp. 671-687). Guilford Press.

Huttennlocher, P. R., Courten, C de., Garey. L. J., & van der Loos, H. 1982 Synaptogenesis in human visual cortex: Evidence for synapse elimination during normal development. *Neuroscience Letters*, 33, 247-252.

Isley, S. L., O'Neil, R., Clatfelter, D., & Parke, R. D. 1999 Parent and child expressed affect and children's social competence: Modeling direct and indirect pathways. *Developmental Psychology*, 35, 547–560.

小林佳子・安藤智子　2023　女子高校生の母親に対する葛藤への対処方略とストレス反応及び自己分化度の関係．日本家政学会誌．74(1), 1-15.

Luthar, S. S., Grossman, E. J., & Small, P. J. 2015 Resilience and adversity. In M. E. Lamb & R. M. Lerner (Eds.), *Handbook of child psychology and developmental science: Socioemotional processes* (pp. 247-286). John Wiley & Sons, Inc.

Main, M., & Solomon, J. 1990 Procedures for identifying infants as disorganized/disoriented during the Ainsworth Strange Situation. In M. T. Greenberg, D. Cicchetti, & E. M. Cummings (Eds.), *Attachment in the preschool years: Theory, research and intervention* (pp. 121-160). The University of Chicago Press.

Melzoff, A. N., & Moore, M. K. 1977 Imitation of facial and manual gestures by human neonates. *American Association for the advancement of Science*, 198, 75-78.

Sroufe, L. A. 2005 Attachment and development: A prospective, longitudinal study from birth to adulthood. *Attachment & Human Development*, 7, 349-367.

友田明美　2017　マルトリートメントに起因する愛着形成障害の脳科学的知見　予防精神医学, 2, 31-39.

Tronick, E. Z., Als, H., Adamson, L., Wise, S., & Brazelton, T. B. 1978 The infant's response to entrapment between contradictory messages in face-to-face interaction. *Journal of the American Academy of Child Psychiatry*, 17, 1-13.

Wolff, P. 1963 Observations on the early development of smiling. In B. M. Foss (Ed.), *Determinants of infant behavior, vol. 2* (pp. 113-138). London: Methuen.


## ●8 章

遠藤由美　1999　自尊感情　中島義明他（編）　心理学辞典　有斐閣.

Erikson, E.H. 1959 Identity and Life Cycle. International University Press.〔小此木圭吾（訳）　1973　自我同一性　誠信書房.〕

独立行政法人国立青少年教育振興機構　2018　高校生の心と体の健康に関する意識調査報告書 概要：日本・米国・中国・韓国の比較.〈https://koueki.net/user/niye/110349438-1.pdf〉

James, W. 1892 Psychology, briefer course.〔今田寛（訳）　1992　心理学　岩波文庫.〕

川田学　2014　乳児期における自己発達の原基的機制：客体的自己の起源と三項関係の蝶番効果　ナカニシヤ出版.

公益財団法人日本学校保健会　2018　平成 28 〜 29 年度児童生徒の健康状態サーベイランス事業報告書.〈https://www.gakkohoken.jp/books/archives/208〉

外山紀子・外山美樹　2010　やさしい発達と学習　有斐閣アルマ.


## ●9 章

American Psychiatric Association 2013 *Diagnostic and statistical manual of mental disorders, Fifth Edition*. Arlington, VA: American Psychiatric Publishing.〔髙橋三郎・大野裕（監訳）　2014　DSM-5 精神疾患の診断・統計マニュアル　医学書院.〕

船曳康子　2018　MSPA（発達障害の要支援度評価尺度）の理解と活用　勁草書房.

鈴村俊介　2020　通常学級に在籍するグレーゾーンの児童生徒の理解と対応　原田眞理（編著）　教育相談の理論と方法　改訂第 2 版（pp. 173-188）　玉川大学出版部.

鈴村俊介・安藤智子　2016　発達障害児のきょうだいに対する問題行動の実態　小児保健研究, 75（6）, 810-817.


## ●10 章

Boszormenyi-Nagy, I., & Spark, G. M. 1973 *Invisible loyalties: Reciprocity in intergenerational family therapy*. Harper & Row.

遠藤利彦　2018　アタッチメント理論から見る子どもの育ちと家庭　世界の児童と母性, 83, 7-11.

Erikson, E. 1968 *Identity: Youth and crisis*. NY: W. W. Norton.〔中島由恵（訳）　2017　ア

イデンティティ：青年と危機　新曜社.〕

Erikson, E. H., & Erikson, J. M. 1997 *The Life Cycle Completed: A Review. Expanded Edition.* NY: W. W. Norton & Co.〔村瀬孝雄・近藤邦夫（訳）　2001　ライフサイクル, その完結　みすず書房.〕

Erikson, E. H., Erikson, J. M., & Kivnick, H. Q. 1986 *Vital involvement in old age.* NY: W. W. Norton & Co.〔朝長正徳・朝長梨枝子（訳）　1990　老年期：生き生きしたかかわりあい　みすず書房.〕

Gottman, J. M. 1994 *What predicts divorce?: The relationship between marital processes and marital outcomes.* Lawrence Erlbaum Associates, Inc.

こども家庭庁　2023　令和4年度児童相談所における児童虐待相談対応件数（速報値）. 〈https://www.cfa.go.jp/assets/contents/node/basic_page/field_ref_resources/a176de99-390e-4065-a7fb-fe569ab2450c/12d7a89f/20230401_policied_jidougyakutai_19.pdf〉

国立社会保障・人口問題研究所　2017　2015年社会保障・人口問題基本調査（結婚と出産に関する全国調査）現代日本の結婚と出：第15回出生動向基本調査（独身者調査ならびに夫婦調査）報告書.〈http://www.ipss.go.jp/ps-doukou/j/doukou15/NFS15_reportALL.pdf〉

厚生労働省　2000　健やか親子21検討会報告書（平成12年11月）.〈https://www.mhlw.go.jp/www1/topics/sukoyaka/tp1117-1_c_18.html#2-4〉

――――2019　児童虐待の定義　厚生労働省ホームページ児童虐待の定義と現状.〈https://www.mhlw.go.jp/stf/seisakunitsuite/bunya/kodomo/kodomo_kosodate/dv/about.html〉

鯨岡峻　2002　〈育てられる者〉から〈育てる者〉へ：関係発達の視点から　NHK出版.

Lerner, H. 1990 *The Dance of Intimacy: A Woman's Guide to Courageous Acts of Change in Key Relationships.* Thorsons.〔中釜洋子（訳）　1994　親密さのダンス：身近な人間関係を変える　誠信書房.〕

Masten, A. S. 2001 Ordinary magic: Resilience processes in development. *American Psychologist*, 56 (3), 227-238.

松嶋秀明　2016　初のリジリアンス研究：ワーナーとスミス　家族療法研究, 33 (1), 4-8.

McGoldrick, M., Carter, B., & Garcia-Preto, N. 2011 *The expanded family life cycle: Individual, family, and social perspectives* (4th edition). Boston: Allyn & Bacon.

McGoldrick, M., Garcia-Preto, N., & Carter, B. 2015 *The expanded family life cycle: Individual, family, and social perspectives* (5th edition). Pearson.

Minuchin, S. 1974 Families and family therapy. Harvard University Press.〔山根常男（監訳）　1984　家族と家族療法　誠信書房.〕

中釜洋子　2005　中年期夫婦の臨床的問題とその援助　上里一郎（監修）成人期の危機と心理臨床：壮年期にともる危険信号とその援助（pp. 187-214）　ゆまに書房.

――――2019a　家族の健康性とは　平木典子・中釜洋子・藤田博康・野末武義（共著）家族の心理：家族への理解を深めるために 第2版（pp. 17-34）　サイエンス社.

――――2019b　家族システム理論　中釜洋子・野末武義・布柴靖枝・無藤清子（編著）家

族心理学：家族システムの発達と臨床的援助 第 2 版（pp. 3-18）　有斐閣ブックス．

西平直　2019　ライフサイクルの哲学　東京大学出版会．

野末武義　2019a　独身の若い成人期：家族づくりの前にやっておきたいこと　中釜洋子・野末武義・布柴靖枝・無藤清子（編著）家族心理学：家族システムの発達と臨床的援助　第 2 版（pp. 37-53）　有斐閣ブックス．

―――2019b　結婚による家族の成立期　中釜洋子・野末武義・布柴靖枝・無藤清子（編著）家族心理学：家族システムの発達と臨床的援助　第 2 版（pp. 55-69）　有斐閣ブックス．

Stith, S., Liu, T., Davies, L., Boykin, E., Alder, M., Harris, J., Som, A., McPherson, M., & Dees, J. E. M. E. G. 2009 Risk factors in child maltreatment: A meta-analytic review of the literature. *Aggression and Violent Behavior*, 14, 13-29.

滝川一廣　2017　子どものための精神医学　医学書院．

田附あえか　2020　養育不調が生じた家族への心理的支援の検討：児童養護施設における心理士による家族支援の意義　首都大学東京大学院博士学位論文．

東京都福祉保健局　2001　児童虐待の実態：東京の児童相談所の事例にみる．

von Bertalanffy, L. 1968 *General System Theory: Foundations, Development*. New York: George Braziller.〔長野敬・太田邦昌（訳）　1973　一般システム理論：その基礎・発展・応用　みすず書房．〕

Weeks, G., & Treat, S. 2001 *Couples in Treatment: Techniques and Approaches for Effective Practice, 2nd*. Routledge.

Werner, E. E. 1989 High-risk children in young adulthood: A longitudinal study from birth to 32 years. *American Journal of Orthopsychiatry*, 59(1), 72-81.

―――1993 Risk, Resilience, and Recovery: Perspectives from the Kauai Longitudinal Study. *Development and Psychopathology*, 5, 503-515.

Werner, E. E., & Smith, S. S. 1992 *Overcoming the Odds: High Risk Children from Birth to Adulthood*. Ithaca & London: Cornell.

## ●11 章

Bandura, A. 1977. Self-efficacy: Toward a unifying theory of behavioral change. *Psychological Review*, 84, 191-215.

ベネッセ教育総合研究所　2009　第 2 回子ども生活実態基本調査．〈https://berd.benesse.jp/berd/center/open/report/kodomoseikatu_data/2009/pdf/data_05.pdf〉

―――2015　ダイジェスト版　第 2 回　放課後の生活時間調査：子どもたちの 24 時間〈https://berd.benesse.jp/up_images/research/file_all.pdf〉

Bronfenbrenner, U. 1979 *The ecology of human development: Experiments by nature and design*.〔磯貝芳郎・福富護（訳）　1996　人間発達の生態学：発達心理学への挑戦　川島書店．〕

Dweck, C. S. 1975 The role of expectations and attributions in the alleviation of learned helplessness. *Journal of Personality and Social Psychology*, 31, 674-685.

江村早紀・大久保智生　2012　小学校における児童の学級への適応感と学校生活との関連：小学生用学級適応感尺度の作成と学級別の検討　発達心理学研究, 23, 241-251.

Erikson, E. H. 1963 *Childhood and society.*〔仁科弥生（訳）1977　幼児期と社会　みすず書房.〕

Grolnick, W. S., & Ryan, R. M. 1987 Autonomy in children's learning: An experimental and individual difference investigation. *Journal of Personality and Social Psychology*, 52, 890-898.

Havighurt, R. J. 1972 *Developmental tasks and education Third edition.* David Mckay Company, Inc.

一前春子　2011　ピア・プレッシャー　伊藤亜矢子（編著）エピソードでつかむ児童心理学（pp. 112-115）　ミネルヴァ書房.

伊藤美奈子　2017　いじめる・いじめられる経験の背景要因に関する基礎的研究：自尊感情に着目して　教育心理学研究, 65, 26-36.

Joë, G., Usher, E. L., & Bressoux, P. 2011 Sources of self-efficacy: An investigation of elementary school students in France. *Journal of Educational psychology*, 103, 649-663.

河村昭博・武蔵由佳・河村茂雄　2016　担任教員のユーモア表出と児童のスクール・モラールおよび学級満足度との関係　カウンセリング研究, 49, 75-84.

小林正幸　2008　不登校　小林正幸・橋本創一・松尾通博（編）　教師のための学校カウンセリング（pp. 193-210）　有斐閣アルマ.

文部科学省　2017　不登校児童生徒への支援に関する最終報告：一人一人の多様な課題に対応した切れ目のない組織的な支援の推進.〈http://www.mext.go.jp/component/b_menu/shingi/toushin/__icsFiles/afieldfile/2016/08/01/1374856_2.pdf〉

───2018　平成29年度児童生徒の問題行動・不登校等生徒指導上の諸課題に関する調査結果について. 平成30年10月25日（木）文部科学省初等中等教育局児童生徒課〈http://www.mext.go.jp/b_menu/houdou/30/10/__icsFiles/afieldfile/2018/10/25/1410392_1.pdf〉

Moore, S. E., Norman, R. E., Suetani, S., Thomas, H. J., Sly, P. D., & Scott, J. G. 2017 Consequences of bullying victimization in childhood and adolescence: A systematic review and meta-analysis. *World Journal of Psychiatry*, 22, 60-76.

内閣府　2019　平成30年度青少年のインターネット利用環境実態調査　調査結果（速報）.〈https://www8.cao.go.jp/youth/youth-harm/chousa/h30/net-jittai/pdf/sokuhou.pdf〉

中谷素之　2002　児童の社会的責任目標と友人関係, 学業達成の関連：友人関係を媒介とした動機づけプロセスの検討　性格心理学研究, 10, 110-111.

日本学術会議　2013　提言 我が国の子どもの成育環境の改善にむけて：成育時間の課題と提言.〈http://www.scj.go.jp/ja/info/kohyo/pdf/kohyo-22-t169-3.pdf〉

西口利　2007　教師と子どもの人間関係　中谷素之（編著）　学ぶ意欲を育てる人間関係づくり：動機づけの教育心理学（pp. 129-152）　金子書房.

大川一郎　2010　子どもの発達と環境　桜井茂男・大川一郎（編著）しっかり学べる発達心

理学　改訂版（pp.9-21）　福村出版.

岡田涼　2018　教師の自律性支援の効果に関するメタ分析　香川大学教育学部研究報告第Ⅰ
　　部, 150, 31-50.

Peterson, C., Maier, S., & Seligman, M. 1993 *Learned helplessness: A theory of the age of personal control.* 〔津田彰（監訳）　2000　学習性無力感：パーソナル・コントロールの時代をひらく理論　二瓶社.〕

Ryan, R. M., & Deci, E. L. 2000 Self-determination theory and the facilitation of intrinsic motivation, social development, and well-being. *American Psychologist,* 55, 68-78.

梅崎高行　2007　児童期とは何か　青柳肇・野田満（編著）　ヒューマン・ディベロップメント（pp. 69-81）　ナカニシヤ出版.

臼倉瞳・濱口佳和　2015　小学校高学年および中学生における対象別評価懸念と適応との関連　教育心理学研究, 63, 85-101.

Weiner, B. 1985 An attributional theory of achievement motivation and emotion. *Psychological Review,* 92, 548-573.


## ●12章

Elkind, D. 1976 *Child development and education : A Piagetian perspective.* New York: Oxford University Press.

Erikson, E. H. 1959 *Identity and the life cycle.* New York: Norton.

Hall, G. S. 1904 *Adolescence.* New York: Appleton.

Harter, S. 2012 *The construction of the self: Developmental and sociocultural foundations* (2nd ed.). New York: The Guilford Press.

Martin, M., Bascoe, S., & Davies, P. 2011 Family relationships. In B. Brown & M. Prinstein (Eds.), *Encyclopedia of adolescence* (vol. 2). New York: Academic Press.

Santrock, J. W. 2019 *Adolescence* (17th ed.). New York: McGraw-Hill Education.

Steinberg, L. 2011 Y*ou and your adolescent: The essential guide for ages 10-25.* New York: Simon & Schuster.

─── 2017 Adolescence (11th ed.). New York: McGraw-Hill Education.

Susman, E. J., & Dorn, L. D. 2013 Puberty: Its role in development. In I. B. Weiner & others (Eds.), *Handbook of psychology* (2nd ed., vol. 6). New York: Wiley.


## ●13章

Allen, N. J., & Meyer, J. P. 1990 The measurement and antecedents of affective,continuance and normative commitment to the ortanization. *Journal of Occupational Psychology,* 63, 1-18.

馬場昌雄　1983　産業・組織心理学：定義と歴史　産業・組織心理学（改訂版）　白桃書房.

中央教育審議会　2011　今後の学校におけるキャリア教育・職業教育の在り方について（答申）.

花田光世　2001　キャリアコンピテンシーをベースとしたキャリアデザイン論の展開：キャリア

自律の実践とそのサポートメカニズムの構築をめざして　CRL Research Monograph No. 1.

Havighurst, R. J. 1953 *Human development and education*. New York:Longmans,Green.

Herr, E. L., Cramer, S. H., & Niles, S. G. 2004 *Career guidance and counseling through the lifespan: Systematic approaches.* 6th ed. Boston: Allyn & Bacon.

Hughes, E. C. 1958 *Men and their work.* Clencoe,Ill.: Free Press.

経済産業省　2020　社会人基礎力.〈https://www.meti.go.jp/policy/kisoryoku/index.html〉

国立教育政策研究所生徒指導研究センター　2002　児童生徒一人一人の勤労観，職業観を育む教育の推進について（調査研究報告書）.

────── 2011　キャリア発達にかかわる諸能力の育成に関する調査研究報告書.

厚生労働省　2002　キャリア形成を支援する労働市場政策研究会報告書.

Levinson, D. J. 1978 *The seasons of a man's life.* New York: Ballantine.〔南博（訳）1992　ライフサイクルの心理学（上・下）　講談社学術文庫.〕

文部科学省　2004　キャリア教育の推進に関する総合的調査研究協力者会議報告書：児童生徒一人一人の勤労観，職業観を育てるために.

パーソル総合研究所・CAMP　2019　就職活動と入社後の実態に関する定量調査.

Porter, L. W., Steers, R. M., Mowday, R. T., & Boulian, P. V. 1974 Organizational commitment, job satisfaction, and turnover among psychiatric technicians. *Journal of applied psychology*, 59, 603-609.

Shaufeli, W. A., Salanova, M., Gonzalez-Roma, V., & Bakker, A. B. 2002 The measurement of engagement and bornout: A confirmative analytic approach. *Jornal of happiness studies*, 3, 71-92.

Shein, E. H. 1978 *Organizational phychology 3rd ed.* Englewood Cliffs, New Jersey: Prentice-Hall.〔二村敏子・三善勝代（訳）1991　キャリア・ダイナミクス　白桃書房.〕

Super, D. E. 1976 Career education and the meaning of work, Monographs on career education. U. S. Deapartment of Health, Education, and Welfare.

────── 1984 Career and life development In D. Brown, & L. Brooks (Eds), *Career choice and development.* San Francisco, CA: Jossey-Bass.

渡辺三枝子（編著）2018　新版 キャリアの心理学：キャリア支援への発達的アプローチ　ナカニシヤ出版.

## ●14章

荒井秀典　2014　フレイルの意義　日本老年医学雑誌, 51, 497-501.

朝田隆　2013　都市部における認知症有病率と認知症の生活機能障害への対応　平成23年度〜24年度総合研究報告書.

Baltes, P. B., & Baltes, M. M. 1990 Psychological perspectives on successful aging: The model of selective optimization with compensation. In P. B. Baltes, & M. M. Baltes

(Eds.) *Successful aging: Perspectives from the behavioral science*, p. 18.

Baltes, P. B., Reese, H. W., & Lopsitt, L. P. 1980 Life-span developmental psychology. *Annual review of psychology*, 31, 65-110.

Beller, J., & Wagner, A. 2018 Loneliness, social isolation, their synergistic interaction, and mortality. *Health Psychology*, 37(9), 808-813.

Butler, R. N. 1975 *Wyh survive? being old in America*. New York:Harper & Row.

Carstensen, L., Mikesl, J., A., & Mather, M. 2006 Aging and the intersection of cognition, motivation and emotion. In J. E. Birren & K. W. Shaie (Eds), *Handbook of the Psychology of Aging Sixth Edition*.〔藤田綾子・山本浩市（訳）2008 エイジングと認知・動機づけ・情動との交点 エイジング心理学ハンドブック 北大路書房.〕

Carstensen, L. L., Pasupathi, M., Mayr, Ulrich., & Nesselroade, J. R. 2000 Emotional Experience in Everyday Life Across the Adult Life Span. *Journal of personality and social psychology*, 79, 644-655.

Charles, S. T., Mather, M., & Carstensen, L. L. 2003 Aging and emotional memory: The forgettable nature of negative images for older adults. *Journal of Experimental Psychology*, 132, 310-324.

Erikson, E. H. 1950 *Childhood and society* 2nd ed. New York: W. W. Norton.〔仁科弥生（訳）1977 幼児期と社会 みすず書房.〕

Erikson, E. H., & Erikson, J. M. 1997 *The life cycle complete*d. New York: W. W. Norton. & Company, Inc.〔村瀬孝雄・近藤邦夫（訳）2001 ライフサイクル，その完結 増補版 みすず書房.〕

Fried, L. P., Tangen, C. M., Walston, J., Newman, A. B., Hirsch, C., Gottdiener, J., Seeman, T., Tracy, L., Kop, W. J., Burke, G., & McBurnie, M. A. 2001 Frailty in older adults: evidence for a phenotype. *The Journals of Gerontology: Series A*, 56, M146-M157.

福島朋子・沼山博 2015 子どもの有無と主観的幸福感：中年期における規定因を中心として 心理学研究, 86, 474-480.

──── 2018 中年期における子どもの有無と夫婦関係：主観的幸福感との関係から 心理学研究, 44, 103-112.

Gow, A. J., Pattie, A., & Deary, I. J. 2017 Lifecourse Activity participation from early, mid, and later adulthood as determinants of cognitive aging: The lothian birth cohort 1921. *The Journals of Gerontology: Series B*, 72（1）, 15-37.

原田敦 2015 ロコモティブシンドロームにおけるサルコペニアの位置付け 日本老年医学会ホームページ 第2回プレスセミナー「フレイルとサルコペニアを知る」より. 〈https://www.jpn-geriat-soc.or.jp/press_seminar/report/seminar_02.html〉

伊藤裕子・相良順子 2012 愛情尺度の作成と信頼性・妥当性の検討：中高年期夫婦を対象に 心理学研究, 83, 211-216.

伊藤裕子・相良順子・池田政子 2006 職業生活が中年期夫婦の関係満足度と主観的幸福感に及ぼす影響：妻の就業形態別にみたクロスオーバーの検討 発達心理学研究, 17（1），

266

62-72.

Kahn, R. L., & Antonucci, T. C. 1980 Convoys over the course: attachment, roles, and social support. In P. B. Baltes & O. J. Brin (Eds.) *Life-Span Development and Behavior*, 3, 253-286.

河合隼雄　1967　ユング心理学入門　培風館.

Kosnik, W., Winslow, L., Kline, D., Rasinski, K., & Sekuler, R. 1988 Visual changes in daily life throughout adulthood. *Journal of Geronlotogy*, 43, 63-70.

厚生労働科学研究班　2018　健康寿命の全国推移の算定・評価に関する研究（全国と都道府県の推移）（平成29年度分担研究報告書）.

厚生労働省　2007　第20回完全生命表.

──── 2018　平成30年　労働安全衛生調査（実態調査）結果の概況.〈https://www.mhlw.go.jp/toukei/list/dl/h30-46-50_kekka-gaiyo02.pdf〉

──── 2022　令和3年簡易生命表の概況.〈https://www.mhlw.go.jp/toukei/saikin/hw/life/life21/dl/life21-15.pdf〉

古谷野亘・澤岡詩野・菅原育子・西村昌記　2016　高齢者が日常生活において交流している他者との関係：その分類と把握　老年社会科学, 38, 345-350.

増井幸恵　2013　老年的超越研究の動向と課題　老年社会科学, 35, 365-373.

増井幸恵・権藤恭之・河合千恵子・呉田陽一・高山緑・中川威・高橋龍太郎・藺牟田洋美　2010　心理的well-beingが高い虚弱超高齢者における老年的超越の特徴：新しく開発した日本版老年的超越質問紙を用いて　老年社会科学, 32, 33-47.

Mroczek, D. K., & Kolarz, C. M. 1998 The effect of age on positive and negative affect: A developmental perspective on happiness. *Journal of personality and social psychology*, 75, 1333-1349.

内閣府　2018　平成30年版　高齢社会白書.〈https://www8.cao.go.jp/kourei/whitepaper/w-2018/zenbun/pdf/1s2s_02_01.pdf〉

──── 2019　令和元年版　高齢社会白書.〈https://www8.cao.go.jp/kourei/whitepaper/w-2019/zenbun/01pdf_index.html〉

根本裕太・佐藤慎一郎・高橋将記・武田典子・松下宗洋・北畠義典・荒尾孝　2017　地域高齢者における認知機能低下の関連要因：横断研究　日本老年医学会雑誌, 54, 143-153.

岡本秀明　2008　高齢者の社会活動と生活満足度の関連：社会活動の4側面に着目した男女別の検討　日本公衆衛生雑誌, 55, 388-395.

岡本祐子　1985　中年期の自我同一性に関する研究　教育心理学研究, 33, 295-306.

──── 2002　アイデンティティ生涯発達論の射程　ミネルヴァ書房.

──── 2010　発達的危機から見たアイデンティティの生涯発達　岡本祐子（編著）成人発達臨床心理学ハンドブック（p. 41）　ナカニシヤ出版.

Park, D. C., Lautenschlager, G., Hedden, T., Davidson, N., Smith, A. D., & Smith, P.K. 2002 Models of visuospatial and verbal memory across the adult life span. *Psychology and Aging*, 17, 299-320.

Reed, A. E., Chan, L., & Mikels, J. A. 2014 Meta-analysis of the age-related positivity effect: Age differences in preferences for positive over negative information. *Psychology and Aging*, 29(1), 1-15.

Rönnlund, M., Lars, N., Lars, B., & Lars-Göran, N. 2005 Stability, growth, and decline in adult life span development of declarative memory: Cross-sectional and longitudinal data from a population-based study. *Psychology and aging*, 20, 3-18.

佐竹昭介　2014　虚弱（フレイル）の評価を診察の中に　国立長寿医療研究センター病院レター, 49.〈https://www.ncgg.go.jp/hospital/iryokankei/letter/049.html〉

佐竹昭介・荒井秀典　2016　フレイルの概念　老年精神医学雑誌, 27, 489-496.

Tornstam, L. 1989 Gero-torannsedence: A reformulation of the disengagement theory, *Aging*, 1, 55-63.

## ●15章

Bruch, M. & Bond, F. W. 1998 *Beyond diagnosis: Case formulation approaches in CBT*〔下山晴彦（編訳）　2006　認知行動療法ケースフォーミュレーション入門　金剛出版.〕

厚生労働省　2010　乳幼児身体発育調査.〈https://www.mhlw.go.jp/toukei/list/73-22.html〉

みずほ情報総研　2014　少子高齢社会等調査検討事業報告書（健康意識調査編）.〈https://www.mhlw.go.jp/file/04-Houdouhappyou-12601000-Seisakutoukatsukan-Sanjikanshitsu_Shakaihoshoutantou/002.pdf〉

下山晴彦（編）　2009　よくわかる臨床心理学　改訂新版　ミネルヴァ書房.

## ●16章

Buring, S. M., Bhushan, A., Broeseker, A., Conway, S., Duncan-Hewitt, W., Hansen, L., & Westberg, S. 2009 Interprofessional education: definitions, student competencies, and guidelines for implementation. *American journal of pharmaceutical education*, 73(4), 59.

Miller, W. R., & Rollnick, S. 2012 *Motivational interviewing: Helping people change*. Guilford press.

Miller, W. R., Taylor, C. A., & West, J. C. 1980 Focused versus broad-spectrum behavior therapy for problem drinkers. *Journal of consulting and clinical psychology*, 48(5), 590.

下山晴彦　2010　これからの臨床心理学　東京大学出版会.

多職種連携コンピテンシー開発チーム　2016　医療保健福祉分野の多職種連携コンピテンシー.〈https://www.hosp.tsukuba.ac.jp/mirai_iryo/pdf/Interprofessional_Competency_in_Japan_ver15.pdf〉

## ●コラム1

阿部彩　2023　ユニセフイノチェンティ研究所レポートカード18「豊かさの中の子どもの貧

困」日本についての解説.〈unicef.or.jp〉

子ども家庭庁　2023　令和 4 年度 少子化の状況及び少子化への対処施策の概況　子ども・若者の状況及び子ども・若者育成支援施策の実施状況　子どもの貧困の状況及び子どもの貧困対策の実施状況　P.11.

三菱 UFJ リサーチ＆コンサルティング（小林庸平・平安乃・横山重宏）　2023　レポート：「子どもの貧困率」はなぜ下がっているのか？──統計的要因分析.

Unicef & World Bank Group 2023 *Global Trends in Child Monetary Poverty According to International Poverty Lines*（国際貧困ラインでみる子どもの貧困の世界的動向）.


## ●コラム 2

三品雅洋　2014　脳の障害に対する可塑性と代償　日医大医会誌, 10（2）, 101-105.

小嶋知幸・三村將　2010　失語症の回復と脳の可塑性　Monthly book medical rehabilitation, 118, 31-41.


## ●コラム 3

安藤寿康　2014　遺伝と環境の心理学　培風館.

Flynn, J. R. 1984 The mean IQ of Americans: Massive gains 1932 to 1978. *Psychological Bulletin*, 95: 29-51.

───── 1987 Massive IQ gains in 14 nations: What IQ tests really measure. *Psychological Bulletin*, 101: 171-191.

───── 2012 Are we getting smarter? Rising IQ in the twenty-first century. Cambridge UK: Cambridge University Press.〔水田賢政（訳）2015　なぜ人類の IQ は上がり続けているのか？：人種，性別，老化と知能指数　太田出版.〕

───── 2013 Intelligence and human progress. The story of what was hidden in our genes.〔無藤隆・白川佳子・森敏昭（訳）2016　知能と人間の進歩：遺伝子に秘められた人類の可能性　新曜社.〕

Herrnstein, R. J., & Murray, C. 1994 *The bell curve: Intelligence and class structure in American life.* New York, NY: The Free Press.

Jensen, A. R. 1998 *The g Factor: The Science of Mental Ability.* Westport, CT: Praeger.

Lynn, R. 1996 *Dysgenics: Genetic deterioration in modern populations.* Westport, CT: Praeger.

───── 2011 *Dysgenics: Genetic deterioration in modern populations* (2nd ed.). Belfast: Ulster Institute for Social Research.


## ●コラム 4

林亜矢子・山本八千代　2015　言語発達が認められた児の母親の思い：「1 歳 6 か月健診」および「3 歳児健診」の周辺時に抱いた思い　小児保健研究　第 74 巻 第 1 号　171-177.

今福理博　2019　赤ちゃんの心はどのように育つのか　ミネルヴァ書房

中板育美　2018　親子の愛着形成を促す保健師活動：虐待予防の観点から　金井剛（編）こ
　　ころの科学198.3　現場から考える愛着障害　46-50　日本評論社.
杉山登志郎　2007　子ども虐待という第四の発達障害　学研.


# ●コラム6

Kuss D. J., Griffiths M. D., Karila, L., & Billieux, J. 2014 Internet addiction: A systematic review of epidemiological research for the last decade. *Current pharmaceutical design*, 20, 4026-4052.

Meng, Y., Deng, W., Wang, H., Guo, W., & Li, T. 2015 The prefrontal dysfunction in individuals with Internet gaming disorder: A meta-analysis of functional magnetic resonance imaging studies. *Addiction Biology*, 20(4), 799-808.

Mihara, S., & Higuch, S. 2017 Cross-sectional and longitudinal epidemiological studies of internet gaming disorder: A systematic review of the literature. *Psychiatry and Clinical Neurosciences*, 71(7), 425-444.

Mihara, S., Osaki, Y., Nakayama, H., Sakuma, H., Ikeda, M., Itani, O., Kaneita, Y., Kanda, H., Ohida, T., & Higuchi S. 2016 Internet use and problematic use among adolescents in Japan: A nationwide representative survey. *Addictive Behaviors Reports*, 4, 58-64.

内閣府　2019　平成30年度青少年のインターネット利用環境実態調査.
尾崎米厚　2018　飲酒や喫煙等の実態調査と生活習慣病予防のための減酒の効果的な介入方
　　法の開発に関する研究 平成29年度総括・分担研究報告書.


# ●コラム7

Eisenberg, N. 1992 *The Caring Child*. Cambridge, MA: Harvard University Press.
林安希子　2019　幼児教育のエスノグラフィ：日本文化・社会のなかで育ちゆく子どもたち
　　明石書店.
Lebra, T. 1976 Japanese Patterns of Behavior. Honolulu: University of Hawaii Press.
Markus, H. R., & Kitayama, S. 1991 Culture and the Self: Implications for Cognition, Emotion, and Motivation. *Psychological Review*, 98, 224–253.


# ●コラム8

Acquavita, S. P., Pittman, J., Gibbons, M., & Castellanos-Brown, K. 2009 Personal and organizational diversity factors' impact on social workers' job satisfaction: Results from a national internet-based survey. *Administration in Social Work*, 33(2), 151-166.

日本経済団体連合会　2017　ダイバーシティ・インクルージョン社会の実現に向けて.

270

〈https://www.keidanren.or.jp/policy/2017/039.html〉

Nishii, L. H. 2013 The benefits of climate for inclusion for gender-diverse groups. *Academy of Management Journal*, 56（6）, 1754-1774.


## ●コラム10

Amato, P. R., & Gilbreth, J. G. 1999 Nonresident Fathers and Children's Well-Being: A Meta-Analysis. *Journal of Marriage and the Family*, 61, 557.

福丸由佳・中釜洋子・大瀧玲子・山田哲子・曽山いづみ・本田麻希子・平良千晃 2012 離婚を経験する子どもと家族への心理的支援：FAIT（Family in Transition）の導入と実践 明治安田こころの健康財団研究助成論文集, 47, 65-74.

直原康光・曽山いづみ・野口康彦・稲葉昭英・野沢慎司 2021 父母の離婚後の子の養育の在り方に関する心理学及び社会学分野等の先行研究に関する調査研究報告書. 〈https://www.moj.go.jp/content/001365906.pdf〉

香川礼子・畔上早月・中山一広 2020 東京家庭裁判所における親ガイダンスの取組について：現状と課題 家庭の法と裁判, 24, 36-42.

Kelly, J. B., & Emery, R. E. 2003 Children's adjustment following divorce: Risk and resilience perspectives. *Family Relations*, 52, 352-362.

厚生労働省 2024 令和4年（2022）人口動態統計 VITAL STATISTICS OF JAPAN 2022. 〈https://www.mhlw.go.jp/toukei/saikin/hw/jinkou/houkoku22/dl/all.pdf〉

内閣府 2006 平成17年度 少子化社会に関する国際意識調査. 〈https://www8.cao.go.jp/shoushi/shoushika/research/cyousa17/kokusai/index.html〉

日本加除出版 2024 離婚後の子の養育の在り方に関する調査研究業務報告書. 〈https://www.moj.go.jp/content/001418953.pdf〉

二宮周平（編著） 2017 面会交流支援の方法と課題：別居・離婚後の親子へのサポートを目指して 法律文化社.

小田切紀子・青木聡 2019 離婚後の面会交流のためのオンライン親ガイダンス 大正大学カウンセリング研究所紀要, 42, 25-42.

小澤真嗣 2009 家庭裁判所調査官による「子の福祉」に関する調査：司法心理学の視点から 家庭裁判月報, 61（11）, 1-60.

Schaffer, H. R. 1998 *Making decisions about children* (2nd edition). Oxford: Blackwell Publishers.〔無藤隆・佐藤恵理子（訳） 2001 子どもの養育に心理学がいえること：発達と家族環境 新曜社.〕


## ●コラム12

今井さやか・大川一郎 2020 塾職員が行う学習以外の相談支援の検討：満足・疲弊に関する個人差に着目して 心理学研究, 91（2）, 83-93.

## ●コラム 13

文部科学省　2012　高等学校キャリア教育の手引き　教育出版.

## ●コラム 14

大庭輝・成本迅　2016　高齢者ケアに脳科学の知見をどのように取り入れていけばいいのか　高齢者のケアと行動科学, 21, 2-12.

## ●コラム 15

Binet, A. 1909 *Les idées modernes sur les enfents*. Paris : Ernest Frammarton Éditeur.〔波多野完治（訳）　1970　新しい児童観　明治図書出版.〕

中村淳子・大川一郎　2003　田中ビネー知能検査開発の歴史　立命館人間科学研究, 6, 93-111.

## ●コラム 16

McNeill, B. W., & Worthen, V. 1989 The parallel process in psychotherapy supervision. *Professional Psychology: Research and Practice*, 20(5), 329-333.〈https://doi.org/10.1037/0735-7028.20.5.329〉

# 人名・事項索引

## ●人名索引●

## •事項索引•

**執筆者（執筆順，〔　〕内は執筆担当箇所）**

大川一郎　　〔第1章・column 1〕編者

安井美鈴　　〔第2章・column 2〕大阪人間科学大学保健医療学部

神田　尚　　〔第3章〕一般財団法人田中教育研究所

中村淳子　　〔column 3〕松蔭大学コミュニケーション文化学部

松井愛奈　　〔第4章〕甲南女子大学人間科学部

奥山智絵　　〔column 4〕八王子市立看護専門学校

金丸智美　　〔第5章〕前淑徳大学総合福祉学部

堀越紀香　　〔column 5〕国立教育政策研究所幼児教育研究センター

佐々木美恵　〔第6章〕埼玉学園大学人間学部

三原聡子　　〔column 6〕独立行政法人国立病院機構久里浜医療センター

安藤智子　　〔第7章・column 16〕編者

林　安希子　〔column 7〕慶應義塾大学商学部

吉川はる奈　〔第8章〕埼玉大学教育学部

大塚泰正　　〔column 8〕筑波大学人間系

鈴村俊介　　〔第9章〕東京都立大塚病院児童精神科

五味こずえ　〔column 9〕東京都立大塚病院児童精神科

田附あえか　〔第10章〕大正大学臨床心理学部

直原康光　　〔column 10〕大阪大学大学院人間科学研究科

堀口康太　　〔第11章・column 11〕白百合女子大学人間総合学部

工藤浩二　　〔第12章〕東京学芸大学教育学部

今井さやか　〔column 12〕筑波大学附属学校教育局

原　恵子　　〔第13章〕埼玉学園大学人間学部

永作　稔　　〔column 13〕十文字学園女子大学教育人文学部

田中真理　　〔第14章〕文教大学人間科学部

大庭　輝　　〔column 14〕弘前大学大学院保健学研究科

藤原健志　　〔第15章〕新潟県立大学人間生活学部

若林紀乃　　〔column 15〕静岡大学教育学部

久保尊洋　　〔第16章〕横浜国立大学教育学部

編者

**大川一郎**

埼玉学園大学人間学部教授。筑波大学名誉教授。一般財団法人田中教育研究所理事長。主な著書に『田中ビネー知能検査Ⅵ』（監修，2024，田研出版），『新訂 中高年の心理臨床』（共編著，2020，放送大学教育振興会），『基礎から学べる医療現場で役立つ心理学』（共編著，2020，ミネルヴァ書房）など。

**安藤智子**

筑波大学人間系教授。臨床心理士・公認心理師。主な著書に『生活のなかの発達：現場主義の発達心理学』（共編著，2019，新曜社）など。

# 生涯発達の心理学

理論と実践への誘い<sub>いざな</sub>

2025 年 3 月 31 日　初版第 1 刷発行

| | |
|---|---|
| 編著者 | 大川一郎 |
| | 安藤智子 |
| 発行者 | 宮下基幸 |
| 発行所 | 福村出版株式会社 |
| | 〒 104-0045　東京都中央区築地 4-12-2 |
| | 電話　03-6278-8508　FAX　03-6278-8323 |
| | https://www.fukumura.co.jp |
| 印　刷 | 株式会社文化カラー印刷 |
| 製　本 | 協栄製本株式会社 |